全国一级建造师执业资格考试辅导用书

高分攻略

建设工程经济

主 编 苏 宸
主 审 黄金芳

一级建造师备考助手

中国环境出版社·北京

图书在版编目(CIP)数据

建设工程经济 / 苏宸主编 . -- 北京 : 中国环境出 版社 , 2017.5
2017 版全国一级建造师执业资格考试辅导用书 . 高分 攻略
ISBN 978-7-5111-3153-9

Ⅰ . ①建… Ⅱ . ①苏… Ⅲ . ①建筑经济—资格考试— 自学参考资料 Ⅳ . ① F407.9

中国版本图书馆 CIP 数据核字 (2017) 第 085458 号

内 容 简 介

本书内容包括：建筑工程技术、建筑工程项目施工管理、建筑工程项目施工相关法规与标准三部分内容。每章包括历年考情分析、知识点导图、重要考点精析、经典题目及大立名师说。书后附有最近三年真题及解析。

本书浓缩了考试复习重点与难点，内容精炼，重点突出，生动的图片和表格易于理解。既可作为考生参加建造师执业资格考试的应试辅导教材，也可作为大中专院校师生的教学参考书。

出 版 人 王新程
责任编辑 赵惠芬
责任校对 尹 芳
装帧设计 彭 杉

出版发行 中国环境出版社
（100062 北京市东城区广渠门内大街 16 号）
网 址：http://www.cesp.com.cn
电子邮箱：bjgl@cesp.com.cn
联系电话：010-67112765（编辑管理部）
010-67168033（环境技术分社）
发行热线：010-67125803，010-67113405（传真）
印 刷 北京中科印刷有限公司
经 销 各地新华书店
版 次 2017 年 6 月第 1 版
印 次 2017 年 6 月第 1 次印刷
开 本 787×1092 1/16
印 张 14.75
字 数 362 千字
定 价 59.00 元

前　言

本书是由作者根据多年培训应试的经验及对历年命题方向和规律的掌握。严格按照最新考试大纲和考试教材的知识点要求编写而成的。

本书体例主要包括历年考情分析，知识点导图，重要考点精析，经典题目及大立名师说。

本书所具有的特点如下：

专家联袂，阵容强大　本书的编者都是大立教育的主讲名师，教学经验丰富，深谙命题规律，了解学生需求，结合全国一线培训心得和教学成果，十年一剑，共谱经典。

框架体系，提纲挈领　本书立足教材，在全方位把握教材涉及的考点同时，条分缕析，提纲挈领，以知识框架思维导图的形式，呈现重要的知识点，难点，考点，脉络清楚，一目了然，便于广大考生在繁忙的工作之余学习参考。

形式新颖，考点明确　本书采用彩色印刷的方式，把知识点关键词用颜色做标记，提前为考生做好了笔记。

图文结合，通俗易懂　本书将教材枯燥的文字转化为生动的图片或表格，内容少而精，易于理解，降低了考生的学习难度，方便考生备考和记忆。

历年真题，纵横覆盖　历年真题，便于考生学习参考，把握考试的题型和趋势规律。每套真题都附有全面清楚的解析，涵盖涉及的考点，难点，精确到每个考题在教材中涉及的页码，力求急考生所需。在每个考点之后，详列了自建造师考试以来的相关真题。纵横覆盖，全面掌握考点。

全知识点，归纳总结　在本书最后做了同类型知识点的归纳和措施类知识点归纳。

教材压缩，减负减压　本书对教材做了提炼，使教辅变得轻薄，减轻学习负担。

本书在编写过程中，虽然几经斟酌和校阅，但由于作者水平有限，难免有不尽人意之处，恳请广大读者一如既往的对我们的疏漏之处进行批评和指正。

目　录

第一章

1Z101000
工程经济

1Z101000 工程经济

【本章历年考情分析】

1Z101000	核心考点	2016		2015		2014		2013	
		单选	多选	单选	多选	单选	多选	单选	多选
1Z101010	资金时间价值相关概念及其影响因素	2		1	2	1		1	
	现金流量图绘制								2
	等值计算			1		2		1	
	名义利率和有效利率的计算			1		1	2	1	
1Z101020	经济效果评价指标		2				2		2
	投资收益率计算	1		1		1		1	
	静态投资回收期计算	0.5		0.5				1	
	财务净现值计算及财务内部收益率	1.5		1.5		1		1	2
	偿债能力分析	1			2				
1Z101030	盈亏平衡分析	1		1		2	2	1	2
	单因素敏感性分析	1		1			2	1	
1Z101040	技术方案现金流量表的设置要求	1		1		1		1	2
	技术方案现金流量表的构成要素	1			2		2		
1Z101050	设备磨损类型及补偿方式		2			1	2	1	2
	设备更新方案的比选方法	1	2		2			1	
1Z101060	设备租赁与购买			1				1	
	设备租金的计算	1		1		1		1	
1Z101070	价值工程的概念及提高价值的途径				2	1	2	1	
	价值工程对象的选择及改进	1	2	1		1			
1Z101080	新技术应用方案的经济分析	1		1		1		2	
合计		14	8	13	10	14	14	16	12
		22		23		28		28	

1Z101010 资金时间价值的计算及应用

【知识点导图】

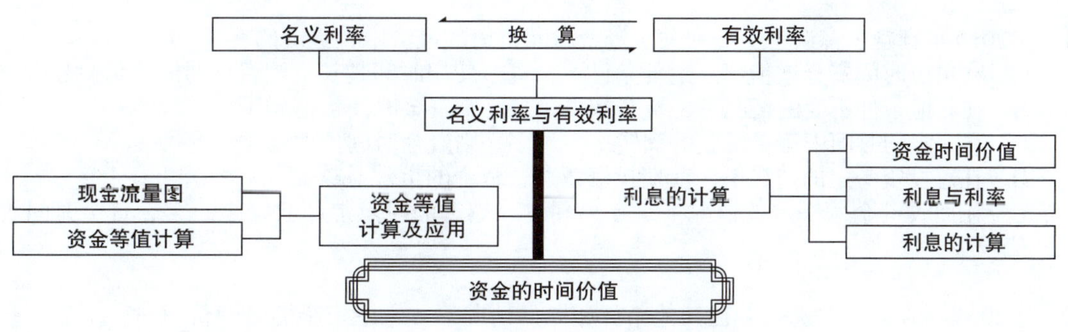

1Z101011 利息的计算

【考点一】资金时间价值的概念及其影响因素 ★

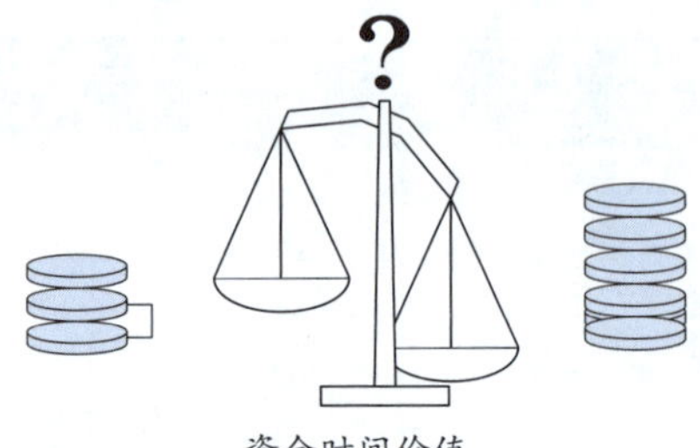

资金时间价值

1. 资金时间价值的概念

（1）资金是运动（投入扩大再生产或资金流通）的价值

（2）时间的变化，资金时间价值随时间变化而变化

（3）随时间推移增值的这部分资金就是原有资金的时间价值

2. 影响资金时间价值的因素

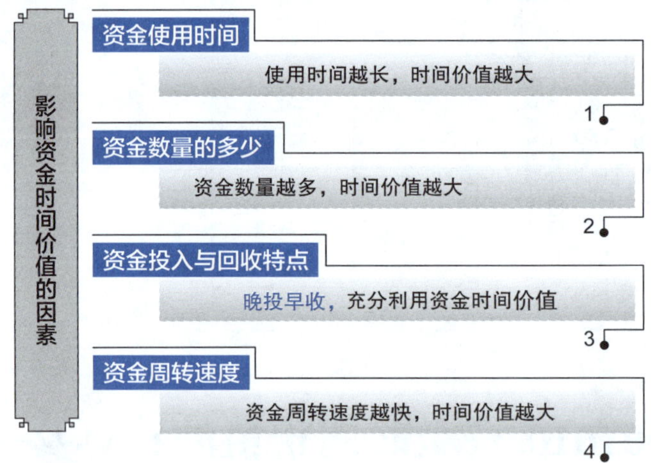

■ 经典题目

1. （2010 年真题 · 多选题）下列关于资金时间价值的说法中，正确的有（　）。

A. 在单位时间资金增值率一定的条件下，资金使用时间越长，则资金时间价值就越大

B. 在其他条件不变的情况下，资金数量越多，则资金时间价值越少

C. 在一定的时间内等量资金的周转次数越多，则资金时间价值越少

D. 在总投资一定的情况下，前期投资越多，资金的负效益越大

E. 在回收资金额一定的情况下，在离现时点越远的时点上回收资金越多，资金时间价值越小

2. （2004 年真题 · 单选题）在其他条件相同的情况下，考虑资金的时间价值时，下列现金流量图中效益最好的是（　）。

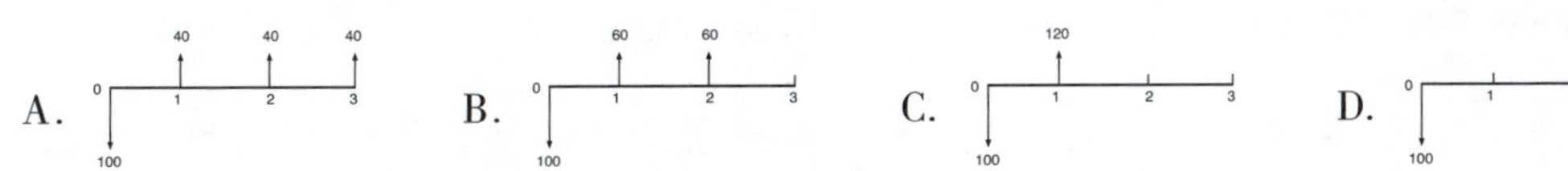

大立名师说

此考点考生在复习时注重理解，可以结合自己往银行存钱的例子来掌握资金时间价值的影响因素以及这些因素如何来影响资金时间价值。例如，我们存银行 1 万元，存两年得到的利息肯定比存 1 年得到的利息多，可以印证，资金使用时间越长，资金时间价值越大。其他影响因素类推。

【考点二】利息和利率★

1. 利息和利率的概念

项目	利息	利率
1	衡量资金时间价值的绝对尺度	衡量资金时间价值的相对尺度
2	I（利息）=F（本利和）$-P$（本金）	i（利率）=I_t（利息）/P（本金）

2. 利率的影响因素

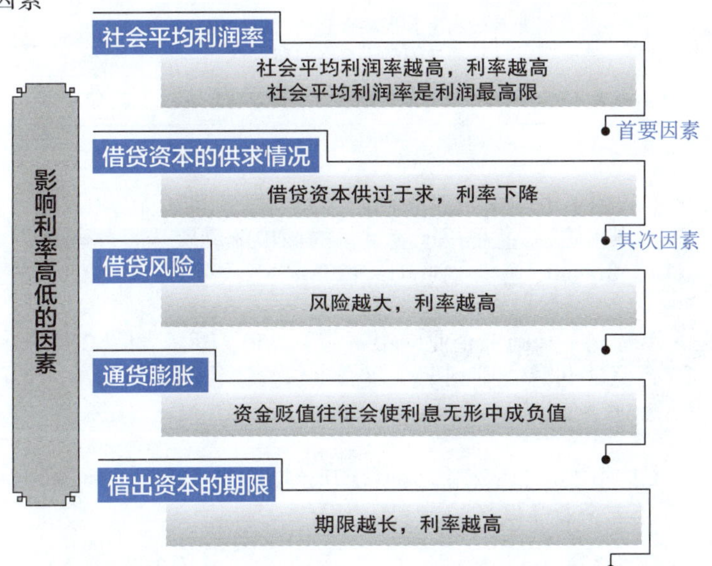

3. 用信用方式筹集资金有一个特点就是自愿性，而自愿性的动力在于利息和利率

■ 经典题目

1. （2015 年真题 · 多选题）关于利率高低影响因素的说法，正确的有（ ）。
   A. 利率的高低首先取决于社会平均利润率的高低，并随之变动
   B. 借出资本所承担的风险越大，利率越低
   C. 资本借出期间的不可预见因素越多，利率越高
   D. 社会平均利润率不变的情况下，借贷资本供过于求会导致利率上升
   E. 借出资本期限越长，利率越高
2. （2006 年真题 · 单选题）利率与社会平均利润率两者相互影响（ ）。
   A. 社会平均利润率越高，利率越高　　B. 要提高社会平均利润率，必须降低利率

C. 利率越高，社会平均利润率越低　　D. 利率和社会平均利润率总是按同一比例变动

3. （2015 年真题・单选题）以信用方式筹集资金的特点在于（　），其动力在于利息和利率。
A. 强制性　　B. 灵活性　　C. 自愿性　　D. 有偿性

大立名师说

利息和利率的概念这个考点不会直接出考题，但是掌握这个考点对于理解后续名义利率和有效利率的换算公式有帮助。利率的影响因素考点需要考生们注意，在掌握时可以根据生活实际来理解。

【考点三】利息的计算★★★

P— 本金；i— 计息周期利率；n— 计息周期数；F— n 期后本利和		
利息计算方法	单利（利不生利）	复利（利生利）
计算公式	$F=P+P\times i\times n$	$F=P(1+i)^n$
说明	单利没有完全反映资金的时间价值，适用于短期投资或短期贷款	复利计算常用间断复利
本金越大，利率越高，计息周期越多时，用复利和单利计算差距越大		

经典题目

1. （2010年真题・单选题）甲施工企业年初向银行贷款流动资金200万元，按季计算并支付利息，季度利率1.5%，则甲施工企业一年应支付的该项流动资金贷款利息为（　）万元。
A. 6.00　　B. 6.0　　C. 12.00　　D. 12.27

2. （2013 年真题・单选题）某施工企业向银行借款 250 万元，期限 2 年，年利率 6%，半年复利利息一次。第 2 年还本付息，则到期企业需支付给银行的利息为（　）万元。
A. 30.00　　B. 30.45　　C. 30.90　　D. 31.38

3. （例题・单选题）某施工企业银行借款 100 万元期限为 3 年，年利率 8%，按年计息并于每年年末付息，则 3 年末企业需偿还的本利和为（　）万元。

A.100　　B.124　　C.126　　D.108

4.. （例题・单选题）某施工企业拟从银行借款 500 万元，年利率 8%，按复利计息，则企业支付本利和最多的还款方式为（　）。
A. 每年年末偿还当期利息，第 5 年年末一次还清本金
B. 每年年末等额本金还款，另付当期利息
C. 每年年末等额本息还款
D. 第 5 年年末一次还本付息

大立名师说

此考点为核心考点，利息计算，关键在于正确区分单利和复利，然后分别套入相应公式即可。有的题目会指明单利或者给出如“按 * 计息并支付”的字眼，这都是我们判断单利的典型标记。

1Z101012 资金等值计算及应用

【考点一】资金等值概念★★

资金等值黄金五句话	
	1. 资金有时间价值是资金等值问题的基础
	2. 金额相同，发生在不同时间，价值不相同
	3. 不同时点绝对不等的资金在时间价值的作用下可能具有相等的价值
	4. 不同时期、不同数额但“价值等效”的资金叫作等效值
	5. 如果两个现金流量等值，则对任何时刻的价值必然相等

资金等值三要素：资金数额的多少、资金发生的时间长短、利率的大小。

■ 经典题目

1. （2013 年真题 · 单选题）考虑资金时间价值，两笔资金不能等值的情形有（ ）。
   A. 金额相等，发生在相同时点　　B. 金额不等，发生在不同时点
   C. 金额不等，但分别发生在期初和期末　　D. 金额相等，发生在不同时点

2. （2005 年真题 · 单选题）现在的 100 元和 5 年后的 248 元两笔资金在第 2 年末价值相等，若利率不变，则这两笔资金在第 3 年年末的价值（ ）。
   A. 前者高于后者　　B. 前者低于后者
   C. 两者相等　　D. 两者不能进行比较

大立名师说

资金等值黄金五句话是一个较难理解的考点，在复习时，可以按照在解题时引入一个数据例子，如解析中第 1 题的描述。这样更便于掌握。

【考点二】现金流量图★★★

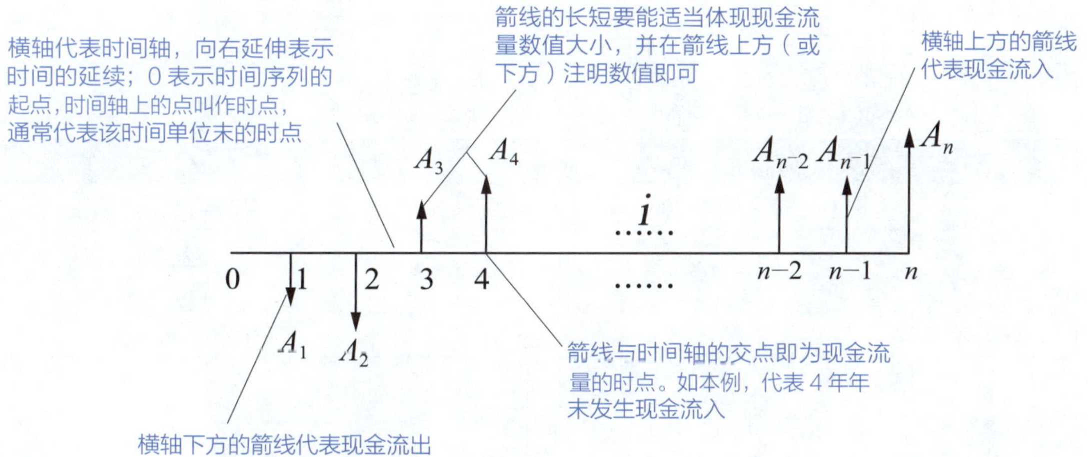

注：1. 现金流量的性质是对特定的人而言的。

2. 现金流量三要素：现金流量的大小（现金流量数额）、方向（现金流入或现金流出）和作用点（现金流量发生的时点）。

经典题目

1. （2013 年真题 · 多选题）关于现金流量绘图规则的说法，正确的有（ ）。
   A．箭线长短要能适当体现各时点现金流量数值大小的差异
   B．箭线与时间轴的交点表示现金流量发生的时点
   C．横轴是时间轴，向右延伸表示时间的延续
   D．现金流量的性质对于不同的人而言是相同的
   E．时间轴上的点通常表示该时间单位的起始时点

2. （ 2010 年真题 · 多选题）绘制现金流量图需要把握的现金流量的要素有（ ）。
   A．现金流量的大小　　B．绘制比例　　C．时间单位
   D．现金流入或流出　　E．发生的的时点

3.（ 例题·单选题 ）某企业计划年初投资 150 万元购置新设备以增加产量。已知设备可使用 5 年，每年增加产品销售收入 60 万元，增加经营成本 20 万元，设备报废时净残值为 10 万元。对此项投资活动绘制现金流量图，则第 5 年年末的净现金流量可表示为（ ）。
   A．向上的现金流量，数额为 50 万元　　B．向下的现金流量，数额为 30 万元
   C．向上的现金流量，数额为 30 万元　　D．向下的现金流量，数额为 50 万元

大立名师说

现金流量图的绘制规则要重点掌握，在考核时可以直接考绘制规则，也可以和后面资金等值计算联合起来考，另外现金流量图是学习资金等值和财务指标计算的基础。

【考点三】资金等值计算★★★

一次支付问题		
公式	$F=P(1+i)^n$	$P=F(1+i)^{-n}$
系数表示	$F=P(F/P, i, n)$	$P=F(P/F, i, n)$
现金流量图	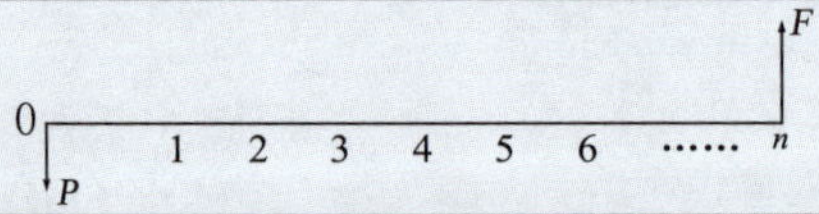	
P —— 现值（资金“现在”的价值）　i —— 计息期复利率 F —— 终值（资金 n 年后本利和）　n —— 计息周期数		

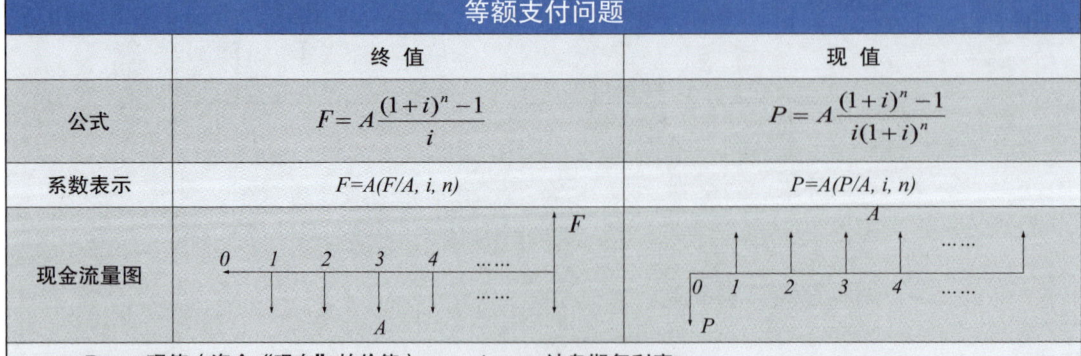

等额支付问题		
	终 值	现 值
公式	$F=A\dfrac{(1+i)^n-1}{i}$	$P=A\dfrac{(1+i)^n-1}{i(1+i)^n}$
系数表示	$F=A(F/A, i, n)$	$P=A(P/A, i, n)$
现金流量图	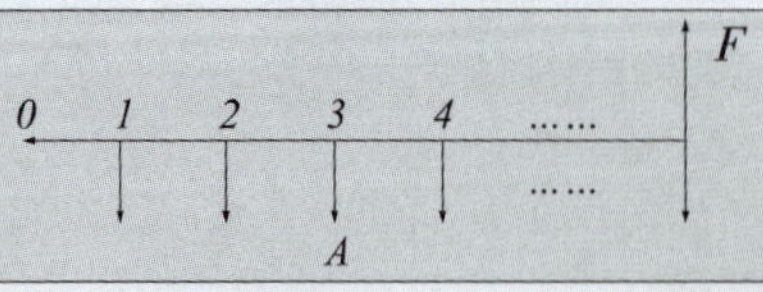	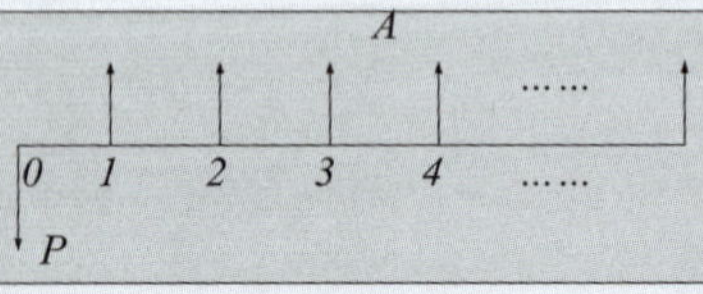
P ——现值（资金“现在”的价值）　i ——计息期复利率 F ——终值（资金 n 年后本利和）　n ——计息周期数 A ——年金，发生在（或折算为）某一特定时间序列各计息期末（不包括零期）的等额资金序列的价值		

经典题目

1. （2013年真题·单选题）某施工企业投资200万元购入一台施工机械，计划从购买日起的未来6年等额收回投资并获取收益。若基准收益率为10%，复利计息，则每年年末应获得的净现金流入为（ ）万元。

A. 200×（A/P，10%，6）　　B. 200×（F/P，10%，6）

C. 200×（A/P，10%，7）　　D. 200×（A/F，10%，7）

2. （2014年真题·单选题）某投资者6年内每年年末投资500万元。若基准收益率为8%，复利计息，则6年来可一次性回收的本利和为（ ）万元。

A. $500\times\frac{(1+8\%)^6-1}{8\%\times(1+8\%)}$　　B. $500\times\frac{(1+8\%)^6-1}{8\%}$

C. $500\times\frac{8\%}{(1+8\%)^6-1}$　　D. $500\times\frac{8\%\times(1+8\%)}{(1+8\%)^6-1}$

3. （2015年真题·单选题）某企业第1年年初和第1年年末分别向银行借款30万元，年利率均为10%，复利计息，第3～5年年末等额本息偿还全部借款。则每年年末应偿还金额为（ ）。

A. 20.94　B. 23.03　C. 27.87　D. 31.57

4. （例题·单选题）某企业现在对外投资200万元，5年后一次性收回本金和利息，若年基准收益率为i，已知：（P/F，i，5）=0.680 6；（A/P，i，5）=5.866 6；（F/A，i，5）=0.250 5，则总计可以回收（ ）万元。

A. 234.66　B. 250.50　C. 280.00　D. 293.86

大立名师说

资金等值的四个应用公式一定要掌握。在做题时注意两点：1. 先画出现金流量图，这样更有利于判断套用哪个公式；2. 这四个公式对应的数据性质如下：A发生在1～n期期末，F发生在n期末，P发生在A的前一期。如果数据发生在期初，这个公式就需要调整，不能直接套用。

1Z101013 名义利率与有效利率的计算

【考点一】名义利率和有效利率的计算★★★

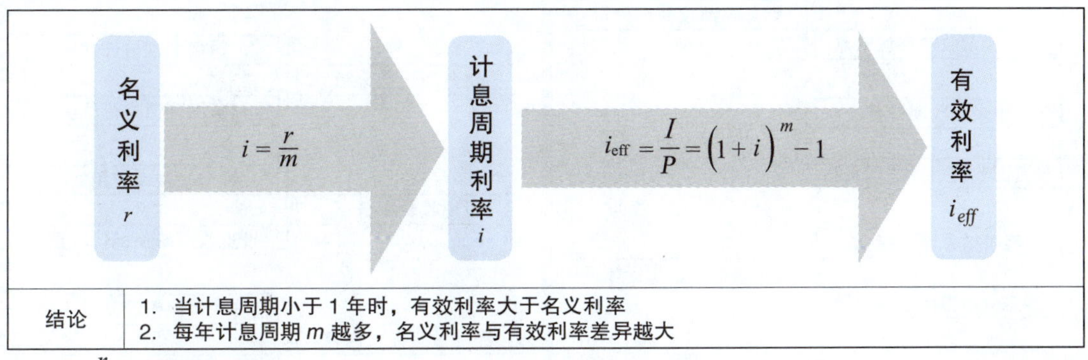

结论	1. 当计息周期小于1年时，有效利率大于名义利率 2. 每年计息周期 m 越多，名义利率与有效利率差异越大

注：$\frac{r}{m}$为计息周期利率。

经典题目

1. （2015 年真题・单选题）某借款年利率为 8%，半年复利计息一次，则该借款年有效利率比名义利率高（ ）。

A. 0.16%　B. 1.25%　C. 4.16%　D. 0.64%

2. （例题・多选题）关于年有效利率的说法，正确的有（ ）。

A. 当每年计息周期数大于 1 时，名义利率大于年有效利率
B. 年有效利率比名义利率更能准确反映资金的时间价值
C. 名义利率一定，计息周期越短，年有效利率与名义利率差异越小
D. 名义利率为 r，一年内计息 m 次，则计息周期利率为 $r-m$
E. 当每年计息周期数等于 1 时，年有效利率等于名义利率

3. （例题・单选题）每半年内存款 2000 元，年利率 8%，每季复利一次，已知（F/A，4.04%，2×5）=12.029，问五年末存款金额为（ ）。

A. 12 029　B. 24 058　C. 24 000　D. 14 000

大立名师说

本考点为核心考点，该考点可以直接以上述例题的形式考，也可以与前面学过的资金等值计算联合起来考试，不管哪种题型，考生牢记名义利率、计息周期利率、有效利率的概念及换算公式是答题的法宝。

1Z101020 技术方案经济效果评价

【知识点导图】

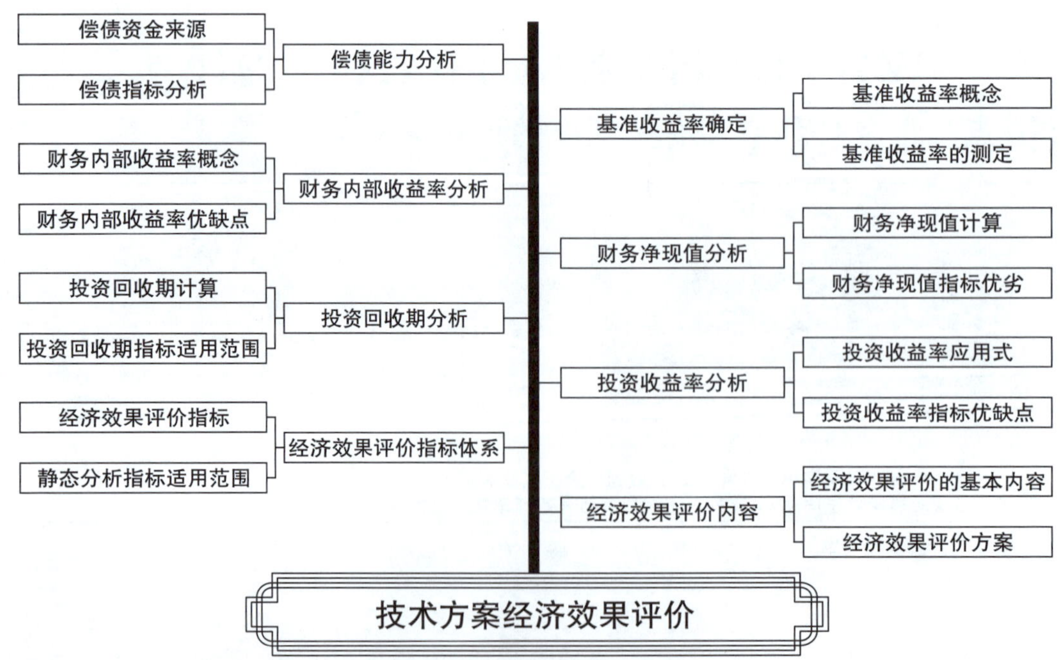

1Z101021 经济效果评价的内容

【考点一】经济效果评价基本内容★

经济效果评价的概念

经济效果评价就是对技术方案的财务可行性和经济合理性进行分析论证，为选择技术方案提供科学的决策依据

经济效果评价的内容

- 技术方案的盈利能力是指分析和测算拟定技术方案计算期的盈利能力和盈利水平
- 技术方案的偿债能力是指分析和判断财务主体的偿债能力
- 财务生存能力分析也称资金平衡分析
  - 依据：技术方案的财务计划现金流量表
  - 目的：计算净现金流量和累计盈余资金，分析技术方案是否有足够的净现金流量维持正常运营，以实现财务可持续性
  - 财务可持续的基本条件：财务可持续性应首先体现在有足够的经营净现金流量
  - 财务生存的必要条件：在整个运营期间，允许个别年份的净现金流量出现负值，但各年累计盈余资金不应出现负值

方案经济效果评价	
经营性方案	非经营性方案
盈利能力 偿债能力 财务生存能力	财务生存能力

■ 经典题目

1. （2014 年真题 · 单选题）技术方案经济效果评价的主要内容是分析论证技术方案的（　）。
   A．技术先进性和经济合理性　　B．技术可靠性和财务盈利性
   C．财务盈利性和抗风险能力　　D．财务可行性和经济合理性

2. （2012 年真题 · 单选题）对于非经营性技术方案，经济效果评价主要分析拟定方案（　）。
   A．盈利能力　　B．偿债能力
   C．财务生存能力　　D．抗风险能力

3. （例题 · 单选题）下列说法错误的是（　）。
   A．财务生存能力是根据拟定技术方案的财务计划现金流量表来分析的
   B．技术方案的偿债能力是指分析和判断整个技术方案在计算期内的偿债能力
   C．财务可持续性应首先体现在有足够的经营净现金流量，这是财务可持续的基本条件
   D．财务生存的必要条件是在整个运营期间，允许个别年份的净现金流量出现负值，但各年累计盈余资金不应出现负值

大立名师说

本考点为一般考点，考试考察内容一般为书上的原话，不会考核延伸内容。所以考生在复习时，根据上面例题进行强化即可。

【考点二】经济效果评价方法★

融资前分析

考察对象：技术方案整个计算期内现金流入和现金流出
考察手段：编制技术方案投资现金流量表
目的：计算技术方案投资内部收益率、净现值和静态投资回收期等指标
特点：融资前分析排除了融资方案变化的影响；作为技术方案初步投资决策与融资方案研究的依据和基础
融资前分析应以动态分析为主、静态分析为辅

融资后分析

考察对象：考察技术方案在拟定融资条件下的盈利能力、偿债能力和财务生存能力
目的：判断技术方案在融资条件下的可行性
特点：融资后的盈利能力分析也应包括动态分析和静态分析
(1)动态分析包括下列两个层次:一是技术方案资本金现金流量分析；二是投资各方现金流量分析

■ 经典题目

1. （例题·单选题）下列说法错误的是（ ）。

A．融资前分析考虑了融资方案变化的影响，从技术方案投资总获利能力的角度，考查方案设计的合理性

B．融资后动态分析包括项目资本金现金流量分析和投资各方现金流量分析

C．融资后分析考察项目在拟定融资条件下的盈利能力、偿债能力和财务生存能力

D．融资前分析应作为技术方案初步投资决策与融资方案研究的依据和基础

大立名师说

本考点为一般考点，考生在复习时，注意从字面上进行理解，如“融资前分析”，可理解为“在融资之前”，那自然意味着所有的分析都没有考虑具体的融资方案，只能作为分析的基础等。考试时不会考刁钻问题，都是书上的原话。

【考点三】经济效果评价方案★

	独立型方案	互斥型方案
概念	技术方案间互不干扰、在经济上互不相关的技术方案	各个技术方案彼此可以相互代替、技术方案具有排他性
方案的评价选择	实质就是在“做”与“不做”之间进行选择。独立型方案在经济上是否可接受，取决于技术方案自身的经济性（通过绝对经济效果检验）	经济评价包含两部分内容： 1. 考察各个技术方案自身的经济效果（通过绝对经济效果检验） 2. 考察哪个技术方案相对经济效果最优（通过相对经济效果检验）

【考点四】技术方案计算期★

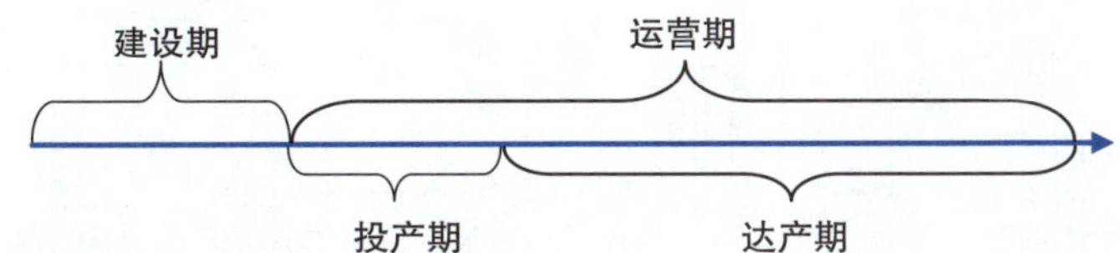

注意四句话：

◆ 运营期一般应根据技术方案主要设施和设备的经济寿命期（或折旧年限）、产品寿命期、主要技术的寿命期等多种因素综合确定。行业有规定时，应从其规定

◆ 计算期不宜定得太长

◆ 计算期较长的技术方案多以年为时间单位

◆ 由于折现评价指标受计算时间的影响，对需要比较的技术方案应取相同的计算期

■ 经典题目

1．（例题·单选题）下列有关说法错误的是（ ）。

A．只有在众多互斥方案中必须选择其一时才可单独进行相对经济效果检验

B．运营期一般应根据技术方案主要设施和设备的经济寿命期（或折旧年限）、产品寿命期、主要技术的寿命期等多种因素综合确定

C．独立型方案评价要进行绝对经济效果检验和相对经济效果检验

D．由于折现评价指标受计算时间的影响，对需要比较的技术方案应取相同的计算期

大立名师说

本考点为一般考点，出题方向有两个：一是考核独立型方案和互斥型方案的评价选择；二是考核技术方案计算期注意事项，在复习时注意在理解中记忆。在考试时，会以前面总结的知识点原话出现，不会考核难题。

1Z101022 经济效果评价指标体系

【考点】经济效果评价指标★★★

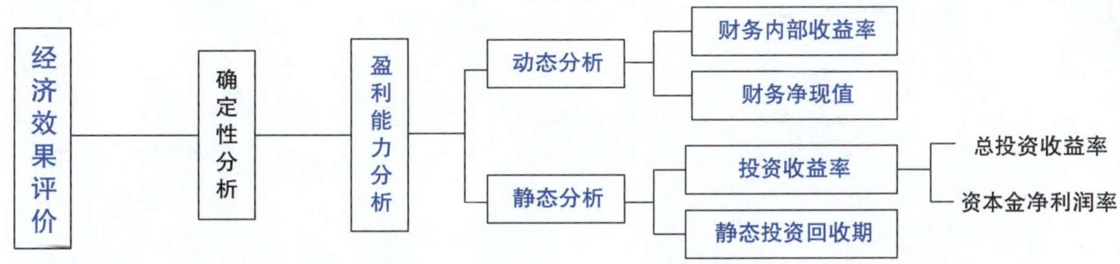

静态分析指标的适用范围 1. 对技术方案进行粗略评价；2. 短期投资方案评价；3. 对逐年收益大致相等的技术方案评价

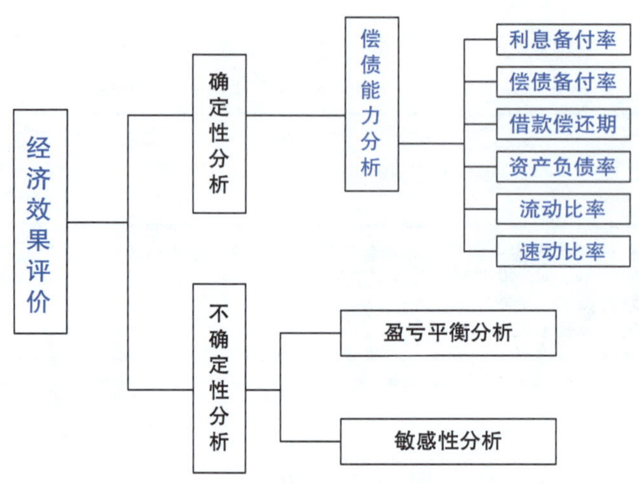

经典题目

1.（2014 年真题·多选题）下列经济效果评价指标中，属于盈利能力动态分析指标的有（　）。

A．总投资收益率　　B．财务净现值
C．资本金净利润率　　D．财务内部收益率　　E．速动比率

2.（2011 年真题·多选题）建设技术方案财务评价时，可以采用静态评价指标进行评价的情形有（　）。

A．评价精度要求较高　　B．技术方案年收益大致相等
C．技术方案寿命周期短　　D．技术方案现金流量大　　E．可以不考虑资金的时间价值

3.（2013 年真题·多选题）下列投资方案经济效果评价指标中，可用于偿债能力分析的有（　）。

A．利息备付率　　B．投资收益率
C．流动比率　　D．借款偿还期　　E．投资回收期

大立名师说

本考点为常规考点，考核次数较多。出题方向有三个：一是指标如何分类；二是给出具体指标考查归类，这是考查的主要形式；三是考查静态指标的适用范围。考生可以在学习完后面的知识再复习这部分内容，更有利于记忆。

1Z101023 投资收益率分析

【考点】投资收益率指标★★★

<table>
<tr><td>概念</td><td colspan="3">投资收益率是衡量技术方案获利水平的评价指标，它是技术方案建成投产达到设计生产能力后一个正常年份的年净收益额与技术方案投资的比率</td></tr>
<tr><td rowspan="4">应用式</td><td rowspan="2">总投资收益率</td><td>$$ROI=\frac{EBIT(净利润+所得税+利息)}{TI(建设投资+建设期贷款利息+全部流动资金)}\times100\%$$
EBIT——技术方案正常年份的年息税前利润或运营期内年平均息税前利润
TI ——投资方案总投资</td><td rowspan="3">判别准则：
$R\geqslant R_c$，可行
$R<R_c$，不可行
（R_c——基准投资收益率）</td></tr>
<tr><td>说明：总投资收益率是用于衡量整个技术方案的获利能力</td></tr>
<tr><td rowspan="2">资本金净利润率</td><td>$$ROE=\frac{NP(利润总额-所得税)}{EC(资本金)}\times100\%$$
NP——技术方案正常年份的年净利润或运营期内年平均净利润
EC——技术方案资本金</td></tr>
<tr><td colspan="2">说明：资本金净利润率是衡量技术方案资本金的获利能力</td></tr>
<tr><td colspan="4">指标的缺点：1. 忽视了资金具有时间价值 2. 指标的计算主观随意性太强</td></tr>
<tr><td colspan="4">适用范围：主要用于技术方案制定的早期阶段或研究过程，且计算期短，不具备综合分析所需详细资料的技术方案，尤其适用于工艺简单而生产情况变化不大的技术方案的选择和投资经济效果评价</td></tr>
</table>

■ 经典题目

1. （2015 年真题・单选题）某项目建设投资 3 000 万元，全部流动资金 450 万元，项目投产期息税前利润总额 500 万，运营期正常年份的年平均息税前利润总额 800 万，则该项目的总投资收益率为（ ）。

   A. 18.84%　　B. 26.67%　　C. 23.19%　　D. 25.52%

2. （2014 年真题・单选题）某技术方案总投资 1 500 万元，其中资本金 1 000 万元，运营期年平均利息 18 万元，年平均所得税 40.5 万元。若项目总投资收益率为 12%，则项目资本金净利润率为（ ）。

   A. 16.20%　　B. 13.65%　　C. 12.15%　　D. 12.00%

3. （2009 年真题・单选题）投资收益率是指投资方案建成投产并达到设计生产能力后的一个正常年份的（ ）比率。

   A. 年净收益额与方案固定资产投资
   B. 年销售收入与方案固定资产投资
   C. 年净收益额与方案总投资
   D. 年销售收入与方案总投资

4. （2016 年真题・单选）某项目建设投资为 5 000 万元（不含建设期贷款利息），建设期贷款利息为 550 万元，全部流转资金为 450 万元，项目投产期年息税前利润为 900 万元，达到设计生产能力的正常年份年息税前利润为 1 200 万元，则该项目的总投资收益率为（ ）。

   A.24.00%　　B.17.50%　　C.20.00%　　D.15.00%

大立名师说

本考点为核心考点，考核次数较多，出题方向有两个，一是考核投资收益率的概念和投资收益率指标的适用范围，二是考核投资收益率的计算（总投资收益率和资本金收益率），考生在复习不能简单死记硬背，考核形式越来越灵活，可能单独考，可能几个指标联合起来考，要注意理解。

1Z101024 投资回收期分析

【考点】投资回收期的计算★★★

<table>
<tr><td>概念</td><td colspan="3">技术方案静态投资回收期是在不考虑资金时间价值的条件下，以技术方案的净收益回收其总投资（包括建设投资和流动资金）所需要的时间，静态投资回收期宜从技术方案建设开始年算起</td></tr>
<tr><td rowspan="2">静态投资回收期 p_t 计算</td><td>各年净收益相同</td><td>$$p_t=\frac{I}{A}$$
I——技术方案总投资
A——投资方案每年净收益（A= 每年技术方案现金流入量 − 现金流出量）</td><td rowspan="2">$p_t \leqslant p_c$，方案可行
$p_t > p_c$，方案不可行
p_c − 基准静态投资回收期</td></tr>
<tr><td>各年净收益不相同</td><td>1. 求出技术方案各年的净现金流量（各年净现金流入量 − 流出量）
2. 计算各年累计净现金流量（把每年的净现金流量相加）
3. 找出累计净现金流量 =0 对应的年份，即为静态投资回收期
=（累计净现金流量出现正值的年份 −1）+（上 1 年累计净现金流量的绝对值 / 当年净现金流量）</td></tr>
<tr><td colspan="4">指标优劣：1. 静态投资回收期越短，风险越小，技术方案抗风险能力强
2. 静态投资回收期只考虑了方案回收之前的效果，不能反映回收之后的情况
结论：只能作为辅助指标或与其他指标结合使用</td></tr>
<tr><td colspan="4">适用范围：1. 技术上更新迅速的技术方案
2. 资金相当短缺的技术方案
3. 未来的情况很难预测而投资者又特别关心资金补偿的技术方案</td></tr>
</table>

■ 经典题目

1. （2015 年真题 · 单选题）某项目各年净现金流量如下表所示，设基准收益率为 10%，则该项目的静态投资回收期为（　）。

年份	0	1	2	3	4	5
净现金流量（万元）	−160	50	50	50	50	50

A．3.2　　B．4.2　　C．3.8　　D．4.8

2. （2011 年真题 · 单选题）关于静态投资回收期特点的说法，正确的是（　）。

A．静态投资回收期只考虑了方案投资回收之前的效果
B．静态投资回收期可以单独用来评价方案是否可行
C．若静态投资回收期大于基准投资回收期，则表明该方案可以接受
D．静态投资回收期越长，表明资本周转速度越快

大立名师说

本考点为核心考点，出题方向有两个：一是考核静态投资回收期的计算，是常考的形式，考生严格按照知识点解析三步来计算，得分肯定没有问题；二是考核静态投资回收期指标的优劣和判别准则，可以结合具体方案实例来让考生判断，这要求考生要注意理解。

1Z101025 财务净现值分析

【考点一】财务净现值 ★★★

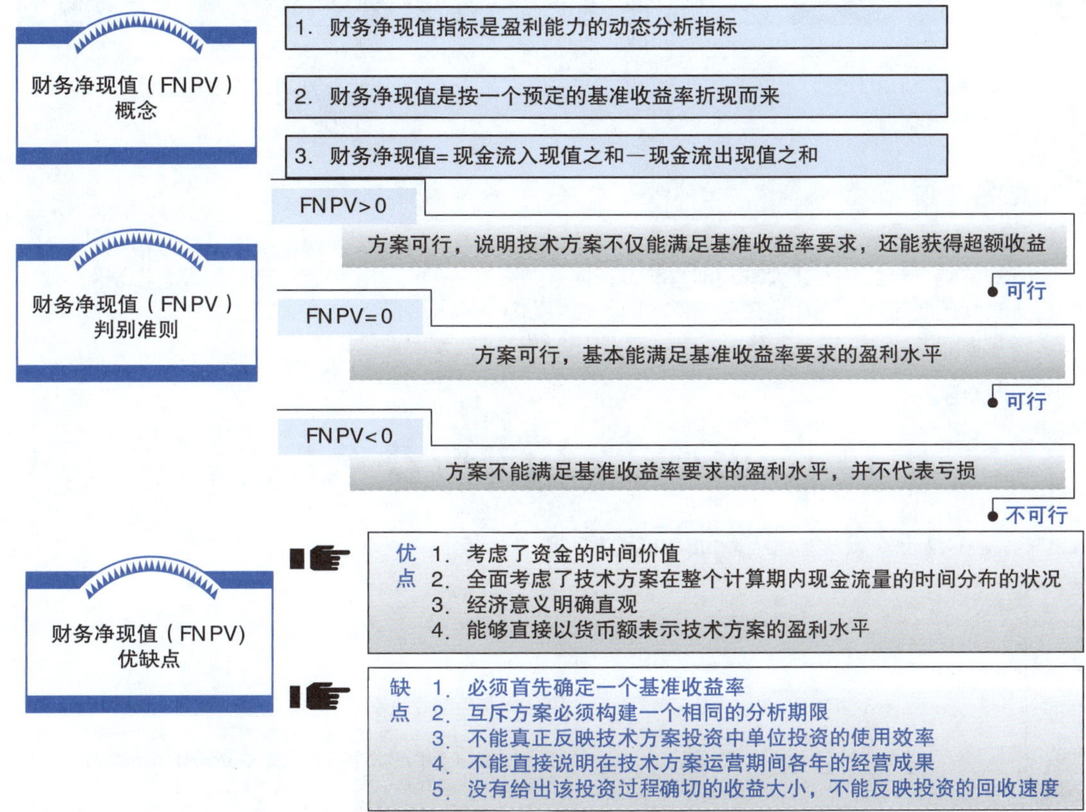

财务净现值（FNPV）优缺点

优点
1. 考虑了资金的时间价值
2. 全面考虑了技术方案在整个计算期内现金流量的时间分布的状况
3. 经济意义明确直观
4. 能够直接以货币额表示技术方案的盈利水平

缺点
1. 必须首先确定一个基准收益率
2. 互斥方案必须构建一个相同的分析期限
3. 不能真正反映技术方案投资中单位投资的使用效率
4. 不能直接说明在技术方案运营期间各年的经营成果
5. 没有给出该投资过程确切的收益大小，不能反映投资的回收速度

■ 经典题目

1. （2015 年真题 · 单选题）某项目各年净现金流量如下表，设基准收益率为 10%，则该项目的财务净现值为（ ）。

年份	0	1	2	3	4	5
净现金流量（万元）	–160	50	50	50	50	50

A．29.54　　B．32.02　　C．29.35　　D．32.54

2. （2014 年真题 · 单选题）某企业拟新建一项目，有两个备选方案技术上均可行，甲方案投资 5000 万元，计算期 15 年，财务净现值 200 万元，乙方案投资 8 000 万元，计算期 20 年，财务净现值为 300 万元，则关于两方案比选的说法，正确的是（ ）。

A．甲乙方案必须构造一个相同的分析期限才能比选
B．甲方案投资少于乙方案，净现值大于零，故甲方案较优
C．乙方案净现值大于甲方案，且都大于零，故乙方案较优
D．甲方案计算期短，说明甲方案的投资回收速度快于乙方案

3. （2012 年真题 · 单选题）关于技术方案财务净现值与基准收益率，说法正确的是（ ）。

A．基准收益率越大，财务净现值越小　　B．基准收益率越大，财务净现值越大
C．基准收益率越小，财务净现值越小　　D．两者之间没有关系

4. （2011 年真题・单选题）某技术方案的净现金流量见下表。若基准收益率大于 0，则方案的财务净现值（ ）。

某技术方案的净现金流量表

年份	0	1	2	3	4	5
净现金流量（万元）	0	−300	−200	200	600	600

A. 等于是 900 万元　　B. 大于 900 万元，小于 1 400 万元
C. 小于 900 万元　　D. 等于 1 400 万元

大立名师说

本考点为核心考点，出题方向有两个，一是考财务净现值的概念，具体来讲，可以根据定义让考生计算并结合计算结果让大家判别方案可行性。如果是这种考法，大家一定要做现金流量图，防止在计算现值时出错。当然，在考核概念时，也可以让大家根据定义估算，如上面例题。二是考核财务净现值的优缺点，尤其是缺点，一定要注重理解，不要死记硬背。

1Z101026 财务内部收益率分析

【考点一】财务内部收益率★★★

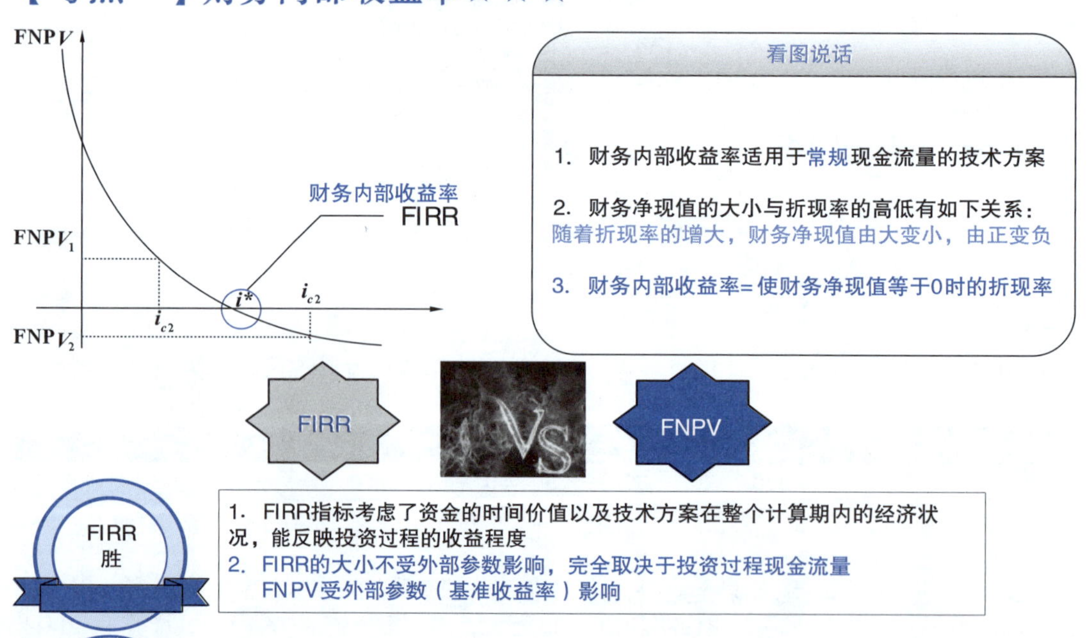

1. FIRR指标考虑了资金的时间价值以及技术方案在整个计算期内的经济状况，能反映投资过程的收益程度
2. FIRR的大小不受外部参数影响，完全取决于投资过程现金流量
FNPV受外部参数（基准收益率）影响

1. FNPV指标计算简便，显示出了技术方案现金流量的时间分配，但得不出投资过程收益的大小
2. FIRR计算比较麻烦，对于非常规现金流量的技术方案，FIRR在某些情况下不存在或存在多个

FIRR≥i_c，对应FNPV≥0，方案可以接受
FIRR<i_c，对应FNPV<0，方案不能接受
对独立常规技术方案应用FIRR评价与应用FNPV评价均可，结论一致

■ 经典题目

1. （2014 年真题·单选题）关于财务内部收益率的说法，正确的是（　）。

A. 财务内部收益率大于基准收益率时，技术方案在经济上可以接受

B. 财务内部收益率是一个事先确定的基准折现率

C. 财务内部收益率受项目外部参数的影响较大

D. 独立方案用财务内部收益率评价与财务净现值评价，结论通常不一致

2. （2012 年真题·单选题）某常规技术方案，FNPV（16%）=160 万元，FNPV（18%）=-80 万元，则方案的 FIRR 最可能为（　）。

A. 15.98%　　B. 16.21%

C. 17.33%　　D. 18.21%

3. （2013 年真题·单选题）对于待定的投资方案，若基准收益率增大，则投资方案评价指标的变化规律是（　）。

A. 财务净现值与内部收益率均减小　　B. 财务净现值与内部收益率均增大

C. 财务净现值减小，内部收益率不变　　D. 财务净现值增大，内部收益率减小

大立名师说

本考点为难点考点，出题方向有两个，一是考核 FIRR 的概念，让考生估算 FIRR；二是考核 FNPV和FIRR指标的对比，在对比过程中，灵活掌握各指标的特点，整体在学习过程中，要注重理解。

1Z101027 基准收益率的确定

【考点一】基准收益率的确定★★★

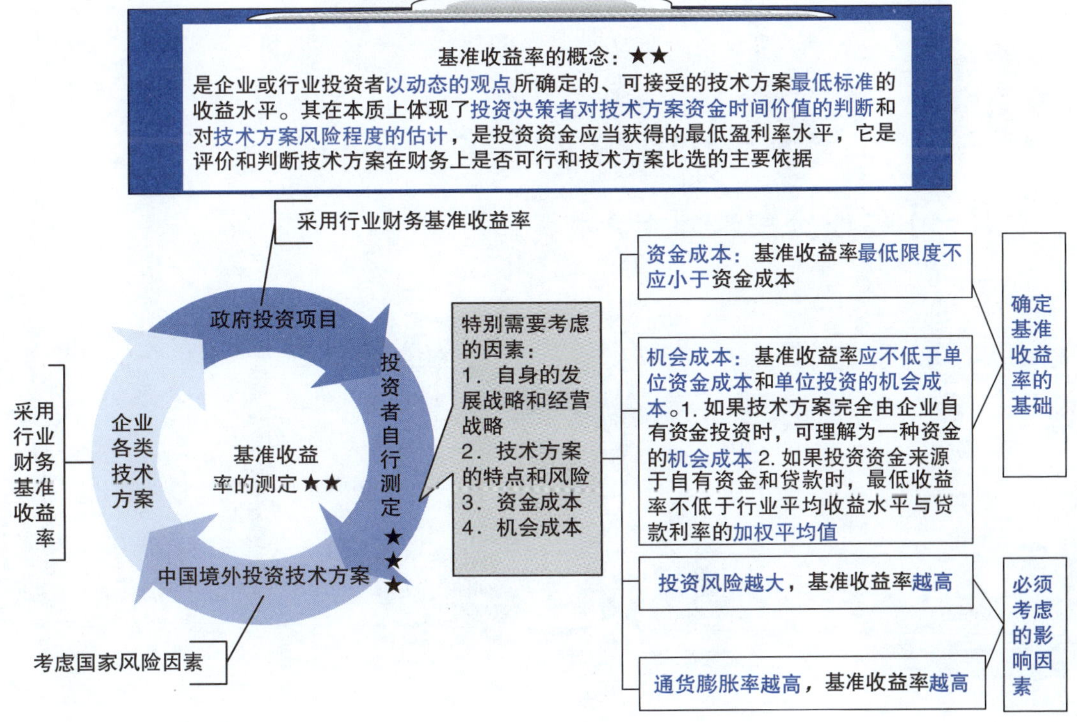

■ 经典题目

1. （2009 年真题 · 单选题）企业或行业投资者以动态的观点所确定的、可接受的投资方案最低标准的收益水平称为（ ）。

A. 基准收益率　　B. 社会平均收益率
C. 内部收益率　　D. 社会折现率

2. （2012 年真题 · 多选题）关于基准收益率的说法，正确的有（ ）。

A. 测定基准收益率不需要考虑通货膨胀因素
B. 基准收益率是投资资金应获得的最低盈利水平
C. 测定基准收益率应考虑资金成本因素
D. 基准收益率取值高低应体现对项目风险程度的估计
E. 债务资金比例高的项目应降低基准收益率取值

3. （2014 年真题 · 单选题）对于完全由投资者自有资金投资的项目，确定基准收益率的基础是（ ）。

A. 资金成本　　B. 通货膨胀
C. 投资机会成本　　D. 投资风险

4. （2011 年真题 · 多选题）投资者自行测定技术方案的最低可接受财务收益率时，应考虑的因素有（ ）。

A. 沉没成本　　B. 自身的发展战略和经营策略
C. 资金成本　　D. 技术方案的特点和风险　　E. 机会成本

大立名师说

本考点为常规考点。出题方向有三个，一是基准收益率的概念；二是基准收益率的测定；三是基准收益率测定的影响因素是如何影响的。考生们尤其注意第三个出题方向，要注重理解，能灵活应对。

1Z101028 偿债能力分析

【考点一】偿债资金来源★★

■ 经典题目

1. （2013 年真题 · 多选题）评价技术方案偿债能力时，可用于偿还借款的资金来源包括（ ）。

A．固定资产修理费　　B．固定资产折旧费
C．无形资产摊销费　　D．应交营业税　　E．净利润

大立名师说

本考点为常规考点，考试形式为原话居多，考生可以结合后面偿债指标中偿债备付率分子内容合并记忆。

【考点二】偿债能力分析★★

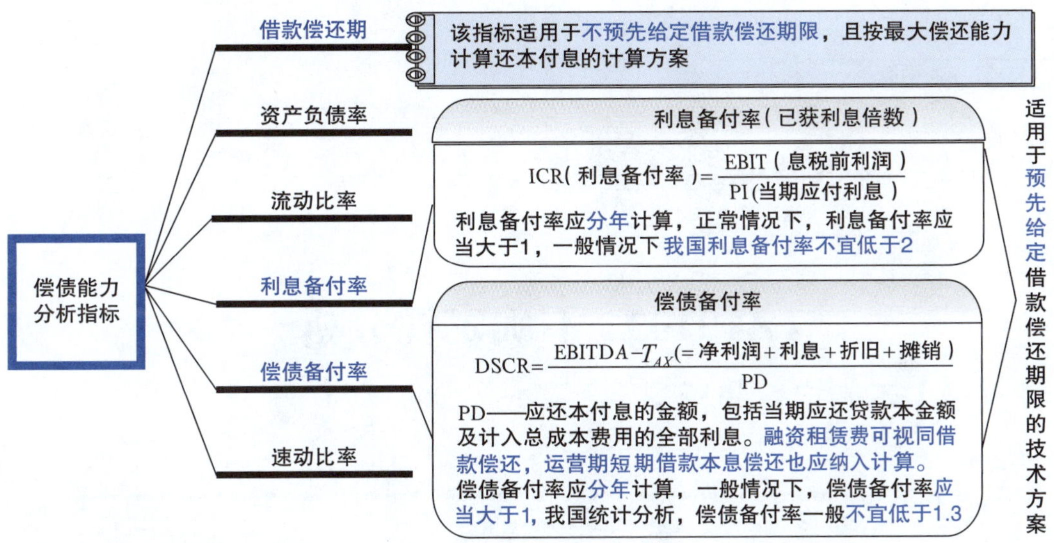

■ 经典题目

1. （2011 年真题 · 多选题）技术方案偿债能力评价指标有（ ）。

A．财务内部收益率　　B．资产负债率
C．生产能力利用率　　D．借款偿还期　　E．流动比率

2. （2012 年真题 · 单选题）要保证技术方案生产运营期有足够资金支付到期利息，方案的利息备付率最低不应低于（ ）。

A．0.5　　B．1　　C．3　　D．5

3. （例题 · 多选题）下列关于偿债指标的表述中，正确的有（ ）。

A．偿债备付率表示可用于还本付息的资金偿还借款本息的保证倍率
B．偿债备付率可以分年计算，也可以按整个借款期计算
C．偿债备付率适用于那些不预先给定借款偿还期的项目
D．利息备付率表示的是支付利息和税金前的利润偿付利息的保证倍率
E．偿债备付率中当期应还本付息的金额包括计入成本费用的利息

大立名师说

本考点为常规考点，考试形式比较灵活，咬文嚼字，另外我在公式中总结了利息备付率和偿债备付率指标的分子、分母的真正含义，一定要掌握。

1Z101030 技术方案不确定性分析

【知识点导图】

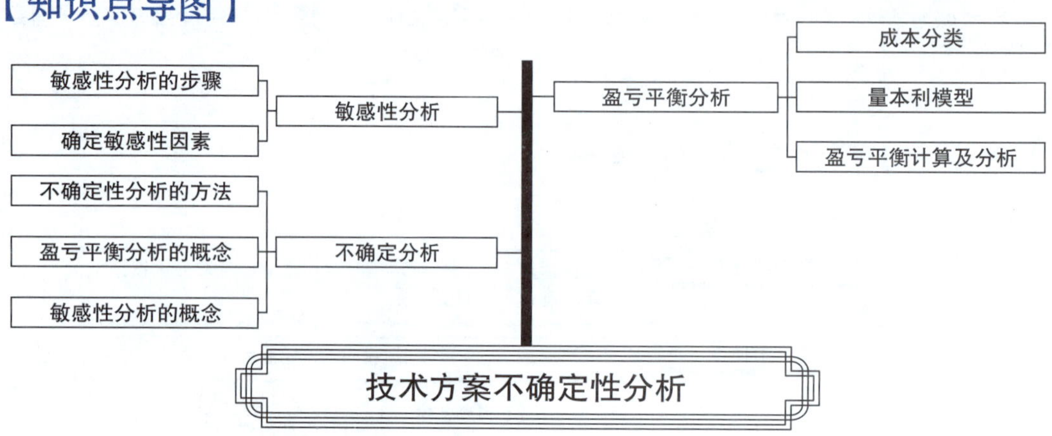

1Z101031 不确定性分析

【考点一】不确定性分析★

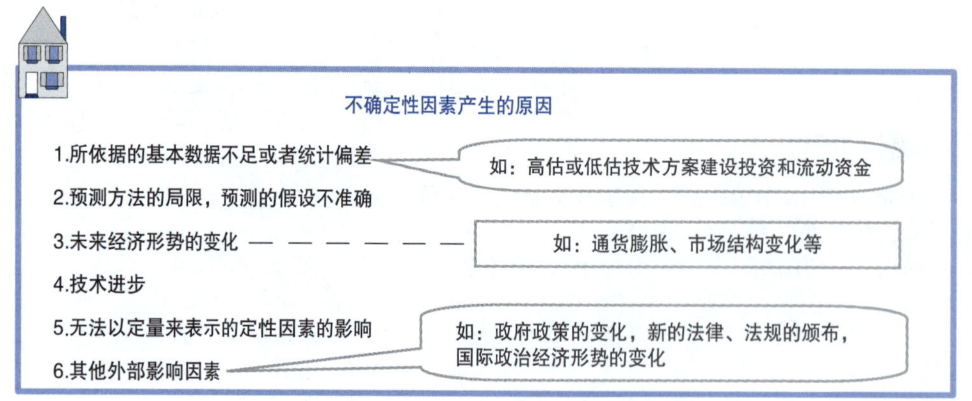

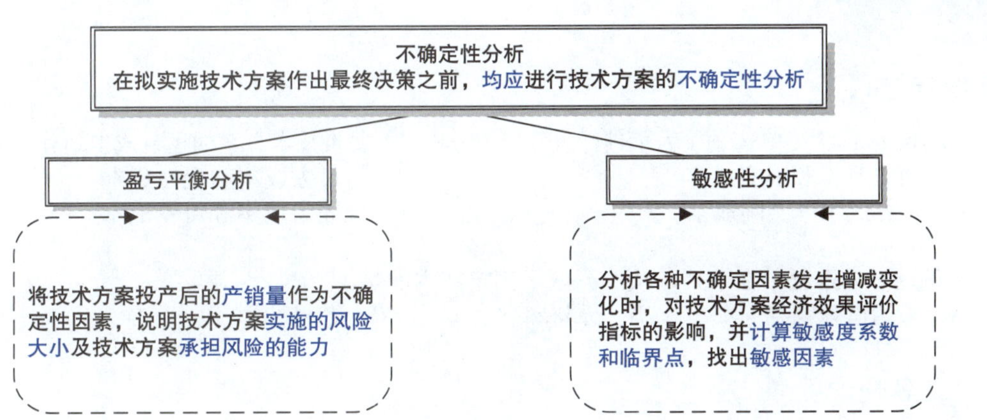

■ 经典题目

1. （2005 年真题 · 单选题）在敏感性分析中，可以通过计算（　）来确定敏感因素。

A．不确定因素变化率和敏感度系数　　B．指标变化率和敏感度系数

C．敏感度系数和临界点　　D．指标变化和临界点

大立名师说

本考点为一般考点，其作用主要是为后续深入学习盈亏平衡分析和敏感性分析做准备，考生可以深入学习完后续知识后对本考点简单回顾，考试对本考点要求不高。

1Z101032 盈亏平衡分析

【考点一】成本分类★

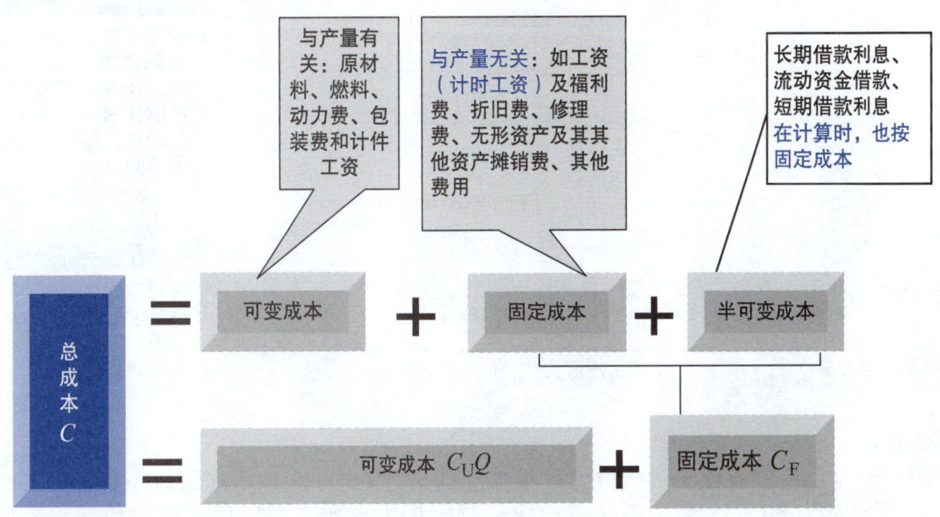

经典题目

1. （2014 年真题·单选题）为了进行盈亏平衡分析，需要将技术方案的运行成本划分为（ ）。

A．历史成本和现实成本　　B．过去成本和现在成本
C．预算成本和实际成本　　D．固定成本和可变成本

2. （例题·单选题）在下列各项中，属于固定成本的是（ ）。

A．长期借款利息　　B．原材料费　　C．燃料费　　D．生产人员工资

大立名师说

本考点为常规考点，出题方向有两个：一是考察成本的组成；二是考察成本归类，给出例子让考生判别成本类型。考生注意抓住成本分类实质，对例子能够举一反三。

【考点二】盈亏平衡分析★★★

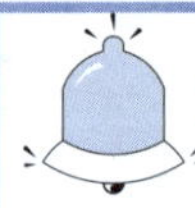

万能公式 收入 — 成本 = 利润

$(PQ - T_U Q) - (C_F + C_U Q) =$ 利润

其中：P —单位产品售价（模型假设不变）
Q —销量（模型假设生产量 = 销售量）
T_U—单位产品营业税金及附加（当投入产出都按不含税价格时，不包括增值税）
C_F—固定成本
C_U—单位产品变动成本（模型假设不变）

解题关键：分清题目中已知量、未知量，代入公式即可

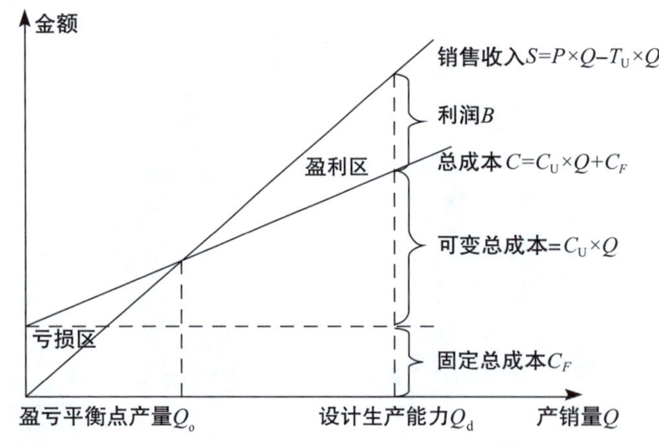

识　图

盈亏平衡点越低，达到此点的盈亏平衡产销量越少，技术方案投产后盈利可能性越大，适应市场变化的能力越强，抗风险能力越强

总　结

盈亏平衡分析优点：能够说明技术方案风险的大小
缺点：不能揭示产生技术方案风险的根源

经典题目

1. （2015 年真题·单选题）某项目设计年生产能力为 50 万件，年固定成本为 300 万元，单位产品可变成本为 80 元，单位产品营业税金及附加为 5 元。则以单位产品价格表示的盈亏平衡点是（ ）元。

A．91.00　　B．86.00　　C．95.00　　D．85.00

2.（2014年真题·单选题）某技术方案的设计年产量为8万件，单位产品销售价格为100元/件，单位产品可变成本为20元/件。单位产品营业税金及附加为5元/件，按设计生产能力生产时，年利润为200万元，则该技术方案的盈亏平衡点产销量为（ ）万件。

A．5.33　　B．5.00　　C．4.21　　D．4.00

3．（2013年真题·单选题）某项目设计年产量为6万件，每件售价为1 000元，单位产品可变成本为350元，单位产品营业税金及附加为150元，年固定成本为360万元，则用生产能力利用率表示的项目盈亏平衡点为（ ）。

A．12%　　B．30%　　C．15%　　D．9%

4．（2012年真题·单选题）某技术方案设计年产量为5 000件，单位产品售价为2 500元，单位产品变动成本是750元，单位产品的营业税及附加为370元，年固定成本为240万元，该项目达到设计生产能力时年税前利润为（ ）万元。

A．450　　B．135　　C．635　　D．825

5．（例题·单选题）项目盈亏平衡产销量越高，表示项目（ ）。

A．投产后盈利越大　　B．抗风险能力越弱

C．适应市场变化能力越强　　D．投产后风险越小

6.（例题·多选题）项目盈亏平衡分析中，若其债务条件不变，可以降低盈亏平衡点产量（ ）。

A. 提高设计生产能力　　B. 降低固定成本

C. 降低产品售价　　D. 降低单位产品变动成本　　E. 提高营业税金及附加率

大立名师说

本考点为核心考点，出题方向有两大类，一类是计算，计算常考题型有四种：（1）求盈亏平衡点的（产销量、价格），解题思路为万能公式利润 =0。（2）用生产能力利用率来表示盈亏平衡点，解题思路：第一步：让万能公式 =0 求出盈亏平衡点的产销量。第二步：用求出的盈亏平衡产销量除以设计生产能力得出。（3）求达到某指定产量的利润，解题思路：将指定产量代入万能公式求利润。（4）求达到既定利润的产销量。解题思路：万能公式等式右边 = 既定利润，求出产销量。这四种常见计算题可单独考也可汇总考。第二类为文字解析题，主要是让考生分析万能公式中各量的变化对方案的影响或是根据万能公式图分析方案特点。

1Z101033 敏感性分析

【考点一】单因素敏感性分析步骤★★★

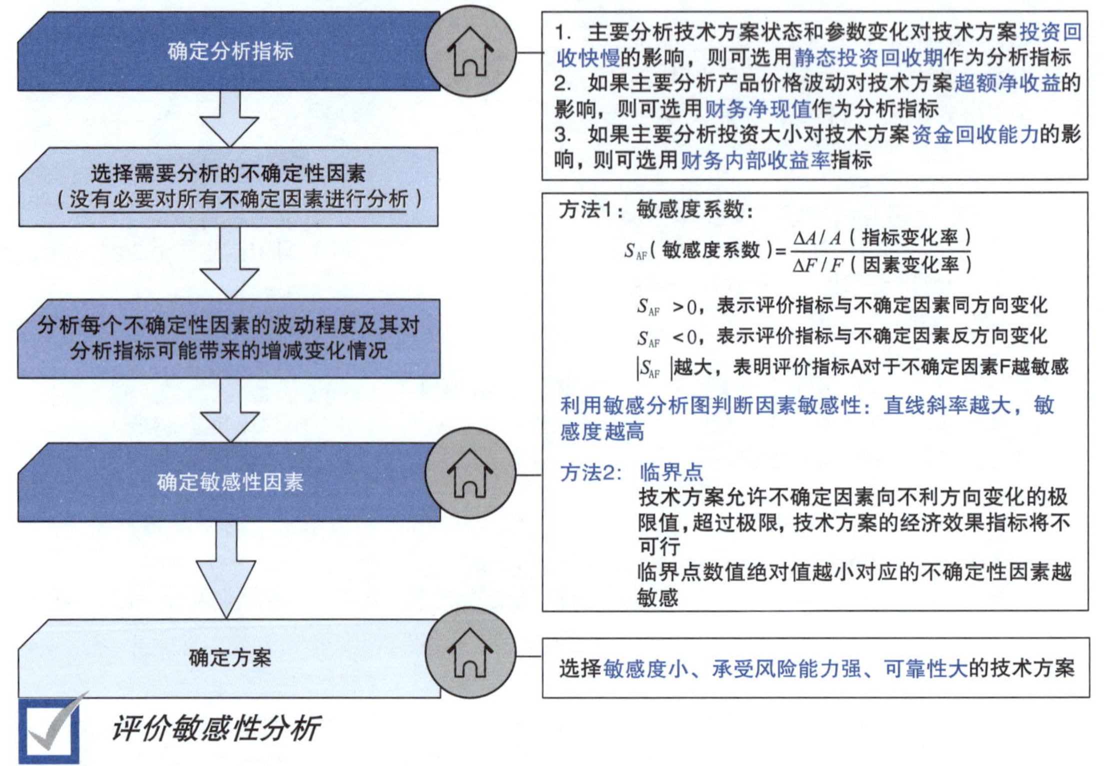

评价敏感性分析

缺点：1. 主要依靠分析人员凭借主观经验来分析判断，难免存在片面性。
2. 敏感性分析在分析某一因素变动时，并不能说明不确定因素发生变动的可能性是大还是小。

■ 经典题目

1. （例题·单选题）进行建设项目敏感性分析时，如果主要分析方案状态和参数变化对投资回收快慢与对方案超额净收益的影响，应选取的分析指标为（ ）。

A. 财务内部收益率与财务净现值　　B. 投资回收期与财务内部收益率
C. 投资回收期与财务净现值　　D. 建设工期与财务净现值

2. （2011年真题·单选题）单因素敏感分析过程包括：①确定敏感因素；②确定分析指标；③选择需要分析的不确定性因素；④分析每个不确定因素的波动程度及其对分析指标可能带来的增减变化情况。正确的排列顺序是（ ）。

A. ③②④①　　B. ①②③④　　C. ②④③①　　D. ②③④①

3. （2013年真题·单选题）某项目采用净现值指标进行敏感性分析，有关数据见下表，则各因素的敏感程度由大到小的顺序是（ ）。

因素、变化幅度	−10%	0	+10%
建设投资（万元）	623	564	505
营业收入（万元）	393	564	735
经营成本（万元）	612	564	516

A．建设投资—营业收入—经营成本　　B．营业收入—经营成本—建设投资
C．营业收入—建设投资—经营成本　　D．经营成本—营业收入—建设投资

4．（2014 年真题・多选题）某技术方案经济评价指标对甲、乙、丙三个不确定因素的敏感度系数分别为 −0.1、0.05、0.09，据此可以得出结论有（ ）。

A．经济评价指标对于甲因素最敏感　　B．甲因素下降 10%，方案达到盈亏平衡
C．经济评价指标与丙因素反方向变化　　D．经济评价指标对于乙因素最不敏感
E．丙因素上升 9%，方案由可行转为不可行

5．（2012 年真题・单选题）关于方案敏感性分析的说法，正确的是（ ）。

A．敏感性分析只能分析单一不确定因素变化对技术方案经济效果的影响
B．敏感性分析的局限性是依靠分析人员主观经验来分析判断，有可能存在片面性
C．敏感度系数越大，表明评价指标对不确定因素越不敏感
D．敏感性分析必须考虑所有不确定因素对评价指标的影响

6．（2016 年真题・单选题）某技术方案进行单因素敏感性分析的结果是：产品售价下降 10% 时内部收益率的变化率为 55%；原材料价格上涨 10% 时内部收益率的变化率为 39%；建设投资上涨 10% 时内部收益率的变化率为 50%；人工工资上涨 10% 时内部收益率的变化率为 30%。则该技术方案的内部收益率对（ ）最敏感。

A．人工工资　　B．产品售价　　C．原材料价格　　D．建设投资

7．（例题・单选题）现对技术方案进行单因素敏感性分析，选择财务净现值作为分析对象，如下图所示，甲（经营成本）、乙（投资额）、丙（产品价格）三个不确定因素按敏感性由大到小的排列顺序是（ ）。

A．甲—乙—丙　　B．乙—甲—丙　　C．甲—丙—乙　　D．丙—乙—甲

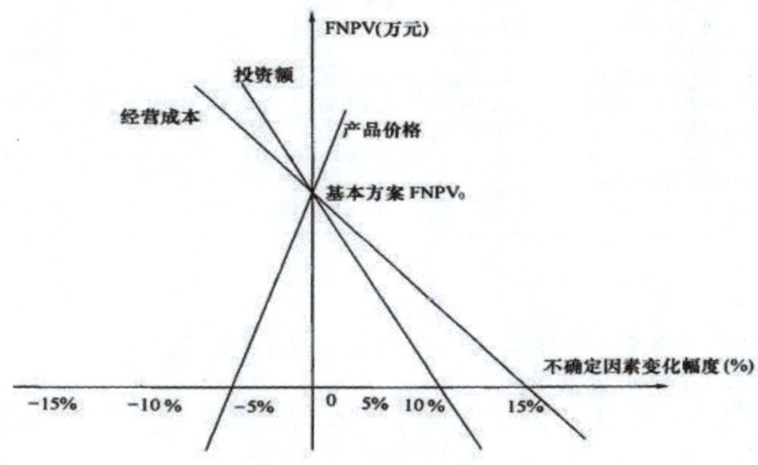

大立名师说

本考点为核心考点，考题形式灵活，考生要理解掌握。出题方向有五个：（1）考核单因素敏感性分析的步骤；（2）考核如何确定分析指标；（3）考核敏感度系数的概念及应用；（4）临界点的概念；（5）敏感性分析的优缺点。考生尤其是要理解敏感度系数的概念，与临界点注意区分。

1Z101040 技术方案现金流量表的编制

【知识点导图】

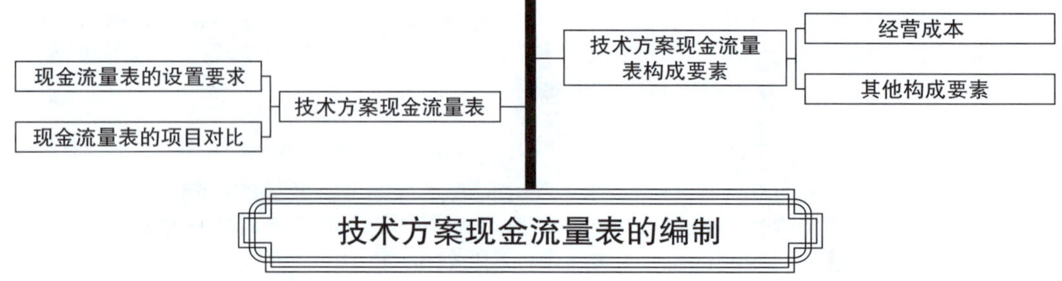

1Z101041 技术方案现金流量表

【考点一】技术方案现金流量表的设置要求★★

	投资现金流量表	资本金现金流量表	投资各方现金流量表	财务计划现金流量表
设置对象	技术方案	技术方案权益投资者整体（项目法人）	技术方案各个投资者	反映技术方案计算期各年的投资、融资及经营活动的现金流入和流出，用于计算累计盈余资金，分析技术方案的财务生存能力
计算基础	技术方案建设所需的总投资	技术方案资本金	投资者的出资额	
反映内容	技术方案在整个计算期内现金的流入和流出	反映在一定融资方案下投资者权益投资的获利能力		
设置目的	可计算财务内部收益率、财务净现值、静态投资回收期等指标	把借款本金偿还和利息支付作为现金流出，计算资本金财务内部收益率	计算技术方案投资各方财务内部收益率	
说明	可考察技术方案融资前盈利能力	技术方案融资后分析	融资后分析	

经典题目

1.（2012年真题・单选题）以技术方案的总投资作为计算基础，反映技术方案在整个计算期内现金流入和流出的现金流量表是（ ）。

A．资本金现金流量表　　B．投资各方现金流量表

C．财务计划现金流量表　　D．投资现金流量表

2.（2011年真题·单选题）资本金现金流量表是以技术方案资本金作为计算的基础，站在（ ）的角度编制的。

A. 项目发起人　　B. 债务人　　C. 项目法人　　D. 债权人

3.（2015年真题·单选题）可据以计算累计盈余资金，分析技术方案财务生存能力的现金流量表是（ ）。

A. 财务计划现金流量表　　B. 投资各方现金流量表
C. 资本金现金流量表　　D. 投资现金流量表

4.（2016年真题·单选题）某技术方案有三个投资者共同投资，若要比较三个投资者的财务内部收益率是否均衡，则适宜采用的现金流量表是（ ）。

A. 投资现金流量表　　B. 资本金现金流量表
C. 投资各方现金流量表　　D. 财务计划现金流量表

大立名师说

本考点考生可以根据总结的表格内容对比记忆。在出题的时候，会把几个表格的内容混在一起，考的大多是原话，题目属于简单题目。

【考点二】现金流量表项目比较★★★

投资现金流量表	资本金现金流量表	投资各方现金流量表
现金流出项目	现金流出项目	现金流出项目
建设投资★ 流动资金★ 经营成本 营业税金及附加 维持运营投资	技术方案资本金★ 借款本金偿还★ 借款利息支付★ 经营成本 营业税金及附加 所得税 维持运营投资	实缴资本 租赁资产支出 其他现金流出

■ 经典题目

1.（2014年真题·单选题）在资本金现金流量表中，列入现金流出项目的是（ ）。

A. 政府补贴　　B. 借款本金偿还
C. 回收固定资产余值　　D. 增值税销项税额

2.（例题·多选题）在技术方案投资各方现金流量表中，应作为现金流出的有（ ）。

A. 技术方案资本金　　B. 实缴资本
C. 借款本金偿还　　D. 经营成本　　E. 租赁资产支出

大立名师说

本考点考生在掌握时，可以根据各现金流量表的名字来掌握，如投资现金流量表，是以总投资为计算基础，建设投资、流动资金通过前面学习就知道是总投资的一部分，所以这两项肯定包括在现金流出项目中，再考虑何为流出，花钱的项目是流出，如成本、税金、维持运营投资。这样可以和前面知识点联系起来，更有助于掌握。

1Z101042 技术方案现金流量表的构成要素

【考点一】技术方案现金流量表的构成要素★★

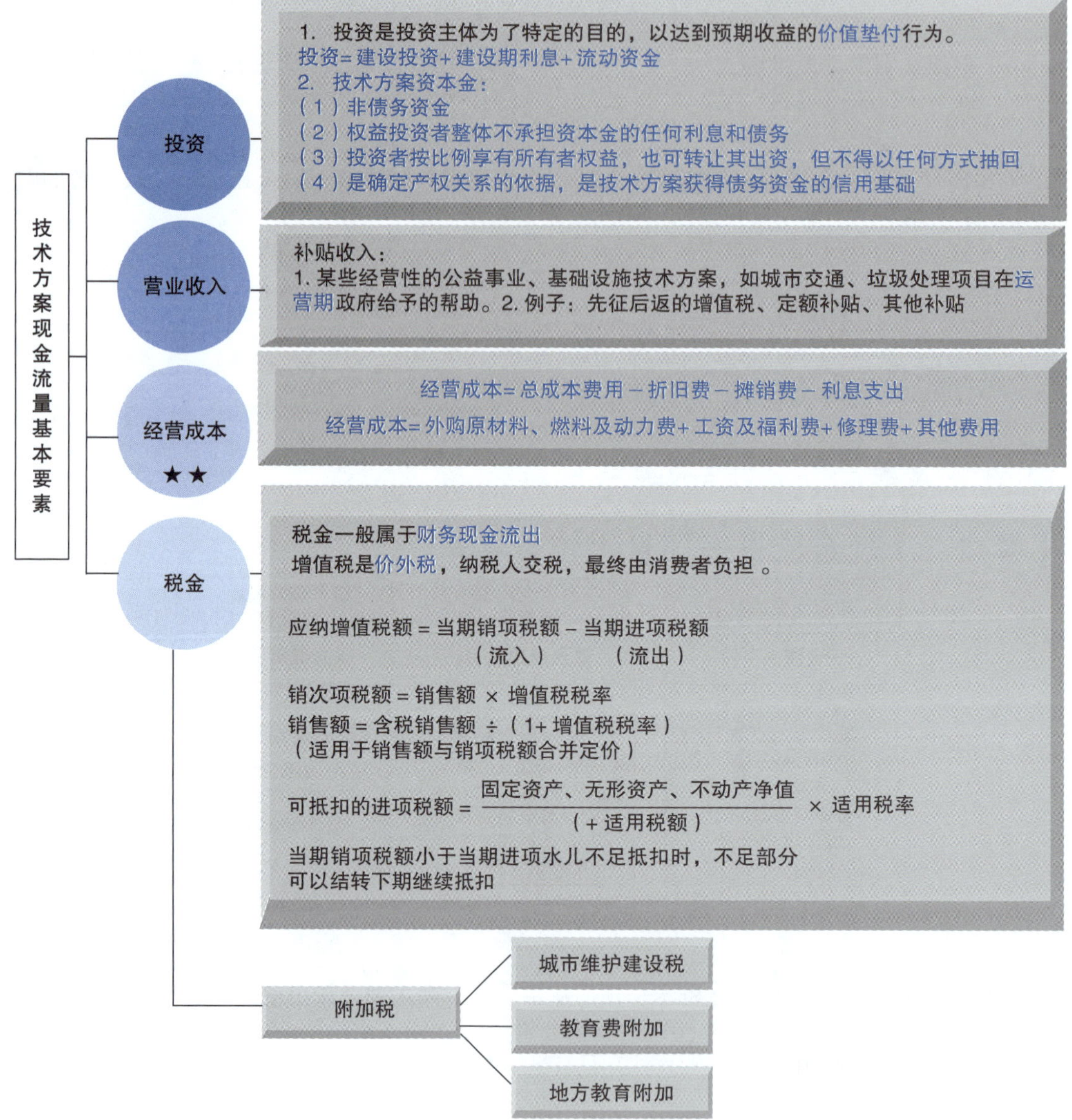

■ 经典题目

1. （例题·单选题）关于技术方案资本金的说法错误的是（ ）。

A. 投资者享有所有权　　B. 项目法人承担利息和债务

C. 投资者可以转让其出资　　D. 项目法人不承担利息和债务

2. （2007 年真题·单选题）某项目建设期 3 年，生产经营期 17 年。建设投资 5 500 万元，流动资金 500 万元。建设期第 1 年初贷款 2 000 万元，年利率 9%，贷款期限 5 年，每年复利利息一次，到期一次还本付息。该项目的总投资为（ ）万元。

A．6 000　　B．6 540　　C．6 590　　D．7 077

3．（2014 年真题・多选题）项目经济评价时，若以总成本费用为基础计算经营成本，应从总成本费用中扣除的费用项目有（ ）。

A．折旧费用　　B．销售费用　　C．摊销费

D．管理费用　　E．利息支出

4．(2016 年真题・单选题)某技术方案估计年总成本费用 8 000 万元，其中外购原材料、燃料及动力费为 4 500 万元，折旧费为 800 万元，摊销费 200 万元，修理费为 500 万元，利息支出 210 万元。则该技术方案的年经营成本为( )万元。

A.6 790　　B.4 500　　C.6 290　　D.7 290

大立名师说

本考点为高频考点，尤其是对于经营成本的两个公式。这两个公式考法比较灵活，可以考计算，也可以以文字形式直接考经营成本的组成，但是万变不离其宗，掌握两个公式是王道。

1Z101050 设备更新分析

【知识点导图】

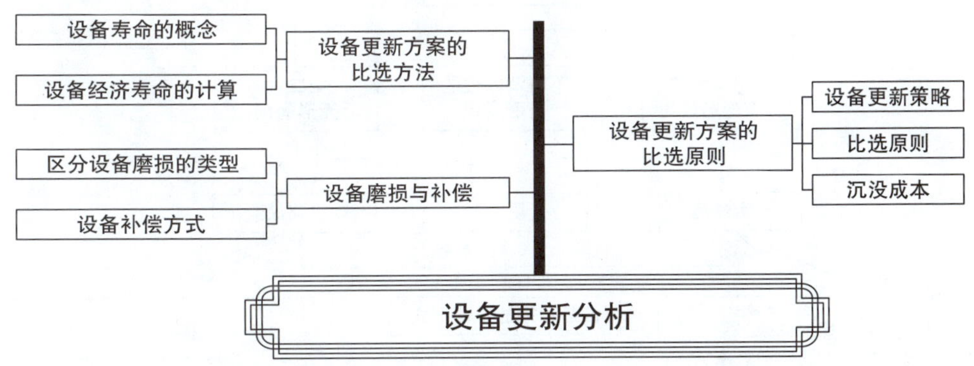

1Z101051 设备磨损与补偿

【考点一】设备磨损的类型★★★

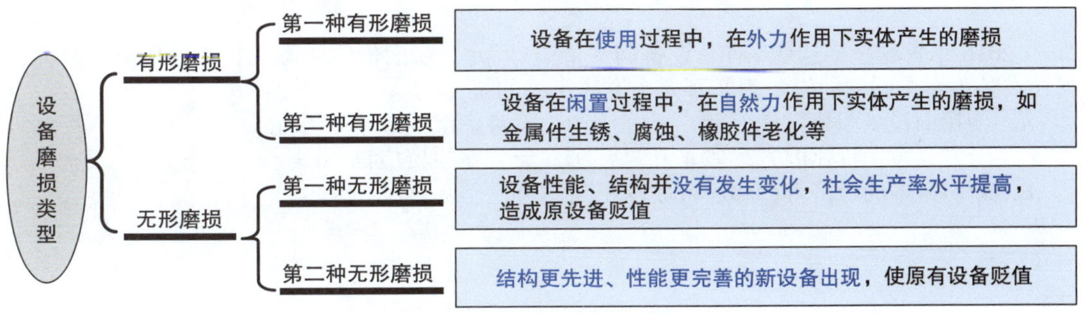

■ 经典题目

1. （2014年真题·多选题）下列导致现有设备贬值的情形中，属于设备无形磨损的有（ ）。
   A. 设备连续使用导致零部件磨损　　B. 设备长期闲置导致金属件锈蚀
   C. 同类设备的再生产价值降低　　D. 性能更好耗费更低的替代设备出现
   E. 设备使用期限过长引起橡胶件老化

2. (2016年真题·多选题)下列生产设备磨损形式中，属于无形磨损的有（ ）。
A. 长期超负荷运转，造成设备的性能下降，加工精度降低
   B. 出现了加工性能更好的同类设备，使现有设备相对落后而贬值
   C. 因设备长期封存不用，设备零部件受潮腐蚀，使设备费用增加
   D. 技术特性和功能不变的同类设备的再生产价值降低，致使现有设备贬值
   E. 出现效率更高、耗费更少的新型设备，使现有设备经济效益相对降低而贬值

大立名师说

本考点为常规考点，出题方向：让考生区分磨损的类型，考生应对对策主要是抓住知识点里面总结的关键词，如第一种有形磨损：使用过程中、外力；第二种有形磨损：闲置过程中、自然力。第一种无形磨损：设备结构性能不变、劳动生产力提高；第二种无形磨损：性能结构变化、新设备。

【考点二】设备磨损的补偿方式★★★

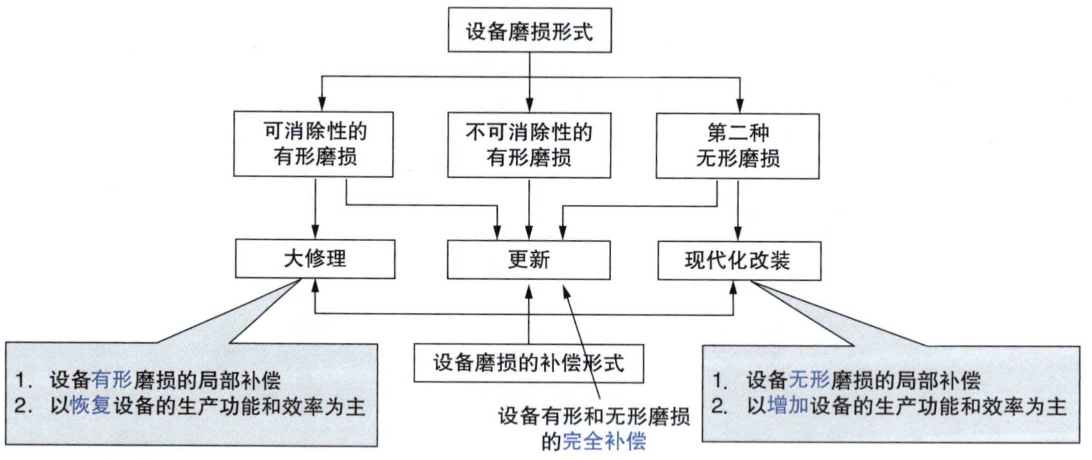

■ 经典题目

1. （2014年真题·单选题）可以采用大修理方式进行补偿的设备磨损是（ ）。
   A. 不可消除性有形磨损　　B. 第一种无形磨损
   C. 可消除性有形磨损　　D. 第二种无形磨损

2. （2016年真题·多选题)有一设备购买价10万元，账面价值4万元，市场价值3万元，现在设备更新买同样的设备为8万元，说法正确的是（ ）。
   A. 使用旧设备投资按3万元　　B. 不考虑沉没成本1万元
   C. 新方案市场价比旧方案多4万　　D. 新方案投资应计10万
   E. 新旧方案的经济寿命和运行成本相同

大立名师说

本考点为常规考点，出题方向是让考生根据具体题目要求选择合适的设备补偿方式，这个考点不用死记硬背，自己理解就可以。例如，不管是什么类型的磨损，都可以用更新这个策略。再如第二种无形磨损，我们除了更新策略外，我们还可以进行现代化改装，提升性能。

1Z101052 设备更新方案的比选原则

【考点一】设备更新方案的比选原则★

设备更新方案的比选原则

1. 应站在客观的立场分析问题

若要保留旧设备，首先要付出相当于旧设备当前市场价值的投资，才能取得旧设备的使用权。

2. 不考虑沉没成本

沉没成本 = 设备账面价值—当前的市场价值

沉没成本 =（设备原值—历年折旧值）—当前市场价值

3. 逐年滚动

比较现有设备的剩余经济寿命和新设备的经济寿命

经典题目

1.（2012年真题·单选题）某设备6年前的原始成本为90 000元，目前的账面价值为30 000元，现在的市场价值为16 000元，则该设备的沉没成本为（　）元。

A．10 000　　B．14 000　　C．44 000　　D．60 000

大立名师说

本考点为常规考点，出题方向有两个：一是考核设备更新方案的比选原则，考察同学们对原则细节的把握；二是考核沉没成本的计算。尤其是第一种出题方向，大家要引起注意，关注细节。

1Z101053 设备更新方案的比选方法

【考点一】设备寿命的概念★★★

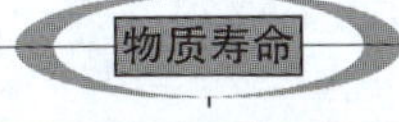

PK
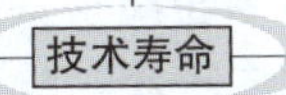

PK
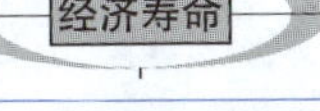

	物质寿命	技术寿命	经济寿命
 概念	设备从投入使用开始，直到因物质磨损严重而不能继续使用、报废为止所经历的全部时间	设备从投入使用到因技术落后而被淘汰所延续的时间，又称有效寿命	经济寿命是指设备从投人使用开始，到继续使用在经济上不合理而被更新所经历的时间
 特征	1. 主要是由设备的有形磨损所决定的 2. 做好维修和保养可延长设备的物质寿命，但不能从根本上避免	1. 技术寿命由要是由设备的无形磨损所决定的， 2. 技术寿命比自然寿命要短，而且科学技术进步越快，技术寿命越短	经济寿命是由设备维护费用的提高和使用价值的降低决定的
 说明	设备的自然寿命不能成为设备更新的估算依据	在估算设备寿命时，必须考虑设备技术寿命期限的变化特点及其使用的制约或影响	年平均使用成本最小的使用年限为经济寿命。 年平均使用成本 = 年资产消耗成本 + 年运行成本

经典题目

1. （2012 年真题 · 单选题）关于设备技术寿命的说法，正确的是（　）。
   A．完全未使用的设备技术寿命不可能等于零
   B．设备的技术寿命一般短于自然寿命
   C．科学技术进步越快，设备的技术寿命越长
   D．设备的技术寿命主要有其有形磨损决定

2. （例题 · 多选题）关于设备寿命的说法，正确的是（　）。
   A．设备经济寿命是指设备从投入使用开始，到继续使用在经济上不合理而被更新所经历的时间。
   B．设备使用年限越长，设备的经济性越好
   C．搞好设备的维修和保养可避免设备的有形磨损
   D．设备的自然寿命不能成为设备更新的估算依据
   E．自然寿命主要是由设备的有形磨损决定的

3. （2016 年真题 · 单选题）某企业 2005 年年初以 3 万元的价格购买了一台新设备，使用 7 年后发生故障不能正常使用，且市场上出现了技术更先进、性能更完善的同类设备，但原设备经修理后又继续使用，至 2015 年年末不能继续修复使用而报废，则该设备的自然寿命为（　）年。
   A.7　　B.10　　C.12　　D.11

大立名师说

本考点高频考点，出题方向：将三种寿命的知识混在一起来考核，考生们注意掌握三种寿命概念的本质区别，尤其是把握经济寿命概念的核心，知识点解析里面将三种寿命概念进行了对比，考生可以对比掌握。

【考点二】经济寿命的计算★★★

确定设备经济寿命期的原则：

1. 使设备在经济寿命内平均每年净收益（纯利润）达到最大；
2. 使设备在经济寿命内一次性投资和各种经营费总和达到最小。

经济寿命的确定方法

方法 1

$$\overline{C}_N(\text{年平均使用成本})=\frac{P-L_N}{N}(\text{年平均资产消耗成本})+\frac{1}{N}\sum_{t=1}^{N}C_t(\text{年平均运行成本})$$

使年平均使用成本最小的 N_0 为经济寿命

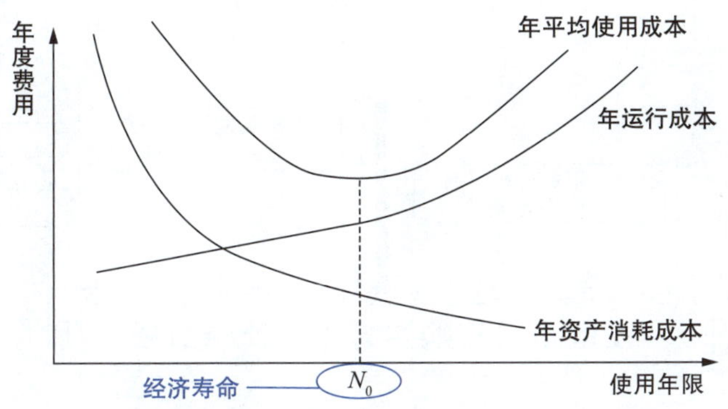

方法 2

$$N_0=\sqrt{\frac{2(P-L_N)}{\lambda}}$$

N_0 — 设备的经济寿命

P — 设备目前实际价值

L_N — 设备残值

λ — 设备的低劣化值（年均递增运行成本）

■ 经典题目

1. （2013 年真题・单选题）某设备在不同的使用年限（从 1 年到 7 年）时的平均年资产消耗成本和平均年运行成本如下表（单位：万元）。则设备在静态模式下的经济寿命为（ ）年。

使用年限（年）	1	2	3	4	5	6	7
平均资产消耗成本	140	110	90	75	65	60	58
平均年运行成本	15	20	30	40	55	70	85

A. 3　　B. 4　　C. 5　　D. 6

2. （例题・单选题）某设备目前实际价值为 10 万元，预计残值为 1 万元，第 1 年设备运行成本为 800 元，每年设备的劣化增量是均等的，年劣化值为 200 元，则此设备的经济寿命是（ ）。

A. 10 年　　B. 20 年　　C. 30 年　　D. 40 年

大立名师说

本考点为核心考点，出题方向有两个：一是考核确定经济寿命的原则；二是考核利用两种方法确定方案的经济寿命。但是经济寿命的计算并不难，两种方法也很好区分，如果我们在题目中发现有年劣化值或者称为年均递增运行成本等字样，直接套用第二种方法，否则用第一种。

1Z101060 设备租赁与购买方案的比选分析

【知识点导图】

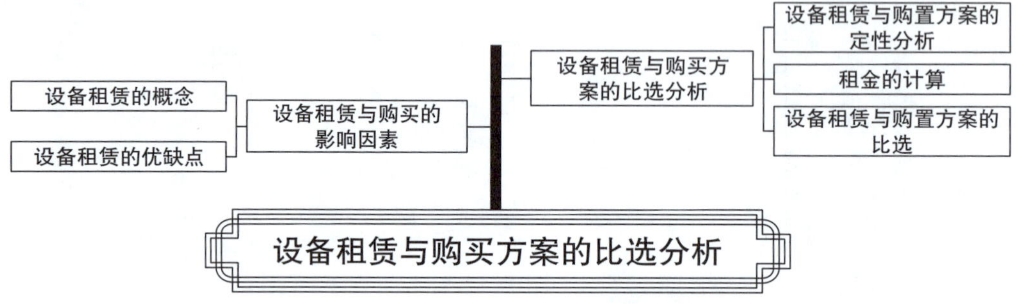

1Z101061 设备租赁与购买的影响因素

【考点一】设备租赁的概念★

经营租赁

1. 租赁双方的任何一方可以随时以一定方式在通知对方后的规定期限内取消或中止租约
2. 临时使用的设备采用经营租赁

融资租赁

1. 租赁双方承担确定时期的租让和付费义务，不得任意中止和取消租约
2. 贵重的物品采用融资租赁

设备租赁

■ 经典题目

1. （2013 年真题・单选题）关于设备租赁的说法，错误的是（　）。
   A. 融资租赁通常适用于长期使用的贵重设备
   B. 临时使用的设备适宜采用经营租赁方式
   C. 经营租赁的任一方可以以一定方式在通知对方后的规定期限内取消租约
   D. 租赁期内，融资租赁承租人拥有租赁设备的所有权

2. （2012 年真题・单选题）设备融资租赁与经营租赁的主要不同点是（　）。
   A. 租金的支付方式　　B. 可用于租赁的设备
   C. 租赁双方的根本目的　　D. 租赁双方承担义务的约束力

大立名师说

本考点为常规考点，考核考生对于融资租赁和经营租赁的理解，考试时会把两种租赁方式的说法混合在一起，让考生区分。

【考点二】设备租赁优缺点★★★

设备租赁	
优点	缺点
(1)在资金短缺的情况下，既可用较少资金获得生产急需的设备，也可以引进先进设备，加速技术进步的步伐 (2)可获得良好的技术服务 (3)可以保持资金的流动状态，防止呆滞，也不会使企业资产负债状况恶化 (4)可避免通货膨胀和利率波动的冲击，减少投资风险 (5)设备租金可在所得税前扣除，能享受税费上的利益	(1)在租赁期间承租人对租用设备无所有权，只有使用权，故承租人无权随意对设备 进行改造，不能处置设备，也不能用于担保、抵押贷款 (2)承租人在租赁期间所交的租金总额一般比直接购置设备的费用要高 (3)长年支付租金，形成长期负债 (4)融资租赁合同规定严格，毁约要赔偿损失，罚款较多等

■ 经典题目

1. （2011 年真题·多选题）对于承租人来说，经营性租赁设备与购买设备相比的优越性体现在（ ）。

A. 在资金短缺时可用较少资金获得急需的设备
B. 可获得良好的技术服务
C. 可减少投资风险
D. 在租赁期间可以将设备用于抵押贷款
E. 租金可以在税前扣除，能享受税费上的优惠

大立名师说

本考点为核心考点，出题方向：把设备租赁的优缺点混在一起，让考生去区分，注意理解掌握。

1Z101062 设备租赁与购买方案的比选分析

【考点一】设备租赁与购置方案的定性分析★★★

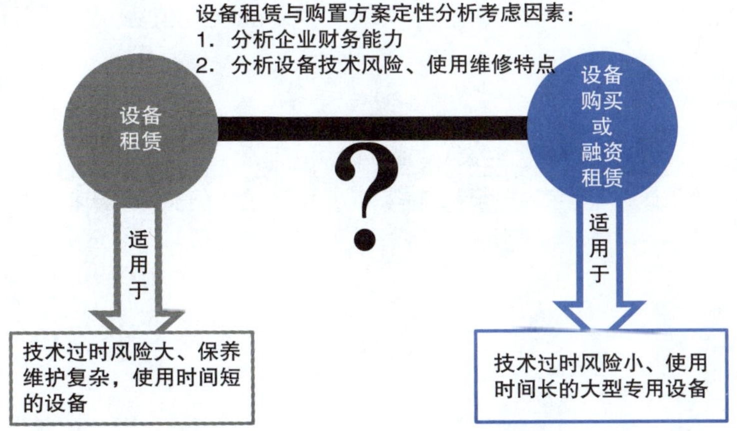

【考点二】租金的计算★★★

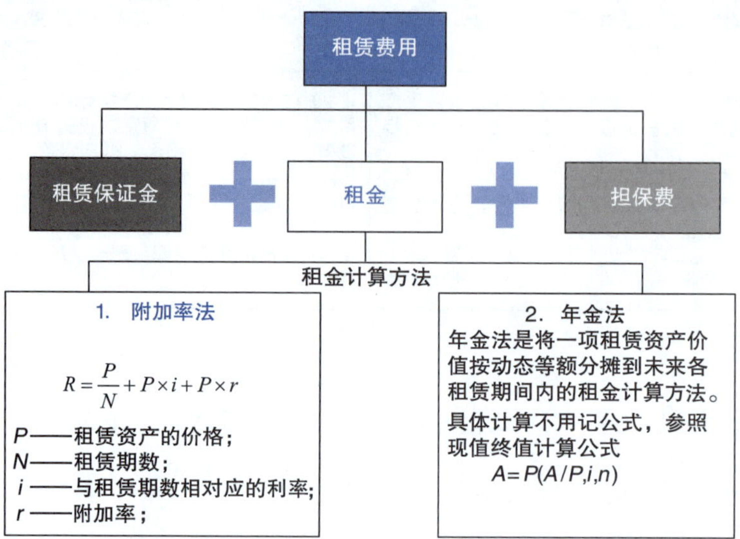

■ 经典题目

1. （例题·单选题）对于承租人而言，租赁设备的租赁费用主要包括租赁保证金、租金和（ ）。

A. 贷款利息　　B. 折旧费用　　C. 运转成本　　D. 担保费

2. （2015 年真题·单选题）施工企业拟向租赁公司承租一台设备，设备价格为 120 万元，租期为 6 年，年末支付租金，折现率为 10%，附加率为 4%，按照附加率法计算，应支付的租金（ ）万元。

A. 25.0　　B. 27.5　　C. 33.5　　D. 36.8

3. （2011 年真题·单选题）将租赁资产价值按动态等额分摊到未来各租赁期间的租金计算方法是（ ）。

A. 附加率法　　B. 消耗率法　　C. 低劣化值法　　D. 年金法

大立名师说

本考点为核心考点，出题方向有三个：一是租金的构成；二是附加率法计算年租金；三是年金法计算租金，附加率法计算年租金为高频考点，年金法可以结合终值现值计算来考核，但要注意期初、期末支付租金的区别。

【考点三】设备租赁与购置方案的经济比选★★

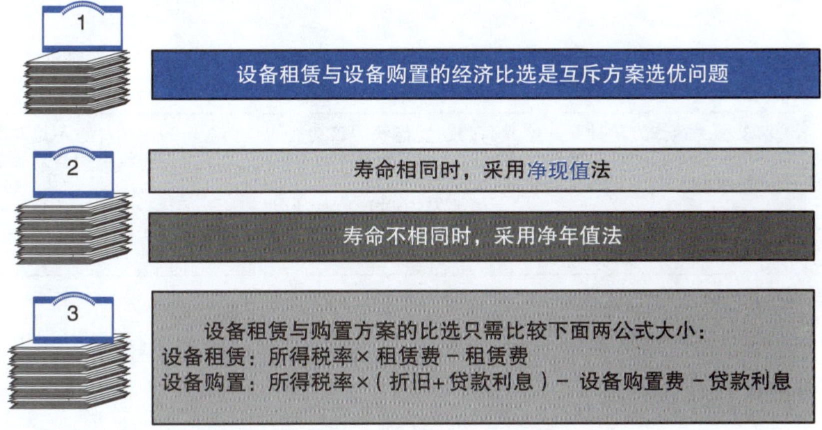

■ 经典题目

1．（2015 年真题·单选题）某企业进行设备租赁和购买方案比选。甲方案为租赁设备，租赁费每年 50 万，租期 5 年；乙方案为购买设备，购置费 200 万元，全部来源银行借款，借款单利计息，年利率 10%，借款期限 5 年，设备可使用年限 5 年，预计净残值为 0。企业所得税率 25%。其他条件不考虑，关于方案的比选，正确的是（ ）。

A．考虑税收影响时，乙方案优于甲方案　B．考虑税收影响时，甲、乙方案税后成本相同

C．考虑税收影响时，甲方案优于乙方案　D．设备方案比选不应考虑税收的影响

大立名师说

本考点为难点考点，出题方向为设备租赁和设备购买方案的分析，对于这种互斥方案比选，只需比较方案的差异部分即可，考生要注意理解。

1Z101070 价值工程在工程建设中的应用

【知识点导图】

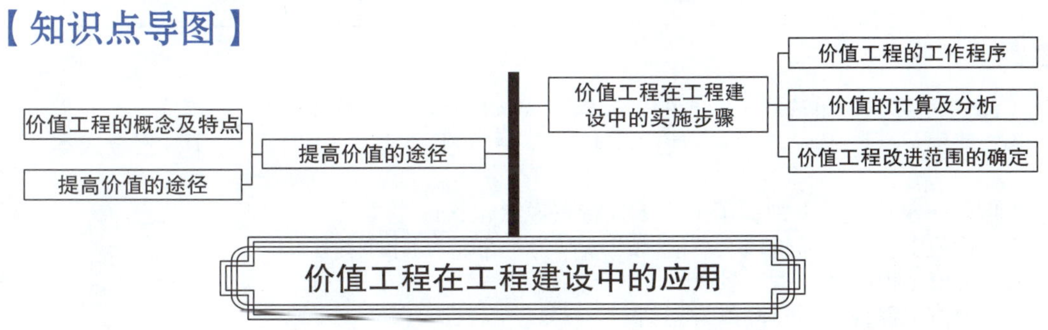

1Z101071 提高价值的途径

【考点一】价值工程的概念及特点

★★

价值工程是指作为某种产品所具有的功能与获得该功能的全部费用的比值。它不是对象的使用价值，它不是对象的交换价值，而是对象的比较价值，是作为评价事物有效程度的一种尺度

$$V(\text{价值})=\frac{F(\text{研究对象的功能})}{C(\text{寿命周期成本})}$$

注：寿命周期成本是指产品的科研、设计、试验、试制、生产、销售、使用、维修直至报废所花费用的总和。

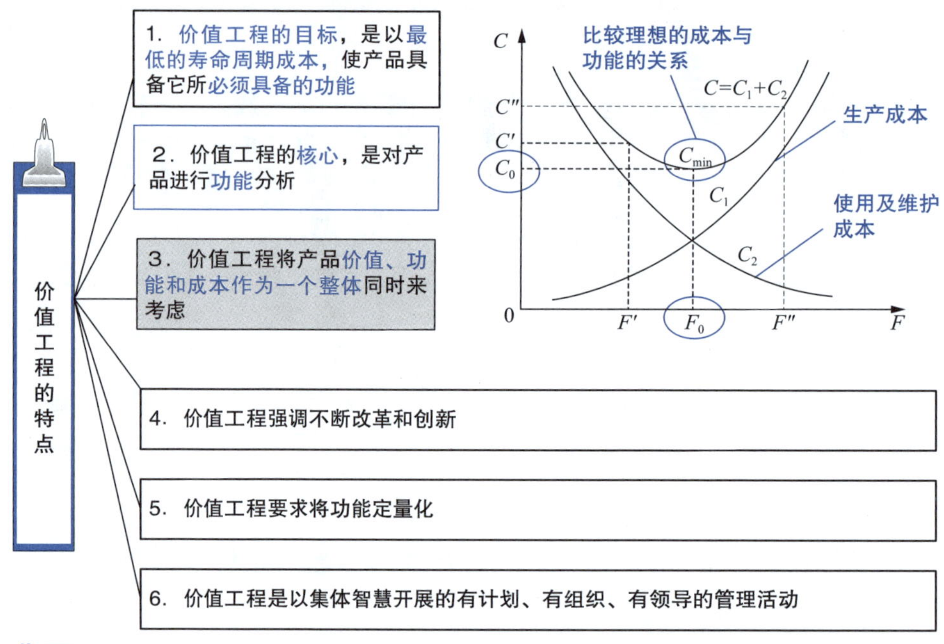

■ 经典题目

1. （2010 年真题·单选题）产品的寿命周期成本由产品生产成本和（ ）组成。
   A. 使用及维护成本 B. 使用成本 C. 生产前准备成本 D. 资金成本

2. （例题·单选题）下列关于价值工程特点说法错误的是（ ）。
   A. 价值工程将产品价值、功能和成本作为一个整体同时来考虑
   B. 价值工程的核心是质量改进
   C. 价值工程强调不断改革与创新
   D. 价值工程的目标是以最低的寿命期成本，使产品具备它必须具备的功能

3. （例题·多选题）下列关于价值工程原理的描述中，正确的有（ ）。
   A. 运用价值工程的目的是提高研究对象的比较价值
   B. 价值工程中所述的“价值”是指研究对象的交换价值
   C. 价值工程的核心是对研究对象进行功能分析
   D. 价值工程是一门分析研究对象效益与费用之间关系的管理技术

E. 价值工程中所述的“成本”是指产品的科研、设计、试验、试制、生产、销售、使用、维修直到报废所花费用的总和。

4. （例题·单选题）如下所示产品功能与成本关系图中，C_1 表示生产成本，C_2 表示使用及维护成本，①、②、③、④点对应的功能均能满足用户需求，从价值工程的立场分析，较理想的是（ ）。

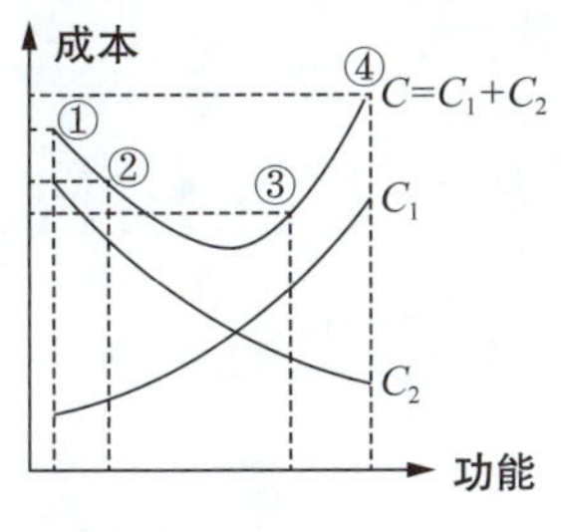

A. ①　　B. ②　　C. ③　　D. ④

大立名师说

本考点为常规考点，出题方向有两个：一是考核价值工程的概念；二是考核价值工程的特点。尤其是价值工程的特点，要注意细节。

【考点二】提高价值的途径★★

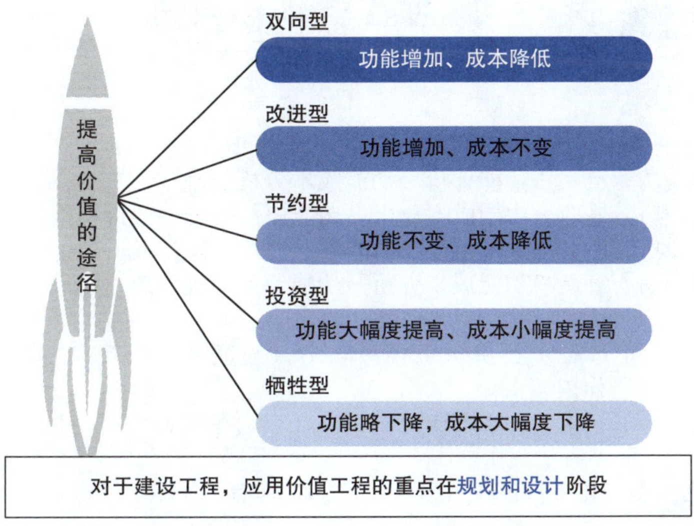

■ 经典题目

1. （例题·单选题）某轻轨工程，原计划采用甲工艺进行施工，计划工期 835 天，后经价值工程优化，决定采用乙工艺代替甲工艺，达到了同样的施工质量，且工程成本未变，但工期提前了 250 天，同时减少业主贷款利息上千万元。根据价值工程原理，该提高建设项目价值的途径属于（ ）。

A. 功能提高，成本降低　　B. 功能不变，成本降低
C. 功能提高，成本不变　　D. 功能不变，成本不变

2. （例题·单选题）为有效提高建设项目的经济效果，在项目建设过程中进行价值工程活

动的重点应放在（ ）阶段。

A．竣工验收　　B．施工　　C．设计　　D．保修

大立名师说

本考点为常规考点，出题方向主要是给出案例让考生分析提高价值的途径，注意理解每种价值提高途径的核心特点，在复习中注意理解教材中给出的实例。

1Z101072 价值工程在工程建设应用中的实施步骤

【考点一】价值工程的工作程序★★★

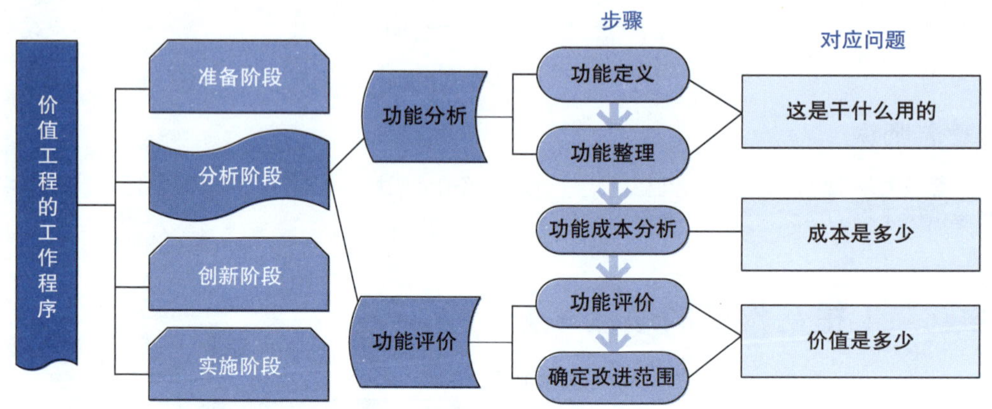

经典题目

1．（2009 年真题・单选题）价值工程分析阶段的工作步骤是（ ）。

A．功能整理→功能定义→功能评价→功能成本分析→确定改进范围
B．功能定义→功能整理→功能成本分析→功能评价→确定改进范围
C．功能定义→功能评价→功能整理→功能成本分析→确定改进范围
D．功能整理→功能定义→功能成本分析→功能评价→确定改进范围

2．（2014年真题・单选题）在价值工程活动中，描述某一个产品零部件“是干什么用的？”，属于（ ）的工作内容。

A．产品功能分析　　B．产品结构分析　　C．对象选择　　D．产品设计

3．（2015 年真题・多选题）价值工程分析阶段的工作有（ ）。

A．对象选择　　B．方案评价　　C．功能定义　　D．功能整理
E．功能评价

大立名师说

本考点为常规考点，出题方向有两个：一是考核价值工程的工作程序，让考生排序；二是考核工作程序中的细节内容，如考核工作程序对应问题。

【考点二】价值工程准备阶段★

价值工程准备阶段主要是工作对象的选择与信息资料搜集
对象选择 1. 从设计方面看，选择结构复杂、性能、技术指标差、体积重量大的工程产品 2. 从施工方面看，选择量大面广、工序烦琐、复杂、原材料和能源消耗高、质量难于保证的工程产品 3. 从市场方面看，选择用户意见多和竞争力差的工程产品 4. 从成本来看，选择成本高或成本比重大的工程产品

【大立名师说】

此考点主要供大家理解价值工程对象应该是选择价值不理想的、难以控制的的工程产品。与后面的考点四结合起来考试。

【考点三】价值工程分析阶段★

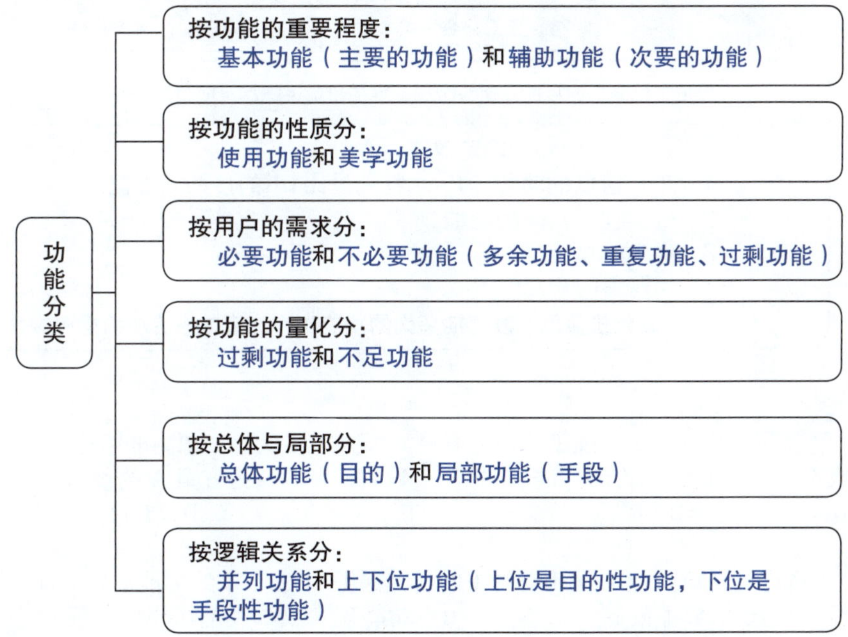

【经典题目】

(2016 年真题 · 多选题) 某施工企业对建筑物的外墙进行功能分析的说法，正确的有（　）。

A. 承重外墙的基本功能是承受荷载

B. 防风挡雨是外墙的过剩功能

C. 分隔空间是外墙的上位功能

D. 隔热保温是外墙的辅助功能

E. 造型美观是外墙的美学功能

【大立名师说】

本考点大家根据知识点解析把握住大体框架，对功能分类的细致掌握要结合教材中的实例，出题方向：一是浅层次考核功能分类；二是通过实例来考核。

【考点四】功能价值 V 的计算及分析★★★

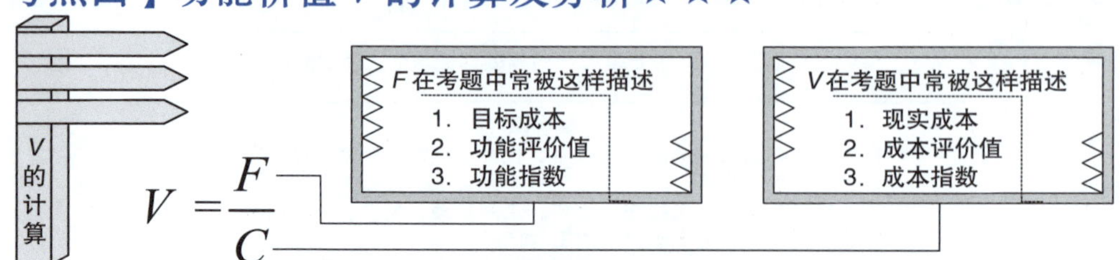

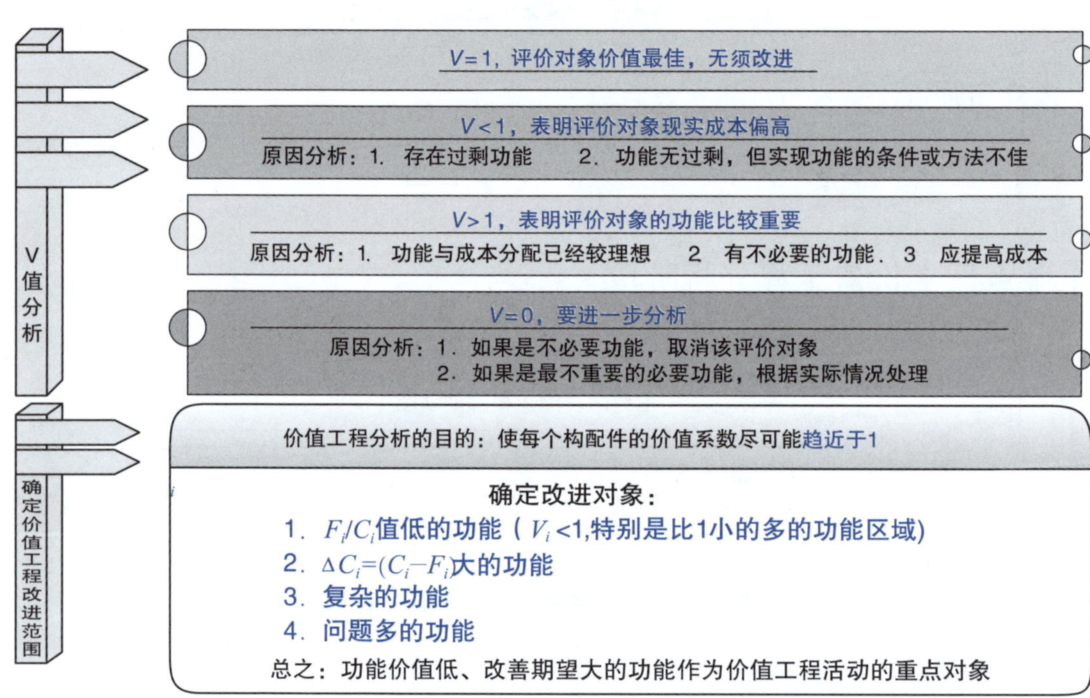

确定价值工程改进范围

价值工程分析的目的：使每个构配件的价值系数尽可能趋近于1

确定改进对象：

1. F_i/C_i值低的功能（V_i<1,特别是比1小的多的功能区域)
2. $\Delta C_i=(C_i-F_i)$大的功能
3. 复杂的功能
4. 问题多的功能

总之：功能价值低、改善期望大的功能作为价值工程活动的重点对象

■ 经典题目

1. （例题·单选题）某分项工程施工采用方案 A 的成本为 5 万元，在相同条件下，采用其他方案的合理成本为 4.5 万元。对方案 A 实施价值工程时，可以认为方案 A 的价值系数为（ ）。

A. 0.90　　B. 0.10　　C. 0.53　　D. 1.11

2. （例题·多选题）造成价值工程活动对象的价值系数 V 小于 1 的可能原因有（ ）。

A. 评价对象的现实成本偏低
B. 功能现实成本大于功能评价值
C. 可能存在着不足的功能
D. 实现功能的条件或方法不佳
E. 可能存在着过剩的功能

3. （2010 年真题·单选题）某项目的建筑工程可划分为甲、乙、丙、丁四个功能区域，各功能区域现实成本和目标成本见表，根据功能价值，应作为价值工程活动首选对象的是（ ）。

	甲	乙	丙	丁
现实成本（元）C	1 100	2 350	9 000	3 040
目标成本（元）F	1 000	2 000	9 800	2 800

A. 丙　　B. 丁　　C. 甲　　D. 乙

4．（例题·单选题）下列有关功能价值分析的表述，错误的有（ ）。
A．价值系数等于 1，说明此时评价对象的功能比重与成本比重大致平衡，合理匹配
B．价值系数大于 1，可能是存在过剩功能，则评价对象需要改进
C．价值系数大于 1，可能是对象在技术、经济方面具有某些特殊性，则评价对象无须改进
D．价值系数小于 1， 说明此时评价对象的成本比重小于其功能比重

5．（2016 年真题·单选）价值工程中方案创造的理论依据是（ ）。
A．产品功能具有系统性　　B．功能载体具有替代性
C．功能载体具有排他性　　D．功能实现程度具有差异性

大立名师说

本考点为核心考点，出题方向有三个：一是考核价值系数的计算，掌握公式及公式中功能、成本的常见描述方法，能正确区分；二是考核价值系数代表的含义；三是考核价值工程改进对象的选择。在实际考核过程中，可以把这三个考核方向融合在一起。

1Z101080 新技术、新工艺和新材料应用方案的技术经济分析

【知识点导图】

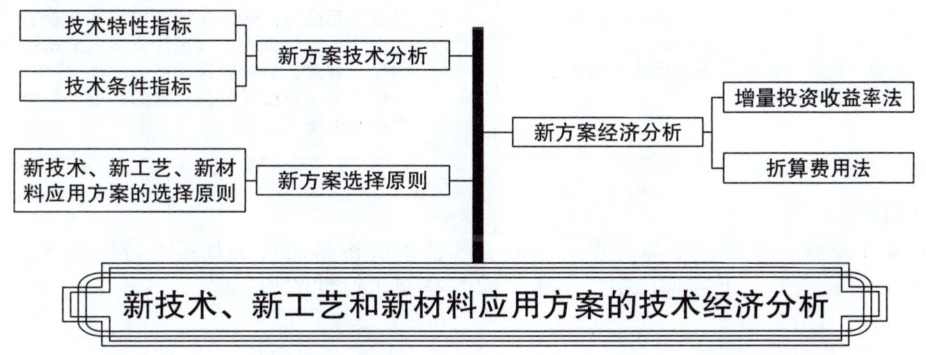

1Z101081 新技术、新工艺和新材料应用方案的选择原则

【考点一】新技术、新工艺和新材料应用方案的选择原则★

新技术、新方案和新材料应用方案的选择原则：
◎1．技术上先进、可靠、适用、合理
◎2．经济上合理——选择方案的主要原则

■ 经典题目

1. （例题·单选题）建设工程项目在选择新工艺和新材料时，应遵循的原则有（ ）。

A. 先进　　B. 合理
C. 超前　　D. 可靠　　E. 适用

大立名师说

本考点为常规考点，考生对新工艺、新材料的选择原则有一般了解即可。

1Z101082 新技术、新工艺和新材料应用方案的技术分析

【考点一】新技术应用方案的技术分析★★

新技术应用方案的技术分析，是通过对其方案的技术特性和条件指标进行对比与分析来完成的

反映技术特性的指标

1. 结构工程中混凝土方案技术性指标：现浇混凝土强度、总量、最大浇筑量
2. 安装工程中技术性指标：安装“构件”总量、最大尺寸、最大重量最大安装高度

反映技术条件的指标

方案占地面积；所要的主要材料、构配件、主要专用设备、专业化协作、主要专业工种功能能否保证供应；采用的方案对工程质量的保证程度，对社会运输能力的要求及能否得到服务，对市政公用设施的要求及能否得到服务等

■ 经典题目

1. （2014年真题·单选题）新技术应用方案的技术分析是通过对其技术特性和条件指标进行对比与分析完成的，下列指标中，属于反映方案技术特性的指标是（ ）。

A. 施工专业化协作　　B. 方案生产能力
C. 构配件供应保证率　　D. 方案占地面积

大立名师说

本题考点为常规考点，出题方向是给出指标例子考核归类。

1Z101083 新技术、新工艺和新材料应用方案的经济分析

【考点一】增量投资收益率★★★

增量投资收益率的计算

R(增量投资收益率)= 两方案经营成本(生产成本)的节约额 / 两方案增量投资

利用增量投资收益率选择方案

R(增量投资收益率)≥R_C(基准投资收益率)，选择投资额大的方案为最优方案

R(增量投资收益率)≤R_C(基准投资收益率)，选择投资额小的方案为最优方案

■ 经典题目

1. （2015 年真题・单选题）某生产性企业若对原工艺方案进行改造需要投资 100 万元，改造后年运行成本 50 万元；若采用全新工艺方案需要投资 200 万元，年运行成本 40 万元，设基准投资收益率为 12%。则两方案相比较的增量投资收益率为（ ）。

A．5%　　B．10%　　C．15%　　D．20%

大立名师说

本考点为核心考点，主要是考核增量投资收益率的计算，以及运用增量投资收益率选择方案。

【考点二】折算费用法★★★

1 当方案有用成果相同，方案需要增加投资时，通过比较折算费用的大小，选取方案

具体步骤：按下列公式计算出每个方案的折算费用，选折算费用最小的方案为最优方案

Z_j(j方案的折算费用)=C_j(j方案的生产成本)+P_j(投资额)×R_C(基准投资收益率)

投资额一年的利息

2 当方案有用成果相同，方案不增加投资时，通过比较各方案生产成本的大小，选取方案

具体步骤：按下列公式计算出每个方案的折算费用，选折算费用最小的方案为最优方案

Z_j(j方案的折算费用)=C_j(j方案的生产成本)

=C_{Fj}(j方案固定成本)+C_{Uj}(单位可变成本)×Q(生产数量)

3 当方案有用成果不相同，一般可通过方案费用的比较来决定方案的使用范围

具体步骤 1：按下列公式列出每个方案的生产成本

C_1（1 方案的生产成本）=C_{F1}（1 方案的固定成本）+C_{U1}（1 方案的单位变动成本）×Q（生产数量）

C_2（2 方案的生产成本）=C_{F2}（2 方案的固定成本）+C_{U2}（2 方案的单位变动成本）×Q（生产数量）

具体步骤 2：在直角坐标系作出两个方案的生产成本直线图（假设如下图所示）

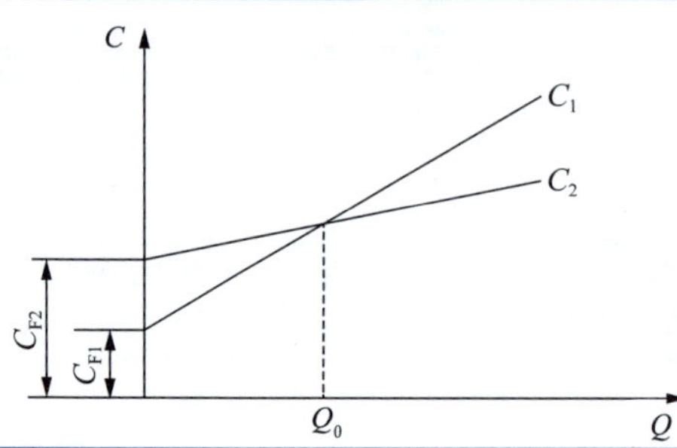

具体步骤 3：令 C1=C2，计算出 Q_0

$$C_{F1}+C_{U1}Q=C_{F2}+C_{U2}Q$$

具体步骤 4：选择方案

当题目中给出的 $Q>Q_0$，选择固定成本投入高的方案

当题目中给出的 $Q>Q_0$，选择固定成本投入低的方案

■ 经典题目

1. （2011 年真题 · 单选题）某工程有甲、乙、丙、丁四个实施方案可供选择。四个方案的投资额依次是 60 万元、80 万元、100 万元、120 万元。年运行成本依次是 16 万元、13 万元、10 万元、6 万元，各方案应用环境相同。设基准投资率为 10%。则采用折算费用法选择的最优方案为（ ）。

A. 丁　　B. 甲　　C. 乙　　D. 丙

2. （2012年真题 · 单选题）某施工现场钢筋加工有两个方案，均不需要增加投资，采用甲方案需固定费用50万元，每吨钢筋加工的可变费用是300元；采用乙方案需固定费用90万元，每吨钢筋加工的可变费用是250元，现场需加工钢筋1万吨，如果用折算费用法选择方案，则（ ）。

A. 应该选用乙方案　　B. 应该选用甲方案

C. 甲、乙两个方案在经济上均不可行　　D. 甲、乙两个方案的费用相同

3. （2013 年真题 · 单选题）某工程钢筋加工有现场制作和外包加工两个方案，现场制作方案的固定费用 12 万元，每吨加工费用 150 万元，外包加工每吨加工费用 250 元，则从经济上考虑时，现场制作方案的实用范围是钢筋总加工量在（ ）。

A. 1 200 吨以上　　B. 480 吨以上　　C. 480 ～ 800 吨　　D. 800 ～ 1 200 吨

大立名师说

本考点看似内容很多、很复杂，但是考题不会太难，跟典型题目里面给出的例题会很相似，考生在复习本考点时注意结合例题掌握折算费用法每种情况的解题思路即可。

1Z101000 工程经济

1Z101011 利息的计算

【考点一】资金时间价值的概念及其影响因素★

1.ADE【大立解析】本题考查影响资金时间价值的因素。
A 选项：资金使用时间越长，则资金时间价值就越大。所以正确。
B 选项：资金数量越多，资金的时间价值就越大。所以不正确。
C 选项：资金周转次数越多，资金时间价值就越大。所以不正确。
D 选项和 E 选项考查是资金投入和回收特点对资金时间价值的影响，规则是“晚投早收”充分利用资金时间价值。所以正确。

2.C【大立解析】本题考查的资金时间价值的影响因素——资金投入及回收的特点。规则是“晚投早收”能充分利用资金时间价值。本题目四个方案投入都是 100 万，收入都是 120 万，“早收”能充分利用资金时间价值，所以 C 方案最早收回 120 万为最优方案。

【考点二】利息和利率★

1.ACE【大立解析】本题考查的是利率的影响因素。
借出资本所承担的风险越大，利率越高。所以 B 错误。
社会平均利润率不变，借贷资本供应大于需求，供应者会加剧竞争，导致利率下降。所以 D 错误。

2.A【大立解析】利率与社会平均利润率两者同向变化但并不是同比变化。所以 A 正确，D 错误。

3.C【大立解析】本题考核的是利息、利率在工程经济活动中的作用。以信用方式筹集资金的特点在于自愿性，其动力在于利息和利率。

【考点三】利息的计算★★★

1.C【大立解析】本题考核的是“单利计算”，题目中给出按季计算支付利息，利息支付给银行就不会再产生利息，所以判断是单利。解题思路：一季需支付的利息 200×1.5%=3 万元，一年支付的利息：3×4=12 万元。

2.D【大立解析】本题考查的是复利计算公式。
解题步骤：题目中给出半年复利一次，第二年还本付息。即本金 P=250 万元；
半年利率：6%/2=3%，n=4 套用复利公式得：
第二年支付的本利和：$250\times(1+3\%)^4=281.38$ 万元
第二年支付的利息：281.38−250 =31. 38 万元

3.D【大立解析】本题考核的是利息的计算。题目中明示按年计息并支付利息，所以是典型的单利，所以三年末偿还的本利和 =100（本）+100×8%（利）=108 万元。

4.D【大立解析】本题考核的是利息的计算方法。看似计算，实则不用，A 是单利计息，付的利息最少，B、C、D 都是复利，这三个选项相比，D 在 5 年内从未支付过本金和利息，本金和利息都会产生利息，所以需要支付的本利和最多。

1Z101012 资金等值计算及应用

【考点一】资金等值概念★★

1.D【大立解析】 本题考查是资金等值的黄金五句话。这个题目在解题时可以套入一个资金例子更易理解。

A 金额相等，发生在相同时点。如现在的 1 万元和现在的 1 万元，肯定等值。所以正确。

B 和 C 都是金额不等，发生时间也不相同。如现在的 1 万元和 1 年以后的 1.02 万元在年利率为 2% 的情况下等值。所以正确 。

D 金额相等，发生在不同时点。如现在的 1 万和 1 年后的 1 万只要考虑资金时间价值肯定不等值。所以错误。

2.C【大立解析】本题考查是资金等值概念。本题两个现金流量等值，这笔等值资金，利率不变，则在任何时刻的价值必然相等。

【考点二】现金流量图★★★

1. ABC【大立解析】本题考查的是现金流量图的绘图规则。横轴代表时间轴，向右延伸表示时间的延续；所以 C 正确；0 表示时间序列的起点，时间轴上的点称为时点，通常代表该时间单位末的时点，所以 E 错误。现金流量的性质是对于特定的人而言的，对于不同的人而言不相同，所以 D 错误。

2. ADE【大立解析】本题考查的是现金流量图三要素。现金流量的大小（现金流量数额）、方向（现金流入或现金流出）和作用点（现金流量发生的时点）。

3.A【大立解析】本题考查的现金流量图的绘制。

按照绘图规则绘制现金流量图，如下图所示：

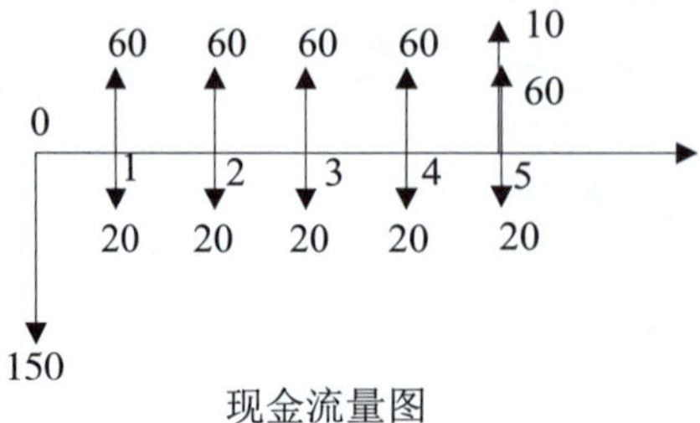

现金流量图

第 5 年年末净现金流量＝60−20+10＝50（万元），由于是正的现金流入，所以应该选择 A。

【考点三】资金等值计算★★★

1. A【大立解析】本题考核的是用系数来表示资金等值计算。这是这部分考点的常见考法。做题思路：从题目中找出所给数据的性质，套入相应系数公式即可。本题已知 200 万元为现值，每年年末发生的钱为年金 A，所以代入系数公式即可。

2. B【大立解析】本题考核的是直接利用公式来表示资金等值计算。做题思路：从题目中找出所给数据的性质，套入相应公式即可。本题每年年末发生的 500 万为年金 A，6 年后一次回收的本利和是终值 F，即已经 A 求 F，代入相应公式即可。

3.C【大立解析】本题考核的是资金等值计算，此题考核更加灵活，属于较难题型，做好现金流量图，根据现金流量图套用相应公式即可。从某企业的角度来做现金流量图具体如下：

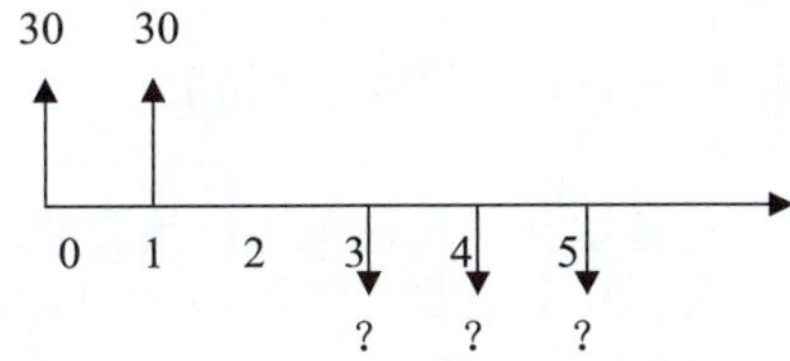

可以将这个总体现金流量图分解为以下两个现金流量图，更容易看出套用哪个公式：

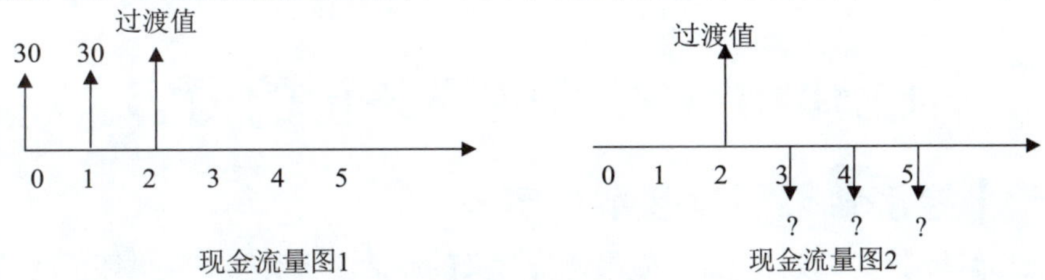

现金流量图1　　　　现金流量图2

利用现金流量图 1 先求出从银行借款的钱在第 2 年年末的价值，可以套用已知 A 求 F 公式，也可以利用复利公式直接计算。$30\times(1+10\%)^2+30\times(1+10\%)=69.3$ 万元

利用现金流量图 2，套用已知 P 求 A 公式得出 3 ～ 5 年每年需偿还的借款。

$P=A\dfrac{(1+i)^n-1}{10\%(1+10\%)^n}$，代入题目中已知数据，得出$69.3=A\dfrac{(1+10\%)^3-1}{10\%(1+10\%)^3}$，解出 A=27.87 万元

4.D【大立解析】本题考核的是资金等值计算系数的转化。分析题目的得知：P=200 万元，n=5，求 F。即 $F=P$（F/P，i，5），结合已知条件，可利用系数之间的关系来解决。

方法一：$F=P/$（P/F，i，5）=200/0.680 6 ≈ 293

方法二：F=P（A/P，i，5）（F/A，i，5）=200 × 5.8666 × 0.2505 ≈ 293

1Z101013 名义利率与有效利率的计算

【考点】名义利率和有效利率的计算★★★

1. A【大立解析】本题考查的是有效利率的计算。（1）名义利率 r=8%，（2）半年复利利息一次说明 m=2，得出半年（计息周期）利率 i=8%/2=4%，（3）有效利率 =（1+ 计息周期利率）^{m}−1=(1+4%)^2−1=8.16%，所以有效利率比名义利率高出 8.16%−8%=0.16%。

2. BE【大立解析】本题用语言表达形式考查名义利率与有效利率关系。当每年计息周期数大于 1 时，年有效利率大于名义利率。所以 A 错误。名义利率一定，计息周期越短，说明计息次数越多，年有效利率与名义利率差异越大。所以 C 错误。名义利率为 r，一年内计息 m 次，则计息周期利率为 r/m。所以 D 错误。

3.B【大立解析】本题考核的是有效利率和资金等值计算的综合题。
(1) 计算期利率 =r/m=8%/4=2%; (2) 半年期实际利率 =（1+2%）2−1=4.04%
则 F=2000（F/A，4.04%，2×5）=2 4058

1Z101021 经济效果评价的内容

【考点一】经济效果评价基本内容★

1.D【大立解析】考察教材中经济效果评价含义的原话。所谓经济效果评价就是根据国民经济与社会发展以及行业、地区发展规划的要求，在拟定的技术方案、财务效益与费用估算的基础上，采用科学的分析方法，对技术方案的财务可行性和经济合理性进行分析论证，为选择技术方案提供科学的决策依据。

2.C【大立解析】本题考核经济效果评价的内容。对于经营性方案，经济效果评价应分析拟定技术方案的盈利能力、偿债能力和财务生存能力。对于非经营性方案，经济效果评价应主要分析拟定技术方案的财务生存能力。

3. B【大立解析】本题考核经济效果评价的内容。技术方案的偿债能力的考察对象是财务主体而非是整个技术方案，所以 B 选项错误，应改为技术方案的偿债能力是指分析和判断财务主体的偿债能力。

【考点二】经济效果评价方法★

1. A【大立解析】本题考核的是经济效果评价方法。融资前分析从字面意思理解，它没有考虑具体的融资方案，所以 A 选项表达错误，应该为融资前分析排除融资方案变化的影响，从技术方案投资总获利能力的角度，考查方案设计的合理性。

【考点三】技术方案计算期★

1.C【大立解析】本题考核的是经济效果评价和计算期的相关知识。技术方案互不干扰、在经济上互不相关的技术方案为独立性方案。独立性方案在经济上是否可接受，取决于技术方案自身的经济性。也就是要进行绝对经济效果检验。所以 C 错误。

1Z101022 经济效果评价指标体系

【考点一】经济效果评价指标★★★

1. BD【大立解析】本题考查的是指标的分类。经济效果评价指标中，反映盈利能力的动态分析指标只有两个：财务净现值和财务内部收益率。

2. BCE【大立解析】本题考查的是静态评价指标的适用范围。可以这样理解，静态评价指标没有考虑资金时间价值，不太精确，所以只能进行粗略评价，或者适用于资金时间价值很少的方案，这样会对经济效果评价影响小。所以 BCE 正确。A 与粗略评价相反。D 现金流量大与题干无关。

3.ACD【大立解析】本题考核的是经济效果评价指标，BE 都是反映盈利能力的评价指标。

1Z101023 投资收益率分析

【考点一】投资收益率指标★★★

1.C【大立解析】本题考查的是总投资收益率的计算。

$$ROI=\frac{EBIT(\text{净利润}+\text{所得税}+\text{利息})}{TI(\text{建设投资}+\text{建设期贷款利息}+\text{全部流动资金})}\times100\%$$

代入题目已知数据：800/（3 000+450）=23.19%

2.C【大立解析】本题考查的资本金净利润率的计算。

$$ROE=\frac{NP(\text{利润总额—所得税})}{EC\ (\text{资本金})}\times100\%$$

代入相应数据：发现题目中，给出了资本金 1000 万，但净利润没有给，
我们再结合公式：

$$ROI=\frac{EBIT(净利润+所得税+利息)}{TI(建设投资+建设期贷款利息+全部流动资金)}\times100\%$$

求出净利润即可。

净利润 =1500 × 12%–18–40.5=121.5 万元，进而得出资本金净利润 =121.5/1000 × 100%=12.15%

3.C【大立解析】本题考核的是投资收益率的概念。投资收益率是指投资方案建成投产并达到设计生产能力后的一个正常年份的年净收益额与方案总投资比率。

4.C【大立解析】本题考核的是总投资收益率的计算。

$$ROI=\frac{EBIT(净利润+所得税+利息)}{TI(建设投资+建设期贷款利息+全部流动资金)}\times100\%,$$

代入数据 1 200/(5 000+550+450) × 100%=20%。

1Z101024 投资回收期分析

【考点一】投资回收期的计算★★★

1.A【大立解析】本题考查的是静态投资回收期的计算。按照知识点解析一步一步来做即可。第一步：计算每期净现金流量，题目中已给，这一步可省略。

第二步：计算每期的累计净现金流量，如下表所示：

年份	0	1	2	3	4	5
净现金流量（万元）	–160	50	50	50	50	50
累计净现金流量（万元）	–160	–110	–60	–10	40	90

第三步：找出累计净现金流量 =0 对应的年份。累计净现金流量等于 0 对应的年份在第 3 年和第 4 年之间，第四年发生净现金流量 50 万，需要从 50 万中拿出 10 万元和前三年累计净现金流量相抵消才能使累计净现金流量等于 0，所以静态投资回收期为 3+10/50=3.2 年

2.A【大立解析】本题考核的是静态投资回收期的优缺点及判别准则。静态投资回收期只考虑了方案投资回收之前的效果，所以只能作为辅助指标。A 正确，B 错误。静态投资回收期大于基准投资回收期，也就是说在计划时间内无法回本，该方案不能接受，所以 C 错误。静态投资回收期越长，回本速度越慢，表明资本周转速度越慢。所以 D 错误。

1Z101025 财务净现值分析

【考点一】财务净现值★★★

1.A【大立解析】本题考核的是财务净现值的计算，也可以认为是财务净现值的概念。财务净现值 = 现金流入现值之和 – 现金流出现值之和。在具体计算时，一定要先做一个现金流量图，这样思路更清晰：本题的现金流量图如下图：

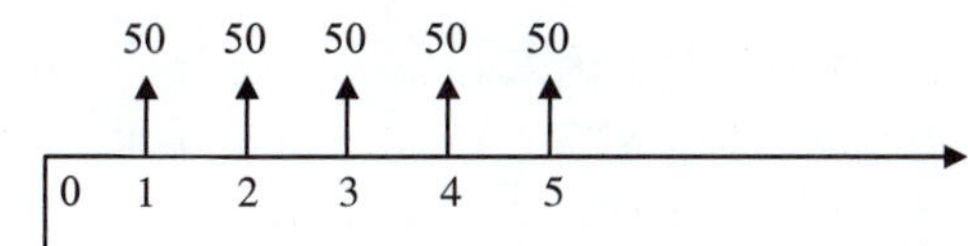

解法一：直接按照财务净现值概念，每期套用 $P(\text{现值})=\dfrac{F（\text{终值}）}{(1+i_c)^n}$，将终值转化为现值。

$$-160+\frac{50}{(1+10\%)}+\frac{50}{(1+10\%)^2}+\frac{50}{(1+10\%)^3}+\frac{50}{(1+10\%)^4}+\frac{50}{(1+10\%)^5}$$
$$=-160+45.45+41.32+37.57+34.15+31.05=29.54\text{万元}$$

解法二：仔细观察，题目中给出数据有如下特点：第 1 年至第 5 年数据相同，所以可以把现金流量图分解为两个现金流量图，套用年金现值公式即可。

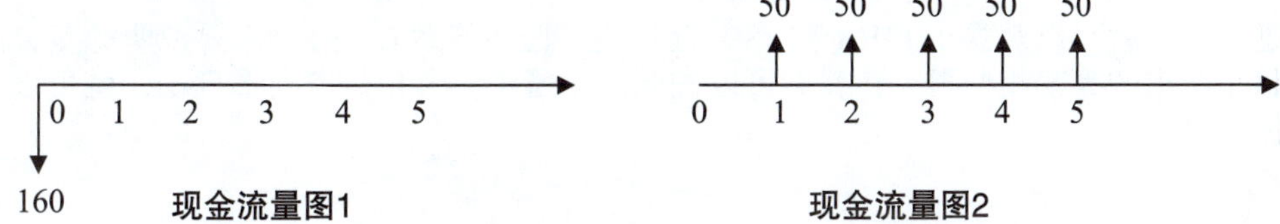

现金流量图 2 可以套用已知 A 求 P 公式。可得：$-160+50\dfrac{(1+10\%)^5-1}{10\%(1+10\%)^5}=29.54$万元

2. A【大立解析】本题考核的是财务净现值的优缺点。应用财务净现值指标进行互斥方案评价时，要求必须构建一个相同的分析期限。本题甲方案计算期 15 年，乙方案计算期 20 年，两个方案分析期不同，所以不能比较。

3.A【大立解析】本题考核的是财务净现值的概念。财务净现值 = 现金流入现值之和 − 现金流出现值之和。现值 $P=F/(1+i)^n$，所以随着基准收益率的增大，财务净现值越小。

4.C【大立解析】本题考核的是财务净现值的概念。假设基准收益率为零时，该方案的财务净现值为：-300+（-200）+200+600+600=900 万元。FNPV 与 i 之间存在着这样的关系：随着 i 的增大，财务净现值由大变小。所以本题 $i>0$，方案财务净现值会变小，小于 900 万元。

1Z101026 财务内部收益率分析

【考点一】财务内部收益率★★★

1. A【大立解析】本题考核的财务内部收益率指标的特点。
财务内部收益率指标是使财务净现值 =0 对应的折现率，是计算出来的，不是事先确定的，所以 B 错。
财务内部收益率不受外部参数的影响，只取决于投资过程的现金流量。所以 C 错。
独立方案用财务内部收益率评价与财务净现值评价，结论通常一致。所以 D 错。

2. C【大立解析】本题考核的是财务内部收益率的概念。财务内部收益率是使财务净现值=0 时的折现率。根据已知条件 FNPV（16%）=160 万元，FNPV（18%）=-80 万元，我们可以判断出，FIRR 在 16% ～ 18%。具体见下图：

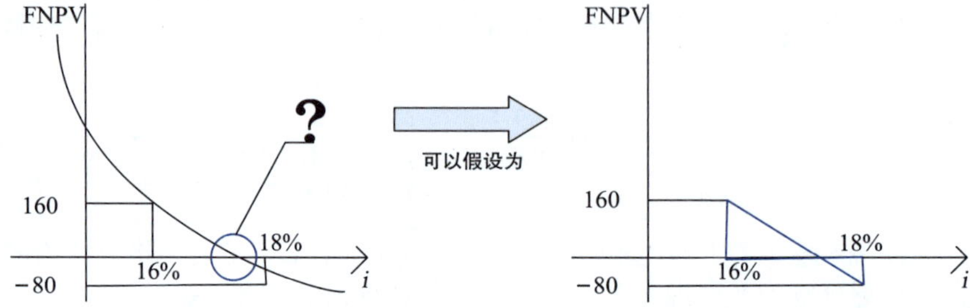

这样我们就可以观察出 FIRR 离 18% 近一些。选择答案 C。另外需要说明的是，如果题目中给出的答案相差很小，我们可以按照图中所示参考相似三角形理论，就可以求出具体数据。

3. C【大立解析】本题考核的财务净现值和 FIRR 指标对比。财务净现值随着基准收益率的增大而减小。而 FIRR 的大小不受外部参数的影响，只取决于投资过程的现金流量。

1Z101027 基准收益率的确定

【考点一】基准收益率的确定★★★

1.A【大立解析】本题考核的是基准收益率的概念。

2.BCD【大立解析】本题考核的基准收益率的影响因素。投资者自行测定基准收益率的大小，需要考虑四个因素：资金成本、机会成本、风险和通货膨胀。所以 A 错、CD 正确。B 为基准收益率的概念，正确。E 为债务资金比例高的项目，资金成本高，风险大，所以应该提高基准收益率取值，所以 E 错。

3.C【大立解析】本题考核的基准收益率的影响因素。确定基准收益率的基础为资金成本和机会成本，对于完全由自有资金投资的项目，就不存在资金成本。所以确定收益率的基础只剩下机会成本了。

4. BCDE【大立解析】本题考核的是基准收益率的确定。投资者自行测定技术方案的最低可接受财务收益率时，应考虑的因素有自身的发展战略和经营策略、技术方案的特点和风险、资金成本、机会成本。

1Z101028 偿债能力分析

【考点一】偿债资金来源★★

1. BCE【大立解析】本题考核的是偿债资金来源。偿还贷款的资金来源主要包括可用于归还借款的利润、固定资产折旧、无形资产及其他资产摊销费和其他还款资金来源。

【考点二】偿债能力分析★★

1.BDE【大立解析】本题考核的是偿债能力分析指标。反映偿债能力的指标有：借款偿还期、利息备付率、偿债备付率、资产负债率、流动比率、速动比率。

2.B【大立解析】本题考核的利息备付率。正常情况下利息备付率应当大于 1，根据我国企业历史数据统计分析，一般情况下，利息备付率不宜低于 2。

3.ADE【大立解析】本题考核的是利息备付率和偿债备付率指标。
A 为偿债备付率的概念，正确。不论是偿债备付率还是利息备付率，都是分年计算。所以 B 错。对于不预先给定借款偿还期限的技术方案，我们需要用借款偿还期指标来分析方案的偿债能力。而对于预先给定借款偿还期的项目采用偿债备付率、利息备付率。所以 C 错。$ICR(\text{利息备付率})=\frac{EBIT(\text{息税前利润})}{PI\ (\text{应付利息})}$通过公式看出分析为息税前利润，所以是支付利息和税金之前的利润。D 对。

$DSCR=\frac{EBITDA-T_{AX}(=\text{净利润}+\text{利息}+\text{折旧}+\text{摊销})}{PD}$通过公式可以看出，分子、分母中都包括计入成本费用的利息。E 对。

1Z101031 不确定性分析

【考点一】不确定性分析★

1.C【大立解析】本题考核的是敏感性分析的概念。在敏感性分析中，可以通过计算敏感度系数和临界点来确定敏感因素。

1Z101032 盈亏平衡分析

【考点一】成本分类

1.D【大立解析】本题考核的盈亏平衡分析中成本的组成。技术方案总成本是固定成本与可变成本之和。

2. A【大立解析】本题考核的是成本归类。技术方案一定的产量范围内不受产品产量影响的成本，即不随产品产量的增减发生变化的各项成本费用是固定成本。长期借款利息应视为固定成本；原材料费、燃料费、生产人员工资都属于变动成本。

【考点二】盈亏平衡分析★★★

1.A【大立解析】本题考核的盈亏平衡点的计算。

思路：做盈亏平衡题目，首先要记住（$PQ-T_UQ$）–（C_F+C_UQ）= 利润，然后去分析题目已知量，未知量。题目要求盈亏平衡，意味着利润 = 0， $Q_{设}$ = 50 万件，C_F= 300 万元，C_U= 80 元，T_U= 5 元将已知量代入万能公式。即（P×500 000–5×500 000）–（3000 000+80×500 000）= 0，解出 P=91 元。

2.A【大立解析】本题考核的是盈亏平衡点的计算。
解题思路：做盈亏平衡题目，首先要记住（$PQ-T_UQ$）–（C_F+C_UQ）= 利润，然后分析题目已知量，未知量。题目求盈亏平衡的产销量，意味着利润 =0 求 Q，题目已知量 P= 100，C_U= 20，T_U= 5，代入公式得到：（100Q–5Q）–（C_F+20Q）= 0（式 1），要想把 Q 求出来，还需要知道 C_F。
题目中给 Q= $Q_{设}$ = 8 万，利润 = 200 万的条件。我们代入万能公式得出：

（100 × 80 000–5 × 80 000）–（C_F+20 × 80 000）= 2 000 000（式 2）， C_F= 400 万元，将 C_F 反代回式 1，得出 Q=5.33 万件。

3. A【大立解析】本题考核的是用生产能力利用率表示项目盈亏平衡点。解题思路：第一步：先求出使方案达到盈亏平衡时的产销量；第二步：用盈亏平衡产销量除以设计生产能力，求出用生产能力利用率表示项目盈亏平衡点。
具体操作步骤：（1）把题目中已知量代入万能公式，（1 000Q–150Q）–（3 600 000+350Q）=0，解出盈亏平衡产量 Q= 7200 件。

（2）$\frac{7\,200}{60\,000}$×100% =12%，求出用生产能力利用率表示的盈亏平衡点。

4. A【大立解析】本题考核的是达到设计生产能力利润的计算。
解题思路：牢记（$PQ-T_UQ$）–（C_F+C_UQ）= 利润，然后分析题目已知量，未知量。题目已知量，P=2500 元，C_U= 750 元，T_U= 370 元，C_F =2 400 000 元，$Q_{设}$ = 5 000，求 $Q_{设}$ = 5 000 达到时的利润。即：（2 500 × 5 000–370 × 5 000）–（2 400 000+750 × 5 000）= 450 万。

5.B【大立解析】本题考核的是盈亏平衡分析图的理解。盈亏平衡产销量越高，项目达到盈亏平衡点越困难，项目投产后盈利能力越差，抗风险能力越弱，适应市场变化能力越弱。

6.BD【大立解析】本题考核的是盈亏平衡万能公式。把万能公式变形，得出盈亏平衡产销量 = 固定成本总额 /（销售单价 – 单位产品的营业税金及附加 – 单位产品的变动成本）。可以看出，降低产品售价，提高营业税金及附加，都会提高盈亏平衡点的产销量。就设计生产能力来讲，在其他因素不变的情况下，和企业盈亏平衡点的产销量没有关系。

1Z101033 敏感性分析

【考点一】单因素敏感性分析步骤★★★

1.C【大立解析】本题考核的敏感性分析指标的确定。如果主要分析技术方案状态和参数变化对技术方案投资回收快慢的影响，则可选用静态投资回收期作为分析指标；如果主要分析产品价格波动对技术方案超额净收益的影响，则可选用财务净现值作为分析指标。

2.D【大立解析】本题考核的是单因素敏感性分析的步骤。敏感性分析的步骤：确定分析指标—选择需要分析的不确定性因素—分析每个不确定因素的波动程度及其对分析指标可能带来的增减变化情况—确定敏感因素—选择方案。

3. C【大立解析】本题考核的是单因素敏感性分析敏感度系数的概念。

$$S_{AF}(\text{敏感度系数})=\frac{\Delta A/A\ (\text{指标变化率})}{\Delta F/F\ (\text{因素变化率})}$$

通过观察本题已知数据，可以看出各因素变化率相同，所以我们只比较指标变化率就可以了，指标变化率=指标变化值/指标基准值，题目中给出的指标基准值都是564，所以我们只需要比较因素引起指标变化绝对值的大小，变化值越大，越敏感。具体如下：建设投资引起指标变化｜623-564｜=59；营业收入引起指标变化｜393-564｜=171；经营成本引起指标变化｜612-564｜=48。所以营业收入—建设投资—经营成本。

4.AD【大立解析】本题考核的是单因素敏感性分析敏感度系数的判断。$S_{AF}>0$，表明评价指标与不确定因素同方向变化，$S_{AF}<0$，表明评价指标与不确定因素反方向变化。根据这个规则，我们可以判断出，甲因素与评价指标反方向变化，乙、丙与评价指标同方向变化，所以 C 错。$|S_{AF}|$越大，表示评价指标对于不确定性因素越敏感。根据这个规则，我们可以判断出评价指标对甲最敏感，对乙最不敏感，所以 A、D 正确。敏感度系数是一个比值，B、E 我们无法根据敏感度系数判断。

5.B【大立解析】本题考核的敏感性分析的知识点。
A 选项错误，说法不全面。敏感性分析有单因素敏感性分析和多因素敏感性分析两种。
C 选项错误，敏感度系数越大，表明评价指标对不确定因素越敏感
D 选项错误，敏感性分析没有必要对所有的不确定因素都进行敏感性分析，而只需选择一些主要的影响因素。

6.B【大立解析】本题考核的是单因素敏感性分析敏感度系数的概念。

$$S_{AF}(\text{敏感度系数})=\frac{\Delta A/A\ (\text{指标变化率})}{\Delta F/F\ (\text{因素变化率})}$$

通过观察本题已知数据，可以看出各因素变化率相同，所以我们只比较指标变化率就可以了，哪个变化幅度大哪个最敏感。

7.D【大立解析】本题考核的是利用敏感性分析图进行敏感性分析。斜率越大，因素越敏感。

1Z101041 技术方案现金流量表

【考点一】技术方案现金流量表的设置要求★★

1. D【大立解析】本题考核的是现金流量表的设置要求。投资现金流量表以技术方案的总投资作为计算基础，反映技术方案在整个计算期内现金流入和流出的现金流量表（练习这道题目可以同时把其他两个现金流量表的计算基础记忆一下）。

2.C【大立解析】本题考核的是现金流量表的设置要求。资本金现金流量表是从技术方案权益投资者整体（即项目法人）角度出发，以技术方案资本金作为计算的基础，把借款本金偿还和利息支付作为现金流出，用以计算资本金财务内部收益率，反映在一定融资方案下投资者权益投资的获利能力，用以比选融资方案，为投资者投资决策、融资决策提供依据（练习这道题目可以同时把其他两个现金流量表的设置对象记忆一下）。

3.A【大立解析】本题考核的是现金流量表的分类。财务计划现金流量表能够反映项目计算期内各年的投资、融资及经营活动的现金流入和流出，用于计算累计盈余资金，分析项目财务生存能力。

4.C【大立解析】本题考核的是现金流量表的设置。投资各方现金流量表是从技术方案各个投资者的角度出发，用以计算技术方案投资各方财务内部收益率。

【考点二】现金流量表项目比较★★★

1.B【大立解析】本题考核的是现金流量表的内容。资本金现金流量表的现金流出项目：技术方案资本金、借款本金偿还、借款利息支付、经营成本、营业税金及附加、所得税、维持运营投资。

2.BE【大立解析】本题考核的是投资各方现金流量表的现金流出项目。投资各方现金流量表中，作为现金流出的有实缴资本、租赁资产支出。

1Z101042 技术方案现金流量表的构成要素

【考点一】技术方案现金流量表的构成要素★★

1.B【大立解析】本题考核的是技术方案资本金的特点。资本金用俗语来解释就是自己的钱。自己的钱自然不用承担利息和债务。

2.C【大立解析】本题考核的总投资的构成。总投资 = 建设投资 + 流动资金 + 建设期贷款利息，将题目已知数据代入：总投资 =5 500+500+2 000×【$(1+9\%)^3-1$】=6 590 元。

3. ACE【大立解析】本题考核的是经营成本的公式。经营成本 = 总成本费用—折旧费—摊销费—利息支出，或者经营成本 = 外购原材料、燃料及动力费 + 工资及福利费 + 修理费 + 其他费用。

4.A
【大立解析】本题考核的是经营成本的公式。经营成本 = 总成本费用 - 折旧费 - 摊销费 - 利息支出。所以代入数据为 8 000 — 800 — 200 — 210=6 790。

1Z101051 设备磨损与补偿

【考点一】设备磨损的类型★★★

1.CD
【大立解析】本题考核的是设备磨损的分类。无形磨损有两种形式：第一种设备的技术结构和性能并没有变化，但由于技术进步，社会劳动生产率水平的提高，同类设备的再生产价值降低，致使原设备相对贬值。第二种无形磨损是由于科学技术的进步，不断创新出结构更先进、性能更完善、效率更高、耗费原材料和能源更少的新型设备，使原有设备相对陈旧落后贬值。所以 CD 正确。A 选项，抓住关键词，使用过程造成的属于第一种有形磨损；选项 B，关键词闲置过程中造成的磨损是第二种有形磨损。E 关键词橡胶件老化，也属于有形磨损。

2.BDE【大立解析】本题考核的是设备磨损的分类。无形磨损有两种形式：第一种设备的技术结构和性能并没有变化，但由于技术进步，社会劳动生产率水平的提高，同类设备的再生产价值降低，致使原设备相对贬值。第二种无形磨损是由于科学技术的进步，不断创新出结构更先进、性能更完善、效率更高、耗费原材料和能源更少的新型设备，使原有设备相对陈旧落后贬值。所以 BDE 正确。AC 属于有形磨损。

【考点二】设备磨损的补偿方式★★★

1. C【大立解析】本题考核的是设备磨损的补偿方式。无形磨损是由技术进步的结果，所以是修不了的。能够修理的是可消除性的有形磨损。A 不可消除的有形磨损，既然是不可消除，就代表无法修理。所以答案选 C。

2.AB【大立解析】本题考核的是设备更新方案的比选原则。旧设备市场价值 3 万元，所以使用旧设备投资按 3 万元，沉没成本 = 账面价值 - 当前的市场价值 =4-3=1 万元，所以 AB 正确。买个新设备 8 万元，所以新方案投资应计 8 万元，所以 D 错；新方案比旧方案多 8-3=5 万元，所以 C 错；新旧方案的经济寿命和运行成本肯定不相同，所以 E 错。

1Z101052 设备更新方案的比选原则

【考点一】设备更新方案的比选原则★

1.B【大立解析】本题考核的是沉没成本的计算。沉没成本 = 设备账面价值 – 当前的市场价值，所以本题沉没成本 =30 000–16 000=14 000 元。

1Z101053 设备更新方案的比选方法

【考点一】设备寿命的概念★★★

1. B【大立解析】本题考核的是对设备技术寿命的概念及理解。设备的技术寿命就是指设备从投入使用到因技术落后而被淘汰所延续的时间。对于完全未使用的设备，也有可能被更为先进、完善的新设备所取代，它的技术寿命可能为零。所以 A 错。
科学技术进步越快，设备被淘汰的可能性就越大，所以技术寿命越短。答案 C 错。
设备的技术寿命主要是由无形磨损来决定的。所以 D 错。

2. ADE【大立解析】本题考核的是设备寿命概念的相关知识。
B 设备使用年限越长，设备的年度资产消耗成本越来越低，但是年度运行成本会越来越高，所以经济性不一定是越来越好。所以 B 错。
C 搞好设备的维修和保养可以延长设备的寿命，但是不能避免设备发生有形磨损。所以 C 错。

3.D【大立解析】本题考核的是自然寿命的概念。自然寿命是指设备从投入使用开始，直到因物质磨损严重而不能继续使用、报废为止所经历的全部时间。题目中 2005 年购买，2015 年报废，所以自然寿命是 2015–2005+1=11 年。

【考点二】经济寿命的计算★★★

1. B【大立解析】本题考核的是经济寿命的计算。在静态模式下，不考虑资金的时间价值，我们可以用第一种方法：求出年平均使用成本（年平均资产消耗成本+年平均运行成本）最低对应的年份为经济寿命。具体如下：

使用年限（年）	1	2	3	4	5	6	7
平均资产消耗成本	140	110	90	75	65	60	58
平均年运行成本	15	20	30	40	55	70	85
年平均使用成本	155	130	120	115	120	130	143

年平均使用成本最低对应的年份为第 4 年。所以经济寿命为 4 年。

2. C【大立解析】本题考核的是经济寿命的计算。题目中给出了年劣化值，看到这样的字眼，我们可以用经济寿命计算的第二种方法，直接套公式。

$N_0=\sqrt{\dfrac{2(P-L_N)}{\lambda}}$，代入题目数据，可得：$N_0=\sqrt{\dfrac{2(100\,000-10\,000)}{200}}=30$ 年。

1Z101061 设备租赁与购买的影响因素

【考点一】设备租赁的概念★

1.D【大立解析】本题考核的是融资租赁与经营租赁的特点。D 租赁期内，融资租赁承租人拥有租赁设备的使用权，无所有权。所以 D 错误。

2.D【大立解析】本题考核的是融资租赁和经营租赁的特点。在融资租赁中，租赁双方承担确定时期的租让和付费义务，而不得任意中止和取消租约；而在经营租赁中，租赁双方的任何一方可以随时以一定方式在通知对方后的规定期限内取消或中止租约。所以两者主要区别在于租赁双方承担义务的约束力不同。

【考点二】设备租赁优缺点★★★

1.ABCE【大立解析】本题考核的是设备租赁与购买相比的优缺点。设备租赁与设备购买相比的优越性：（1）可用较少资金获得生产急需的设备 （2）可获得良好的技术服务；（3）可以保持资金的流动状态 （4）可避免通货膨胀和利率波动的冲击 （5）设备租金可在所得税前扣除，能享受税费上的利益。所以ABCE正确。设备租赁只有使用权，没有所有权，所以不能将设备抵押，D错误。

1Z101062 设备租赁与购买方案的比选分析

【考点一】租金的计算★★★

1.D【大立解析】本题考核的是租赁费用的组成。租赁费用主要包括租赁保证金、租金和担保费。

2. D【大立解析】本题考核的是用附加率法计算年租金。租金公式$R=\frac{P}{N}+P\times i+P\times r$，

代入数据，得出：$R=\frac{120}{6}+120\times10\%+120\times4\%=36.8$ 万元

3.D【大立解析】本题考核的是租金计算的年金法概念。年金法是将一项租赁资产价值按动态等额分摊到未来各租赁期间内的租金计算方法。

【考点二】设备租赁与购置方案的经济比选★★

C【大立解析】本题考核的是购买设备与租赁设备的比较。考虑税收优惠，应该选择税后收益更大或税后成本更小的方案。在营业收入相同的情况下，比较两方案的差异部分。具体如下：甲方案设备租赁：所得税率 × 租赁费 − 租赁费 =25% ×（50 × 5）−（50 × 5）=−187.5（万元）；乙方案设备购置：所得税率 ×（折旧 + 贷款利息）− 设备购置费 − 贷款利息 =25%（200+200 × 10% × 5）−200−200 × 10% × 5=−225（万元），甲方案现金流出较少，所以甲方案优于乙方案。

1Z101071 提高价值的途径

【考点一】价值工程的概念及特点★★

1. A【大立解析】本题考核的是寿命周期成本的概念。产品的寿命周期成本由产品生产成本和使用及维护成本组成。

2.B【大立解析】本题考核的是价值工程特点。价值工程的核心是对产品进行功能分析。

3.ACDE【大立解析】本题考核的是价值工程原理的相关概念。价值工程$V=\frac{F}{C}$，价值工程的价值是对象的比较价值，F与C的比值，F是价值工程的功能，C成本，这里的成本是指产品的科研、设计、试验、试制、生产、销售、使用、维修直到报废所花费用的总和。价值工程$V=\frac{F}{C}$，研究的是对象效益和费用之间的管理技术，所以提高价值工程的目的就是提高研究对象的比较价值。所以B错，ADE正确。价值工程的核心是对研究对象进行功能分析。

4.C【大立解析】本题考核的价值工程的特点。价值工程的目标，是以最低的寿命周期成本，使产品具备它所必须具备的功能。题目中表示四个点对应的功能均能满足要求，成本小的为最优。

【考点二】提高价值的途径★★

1. B【大立解析】本题考核的是提高价值的途径。采用乙工艺代替甲工艺，达到了同样的施工质量，说明功能不变；工期提前了250天，同时减少业主贷款利息上千万元，说明成本降低，这属于节约型。

2.C【大立解析】本题考核的是价值工程的应用。应用价值工程的重点应在规划和设计阶段。

1Z101072 价值工程在工程建设应用中的实施步骤

【考点一】价值工程的工作程序★★★

1. B【大立解析】本题考核的是价值工程的分析步骤。价值工程的分析步骤：功能定义→功能整理→功能成本分析→功能评价→确定改进范围。

2.A【大立解析】本题考核的是价值工程分析阶段的细节内容。描述某一个产品零部件“是干什么用的？”，属于产品功能分析的工作内容。

3.CDE【大立解析】本题考核的是价值工程分析阶段的内容。价值工程的分析内容：功能定义、功能整理、功能成本分析、功能评价、确定改进范围。

【考点二】价值工程分析阶段★

1.ADE【大立解析】本考点考核的是功能的分类。防风挡雨是外墙必须具备的功能，不是过剩的；所以 B 错。上位功能是目的性功能，外墙的目的不是为了分隔空间，所以 C 错误。

【考点三】功能价值 V 的计算及分析★★★

1. A【大立解析】本题考核的是价值系数的计算。价值系数 $V=\frac{F}{C}$，题目中给出采用其他方案的合理成本为 4.5，也就是功能评价值或者是目标成本 F 是 4.5，实际成本 C 为 5，所以 V=4.5/5=0.9。

2. BDE【大立解析】本题考核的是价值系数的分析。$V<1$，此时功能现实成本大于功能评价值。表明评价对象的现实成本偏高，而功能要求不高，一种可能是存在着过剩的功能；另一种可能是功能虽无过剩，但实现功能的条件或方法不佳，以实现功能的成本大于功能的实际需要。

3.D【大立解析】本题考核的是价值工程的改进对象。价值工程的改进对象是（1）F_i/C_i 值低的功能（V_i<1，特别是比 1 小的多的功能区域）；（2）$\Delta C_i=(C_i-F_i)$ 值大的功能；（3）复杂的功能；（4）问题多的功能。所以解题思路：第一步：计算出 V。

	甲	乙	丙	丁
现实成本（元）C	1100	2350	9000	3040
目标成本（元）F	1000	2000	9800	2800
V 值计算	0.909	0.851	1.089	0.921

第二步：根据价值工程改进对象的选择原则，分析计算出的 V 值结果，应该选择 V 值 <1，并且比 1 小的多的作为优先改进的对象。所以选择乙。

4.D【大立解析】本题考核的是价值 V 值结果分析。V<1，说明此时功能现实成本大于功能评价值。表明评价对象的现实成本偏高，而功能要求不高。

5.B【大立解析】本题考核的是价值工程创新阶段。方案创造的理论依据是功能载体具有替代性。

1Z101081 新技术、新工艺和新材料应用方案的选择原则

【考点一】新技术、新工艺和新材料应用方案的选择原则★

1.ABDE【大立解析】本题考核的是新工艺、新材料的选择原则。新技术、新工艺和新材料应用方案的选择原则：1. 技术上先进、可靠、适用、合理；2. 经济上合理。

1Z101082 新技术、新工艺和新材料应用方案的技术分析

【考点一】新技术应用方案的技术分析★★

1.B【大立解析】本题考核的是新技术应用方案的技术分析。反映技术特性的指标如：结构工程中混凝土工艺方案的技术性指标可用现浇混凝土强度、现浇工程总量、最大浇筑量等表示；安装工程则可用安装“构件”总量、最大尺寸、最大重量、最大安装高度等表示。

1Z101083 新技术、新工艺和新材料应用方案的经济分析

【考点一】增量投资收益率★★★

1.B【大立解析】本题考核的是增量投资收益率的知识。

$$R(\text{增量投资收益率})=\frac{\text{两方案经营成本（生产成本）的节约额}}{\text{两方案增量投资}}$$

代入数据，R=（50−40）/（200−100）=10%。

【考点二】折算费用法★★★

1.A【大立解析】本题考核的折算费用法的计算及应用。折算费用法公式：Zj=Cj+Pj·Rc，Z（甲）=16+60×10%=22（万元）；Z（乙）=13+80×10%=21（万元）；Z（丙）=10+100×10%=20（万元）；Z（丁）=6+120×10%=18（万元）。最优方案为折算费用最小的方案，所以答案选 A。

2.A【大立解析】本题考核的是方案不需要增加投资时折算费用的计算及应用。甲方案折算费用 =50 + 300×1=350（万元）；乙方案折算费用 =90 + 250×1=340（万元），故应该选择乙方案。

3.A【大立解析】本题考核的是方案有用成果不同时折算费用法的应用。解题步骤：1. 列出各方案成本，现场制作方案的成本 $C_{现场}$=120 000×150Q，外包方案 $C_{外包}$=250Q；2. 求出 $C_{现场}=C_{外包}$时临界产量，即 120 000+150Q=250Q，求出 Q=1200 吨；3. 选择方案，当 Q=1 200 吨时，选择现场制作方案和外包方案，成本相等；当 Q>1 200 吨时，选择现场制作方案；当 Q<1200 吨时，选择外包方案。

第二章

1Z102000
工程财务

1Z102000 工程财务

【本章历年考情分析】

1Z102000	核心考点	2016		2015		2014		2013	
		单选	多选	单选	多选	单选	多选	单选	多选
1Z102010	会计核算的原则	1				1			
	会计核算的基础			1				1	
	会计要素的组成					1		1	2
	会计等式的应用								
1Z102020	成本和费用	1				2			
	固定资产折扣		2				2		
	工程成本的核算			2		2		1	
	期间费用的核算	1		1					2
1Z102030	收入的分类					2		1	
	建造合同的分立与合并								
	确定合同完工进度的方法			1	2		2		
	合同收入的确认	1	2		2	2		1	2
1Z102040	利润的计算							1	
	所得税计税基础	1		1		2			
1Z102050	财务报表的构成及列报要求				2		2		
	资产负债表的内容和作用					1		1	
	利润表的内容			1					
	现金流量表的编制基础		2			1		1	
	现金流量表的内容							1	
1Z102060	财务分析方法	1					2		
	基本财务比率的分析和计算	1	2	2	2			2	2
1Z102070	资金成本的概念及计算	1		1		1		1	2
	短期筹资的概念及特点				2	2	2		
	短期借款的主要方式及利息支付	1		1				1	
	长期筹资的特点及方式		2				2		
1Z102080	最佳现金持有量及计算	1		1				1	2
	存货的财务管理	1		1		1		1	
合计		11	12	13	10	18	12	15	12
		23		23		30		27	

1Z102010 财务会计基础

【知识点导图】

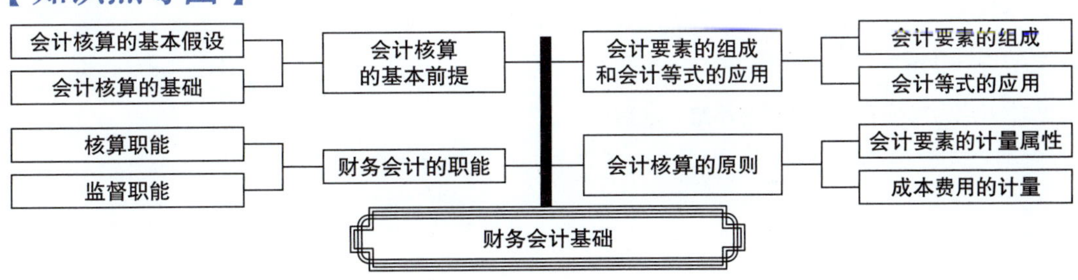

【考点一】财务会计与管理会计★

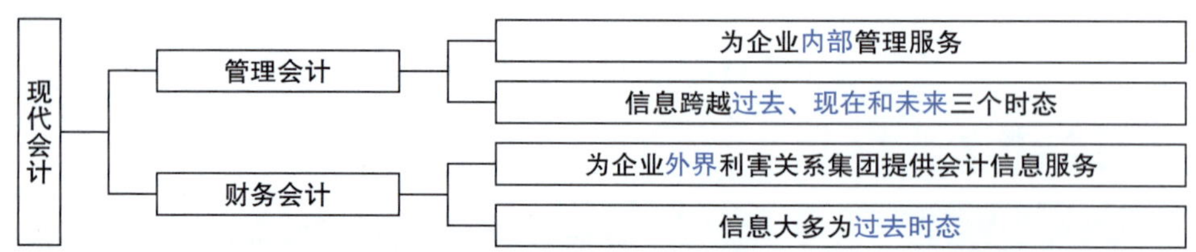

■ 经典题目

1. （例题·单选题）下列说法错误的是（ ）。
   A. 管理会计主要为企业内部管理服务
   B. 财务会计主要是为企业外界利害关系集团提供会计信息服务
   C. 管理会计信息跨越过去、现在和未来三个时态
   D. 财务会计信息可以跨越未来时态

大立名师说

本考点为常识考点，考生对这个考点有所了解即可。

1Z102011 财务会计的职能

【考点一】财务会计的职能★

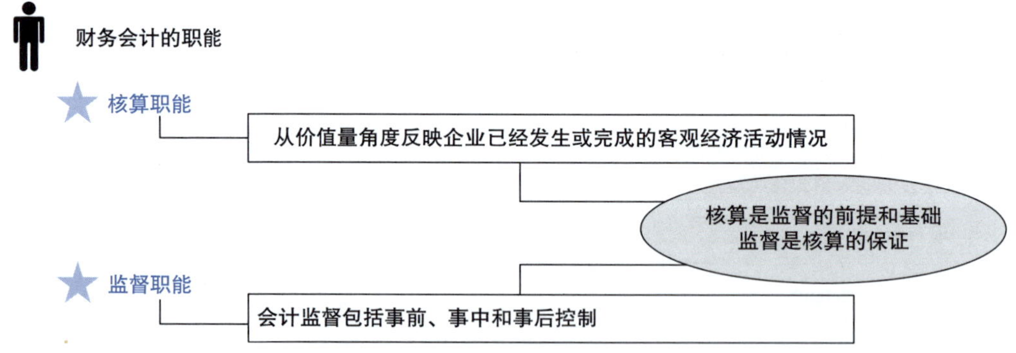

■ 经典题目

1. （2014年真题·单选题）财务会计的基本职能是（ ）。
   A. 核算和预测　　B. 预算和决策　　C. 监督和决策　　D. 核算和监督

大立名师说

本考点为常规考点，考点并不难，注重记忆。

1Z102012 会计核算的原则

【考点一】会计要素的计量属性★★

计量属性		可理解为
1. 历史成本	可理解为	实际成本
2. 重置成本	可理解为	现行条件下的取得成本
3. 可变现净值	可理解为	预计售价减去成本、销售费用及有关税费后的净值
4. 现值	可理解为	资产按照未来净现金流入量的折现金额计量 负债按照未来净现金流出量的折现金额计量
5. 公允价值	可理解为	公平交易产生的价格

■ 经典题目

1. （2014 年真题 · 单选题）根据会计核算原则，在现值计量下，负债应按照预计期限内需要偿还的未来（ ）计量。

A．净现金流入量的折现金额　　B．净现金流入量的公允价值
C．净现金流入量的可变现净值　　D．净现金流出量的折现金额

2. （2012 年真题 · 单选题）若企业的资产按购置时所付出的代价的公允价值计量，则根据会计计量属性，该资产计量属于按（ ）计量。

A．重置成本　　B．历史成本　　C．可变现净值　　D．公允价值

3. （2016 年真题 · 单选题）关于会计核算中历史成本计量原则的说法，正确的是（ ）。

A．负债按照现在偿付该项债务所需支付的现金的金额计量
B．资产按照市场参与者在交易日发生的有序交易中，出售资产所能收到的价格计量
C．资产按照购置时所付出的代价的公允价值计量
D．负债按照现在偿付该项债务所需支付的现金等价物的金额计量

大立名师说

本考点为常规考点，出题方向主要是通过例子让考生判断属于何种会计要素计量属性，所以考生要把握每种会计要素计量属性的核心特点。

1Z102013 会计核算的基本前提

【考点一】会计核算的基本假设★★

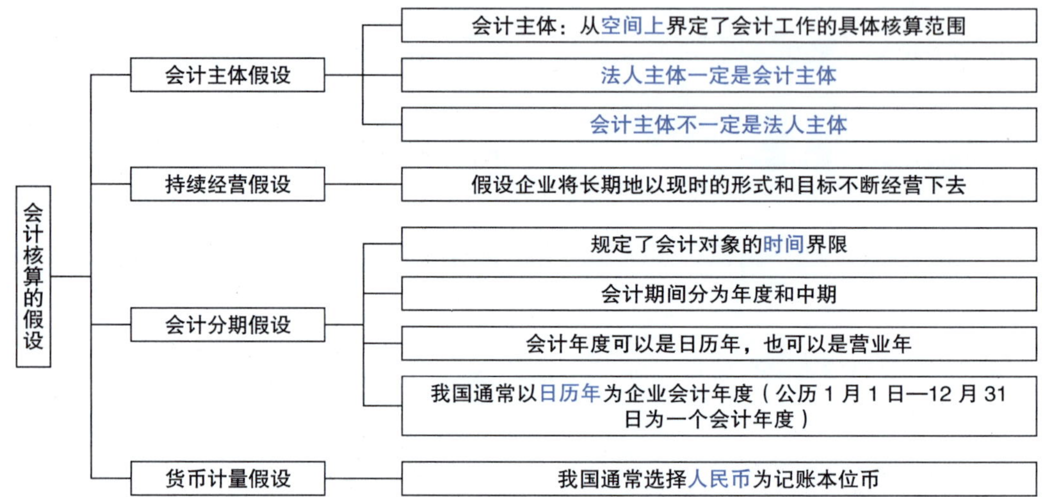

■ 经典题目

1. （2011 年真题・单选题）对会计核算的范围从空间上加以界定是通过（　）实现的。

A．持续经营假设　　B．会计主体假设
C．会计分期假设　　D．货币计量假设

2. （例题・单选题）下列关于会计假设说法正确的是（　）。

A．会计期间规定了会计对象的时间界限
B．会计主体和法人主体相同
C．我国会计核算通常应当选择人民币作为记账本位币
D．会计假设包括会计主体、持续经营、会计期间和货币计量
E．会计年度就是指的日历年

大立名师说

本考点为常规考点，出题方向要求考生对会计核算的四个假设能够区分、理解，尤其是会计主体和会计分期假设容易混淆。

【考点二】会计核算的基础★★★

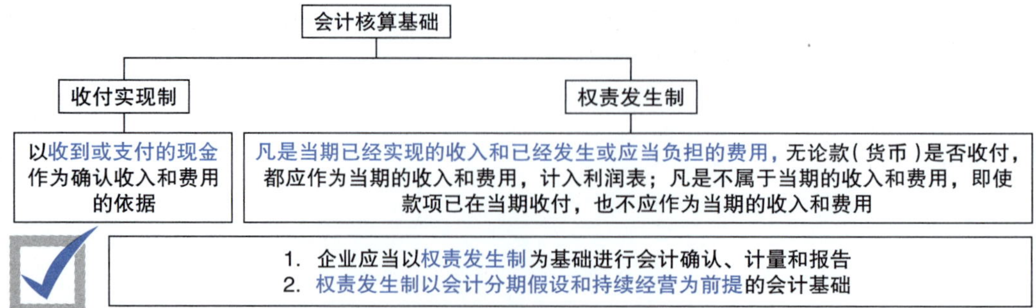

经典题目

1. （2013年真题·单选题）根据现行《企业会计准则》，下列交易事项中，应计入当期利润表的是（ ）。

A. 收到上期出售产品的货款

B. 上期购买的货物，但是本期才支付的货款

C. 上期已经进行的销售宣传，但是本期才支付的宣传费

D. 当期已经出售的产品，但是货款还没有收到

2.（2015年真题·单选题）根据现行《企业会计准则》，关于会计核算基础的说法，正确的是（ ）。

A. 企业已经实现的收入，计入款项实际收到日的当期利润表

B. 企业应当承担的费用，计入款项实际支出日的当期利润表

C. 企业应当以收付实现制和持续经营为前提进行会计核算

D. 企业应当以权责发生制为基础进行会计地确认、计量和报告

大立名师说

本考点为核心考点，出题方向是理解权责发生制的概念，出题形式可以是直接的文字解释，也可以给出例子让考生根据权责发生制来判断。所以考生一定要能区分开权责发生制和收付实现制的核心特点。

1Z102014 会计要素的组成和会计等式的应用

【考点一】会计要素的组成★★

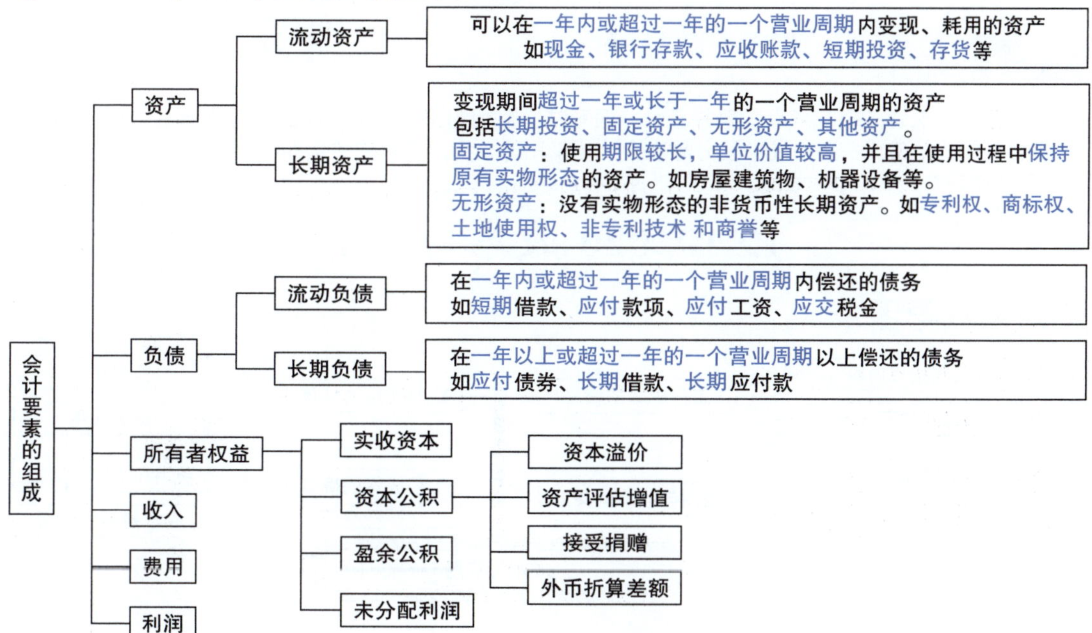

经典题目

1.（2012年真题·多选题）根据我国现行《企业会计准则》，应列入流动负债的会计要素有（ ）。

A. 应付债券　B. 应收账款　C. 短期借款　D. 应付工资　E. 存货

2.（2011年真题·单选题）某企业固定资产评估增值2 000万元，该增值部分应计入企业的（ ）。

A. 实收资本　B. 盈余公积　C. 资本公积　D. 未分配利润

大立名师说

本考点为核心考点，出题方向让考生区分会计要素，尤其是区分流动资产与非流动资产、流动负债与非流动负债以及所有者权益的内容。考生可以按照这样的规律去记忆：带“长期”两字都是长期负债或者是长期资产，流动负债和流动资产主要特点就是时间短，如流动负债，就是短期需要还的债务，看到“应交、应付、短期”这样字样的就是流动负债，但应付债券这个长期负债是个特例，单独记忆一下即可。

【考点二】会计等式的应用★★

1. 静态会计等式

资产 = 负债 + 所有者权益
资产、负债、所有者权益反映企业某一时点财务状况的会计要素

2. 动态会计等式

收入 – 费用 = 所有者权益
收入、费用和利润反映企业某一时期经营成果的会计要素

经典题目

1. （2014年真题·多选题）反映某一时点财务状况的会计要素有（ ）。

A. 资产　B. 负债　C. 所有者权益　D. 利润　E. 费用

大立名师说

本考点为核心考点，考点本身并不难，但考试次数相对来说较多，出题方向考核会计要素的分类及会计等式的应用。考生注意区分静态会计要素和动态会计要素的关系即可。

1Z102020 成本与费用

【知识点导图】

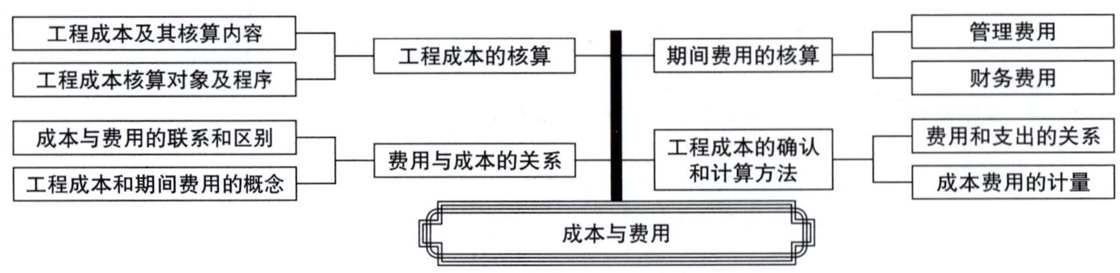

1Z102021 费用与成本的关系

【考点一】费用的特点★

费用是指企业在生产和销售商品、提供劳务等日常经济活动中所发生的，会导致所有者权益减少的，与向所有者分配利润无关的经济利益的总流出。

◎费用不是偶发的。不是日常活动发生的经济利益的流出则称为损失（营业外支出）。

◎费用只包括本企业经济利益的流出，而不包括为第三方或客户代付的款项及偿还债务支出，并且经济利益的流出能够可靠计量

经典题目

1. （例题·单选题）下列说法错误的是（　）。

A．费用是在日常经济活动中所产生的经济利益的总流出，而不是偶发的

B．费用将引起所有者权益的减少，但与向企业所有者分配利润时的支出无关

C．费用可能表现为资产的减少，或负债的增加，或者兼而有之

D．费用不仅包括本企业经济利益的流出，还包括为第三方或客户代付的款项及偿还债务支出

大立名师说

本考点为简单考点，出题方向考查费用的特点，考生对该考点有简单认识即可。

【考点二】费用和成本的区别和联系★★★

1．费用按经济内容和性质分

费用是会计主体各类支出中的收益性支出

按经济内容和性质分

购置劳动对象的费用　购建劳动资料的费用　支付职工薪酬的费用

2．费用按经济用途分

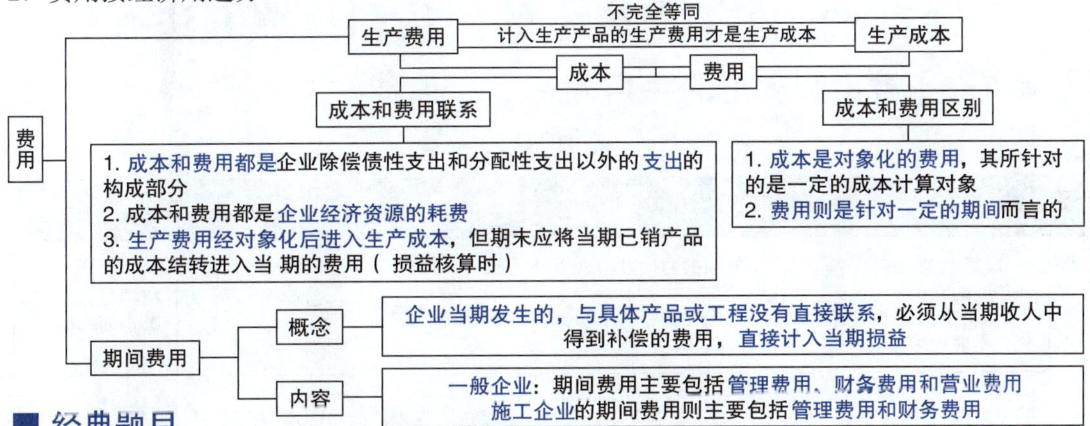

经典题目

1. （例题·单选题）下列关于成本和费用的表述中正确的是（　）。

A．费用是针对一定的期间而言

B．费用是针对一定的成本核算对象而言

C．费用是指不能计入成本而应当直接计入当期损益的耗费

D．成本是针对一定的期间而言的

2．（例题·单选题）在会计核算中，期间费用是指企业当期发生的（　）的费用。

A．应由几项工程共同负担，分配计入工程成本核算对象
B．可直接计入工程成本核算对象
C．应当直接计入当期损益
D．应当通过分配计入当期损益

3．（例题·单选题）费用按经济用途可分为生产成本和期间费用，下列费用中，属于生产成本的是（　）。

A．财务费用　　B．材料费用　　C．管理费用　　D．营业费用

4．（例题·单选题）根据《企业会计准则》，施工企业发生的固定资产日常修理费应作为（　）予以确认。

A．当期费用　　B．待摊费用　　C．直接费用　　D．维持运营投资

5．((2016 年真题·单选题) 某施工企业 5 月份购买原材料 380 万元，其中 5 月份消耗 120 万元，其余 260 万元 6 月份生产使用；施工用的模板是 3 月份租赁的，租期 8 个月，并支付租金 160 万元，按月均摊；6 月份企业办公费支出 10 万元；不计算其他费用，则权责发生制下该企业 6 月份的生产成本为 (　) 万元。

A.260　　B.270　　C.280　　D.290

大立名师说

本考点为核心考点，主要出题方向有四个：一是费用的分类；二是考核成本和费用的区别和联系；三是考核生产费用和生产成本的关系；四是考核期间费用的概念和内容。考生要注意对这几个相近概念的区分。

1Z102022 工程成本的确认和计算方法

【考点一】费用和支出的关系★★

支出的分类

	资本性支出	收益性支出（费用）	营业外支出	利润分配支出
概念要点	1. 某项效益及于几个会计年度的支出 2. 这类支出应予以资本化，不能作为当期费用	1. 某项效益仅及于本会计年度 2. 这类支出在一个会计期间确认为费用	偶发的支出	利润分配环节发生的支出
举例	购置和建造固定资产、无形资产、长期投资支出	企业外购材料、支付工资、期间费用，生产经营过程中所缴纳的税金、有关费用	固定资产盘亏、处置固定资产净损失、债务重组损失、计提资产减值准备、罚款、捐赠支出、非常损失	股利分配支出

■ 经典题目

1. （2014 年真题·单选题）根据现行《企业会计准则》，下列支出中应列为当期费用的是（ ）。

A. 缴纳罚款
B. 购买生产原料支出
C. 计提固定资产减值准备
D. 股利分配支出

2. （2011 年真题·单选题）根据会计的有关规定，下列支出中，属于费用的是（ ）。

A. 购置固定资产的支出
B. 向所有者分红支出
C. 支付未按期纳税的滞纳金
D. 支付购置原材料的价款

大立名师说

本考点为难点考点，出题方向让考生区分四种支出，把握关键词加以判断即可。如判断例子属于偶发的，那就是营业外支出，如判断支出的钱涉及几个会计年度需要分摊的，属于资本性支出；花出去的钱就是当期花的，属于收益性支出（费用）；在股利分配环节发生的，就是利润分配支出。

【考点二】间接费用的分摊★★

间接费用一般按直接费的百分比（水电安装工程、设备安装工程按人工费的百分比），进行施工间接费的分配或者按照间接费定额加权分配各合同的间接费用。

$$间接费用分配率=\frac{当期实际发生的全部间接费用}{当期各项合同实际发生的直接费用之和}$$

某项合同当期应负担的间接费用 = 该合同当期实际发生的直接费用（或人工费）× 间接费用分配率

■ 经典题目

1. （例题·单选题）某施工企业 2015 年进行甲、乙、丙三个项目的施工生产，三个项目共发生间接费用 600 万元，已知甲工程实际发生直接费用 1 000 万元，乙工程实际发生直接费用 2000 万元，丙工程实际发生直接费用 3000 万元，则丙工程本年度应分担的间接费用为（ ）万元。

A. 100　　B. 200　　C. 300　　D. 400

大立名师说

本考点为常规考点，出题方向：可以是考核间接费用的分摊基数，也可以考核实际间接费用的计算，本考点虽然是计算，但是不难，通过例题熟悉公式即可。

【考点三】固定资产折旧★★★

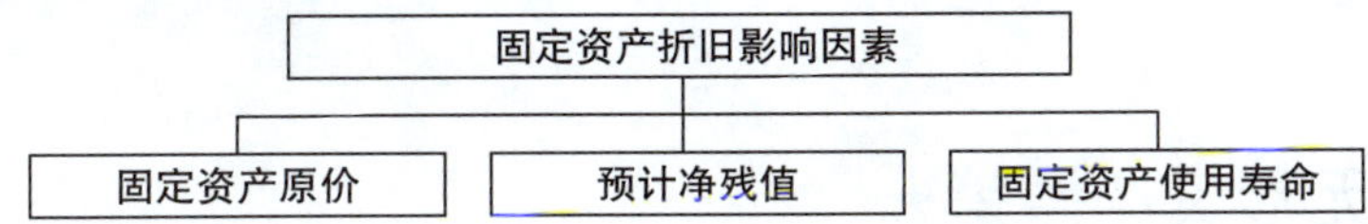

折旧方法	折旧方法介绍	折旧方法特点	考核方式
平均年限法	$固定资产年折旧额=\frac{固定资产应计折旧额}{固定资产预计使用年限}$ $固定资产月折旧额=\frac{年折旧额}{12}$	折旧额按期平均分摊	多以计算方式考核
工作量法	$单位工作量折旧额=\frac{应计折旧额}{预计总工作量}$ 某项固定资产月折旧额 = 该项固定资产当月工作量 × 单位工作量折旧额	折旧额按工作量平均分摊	多以计算方式考核
双倍余额递减法	不考虑固定资产预计净残值，根据每年年初固定资产净值和双倍的直线法折旧率计算固定资产折旧额的一种方法	折旧基数逐年减少，折旧率不变，是加速折旧的方法	考核概念
年数总和法	将固定资产的原值减去净残值后的净额乘以一个逐年递减的分数计算每年折旧额	折旧基数不变，折旧率逐年减少，是加速折旧的方法	考核概念

■ 经典题目

1. （例题・单选题）某固定资产原值为 80 万元，预计净残值为 8 万元，使用年限为 6 年，采用平均年限法计提折旧，则固定资产年折旧额是（ ）万元。

A．1.0　　B．1.1　　C．12.0　　D．13.0

2.（例题・单选题）某施工企业购买一台新型挖土机械，价格为 50 万元，预计使用寿命为 2 000 台班，预计净残值为购买价格的 3%，若按工作量法折旧，该机械每工作台班折旧费应为（ ）元。

A．242.50　　B．237.50　　C．250.00　　D．257.70

3. （2014 年真题・多选题）如果计划在固定资产投入使用的前期提取较多的折旧，后期提取较少的折旧，适合采用的折旧方法有（ ）。

A．工作台班法　　B．行驶里程法
C．双倍余额递减法　　D．平均年限法　　E．年数总和法

4. （2016 年真题・多选题）固定资产双倍余额递减法折旧的特点有（ ）。

A．每年计算折旧的固定资产价值不变　　B．折旧率逐渐降低
C．计算折旧时不考虑固定资产预计净残值　　D．折旧年限比平均年限法折旧年限短
E．前期折旧额高，后期折旧额低

大立名师说

本考点为核心考点，主要是考核固定资产折旧的计算，这四种方法，平均年限法和工作量法侧重于考核计算，双倍余额递减法和年数总和法侧重于考核折旧方法的概念，考生配合典型题目掌握即可。

【考点四】无形资产摊销★

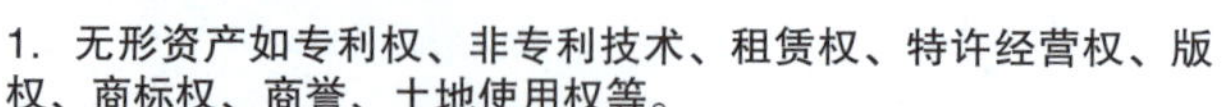

1. 无形资产如专利权、非专利技术、租赁权、特许经营权、版权、商标权、商誉、土地使用权等。
2. 入账的使用寿命有限的无形资产的摊销金额应计入管理费用，并同时冲减无形资产的账面价值。
3. 无形资产摊销包括摊销期、摊销方法和应摊销金额的确定。

■ 经典题目

1．（例题·单选题）下列说法错误的是（ ）。

A．特许营业权、版权、商标权属于无形资产

B．无形资产摊销包括摊销期、摊销方法和应摊销金额的确定

C．企业应将入账的使用寿命有限的无形资产的价值在一定年限内摊销，其摊销金额计入管理费用，并同时冲减无形资产的账面价值

D．无形资产属于企业的流动资产

大立名师说

本考点属于常识性内容，考核要求不高，掌握总结出来的关键句即可。

1Z102023 工程成本的核算

【考点一】工程成本及其核算的内容★★★

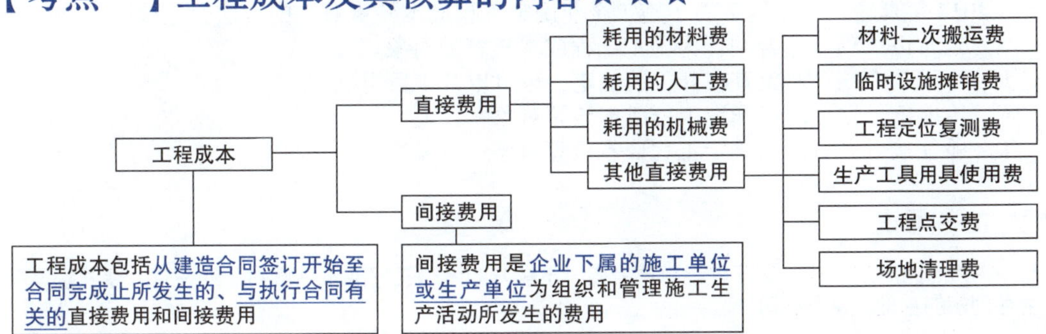

特别提醒：因订立合同而发生的有关费用，应当直接计入当期损益。

■ 经典题目

1．（例题·单选题）根据《企业会计准则第 15 号——建造合同》，下列费用中不应计入工程成本的是（ ）。

A．企业下属施工单位为组织和管理施工生产活动所发生的费用

B．在施工过程中发生的材料二次搬运费

C．为订立施工合同而发生的有关费用

D．为工程施工所耗用的材料费用

2．（例题·多选题）根据《企业会计准则第 15 号——建造合同》，工程成本中的其他直接费包括施工过程中发生的（ ）。

A．材料二次搬运费　　B．施工机械安装、拆卸和进出场费

C．临时设施摊销费　　D．工程定位复测费　　E．场地清理费

3．（2011 年真题·单选题）为完成工程所发生的、不易直接归属于工程成本核算对象而应分配计入有关工程成本核算对象的支出，称为（ ）。

A．期间费用　　B．营业外支出　　C．间接费用　　D．管理费用

大立名师说

本考点为核心考点，出题方向有两个：一是考核工程成本的含义和组成；二是考核间接费用的概念和组成。在这个考点中，容易混淆的是间接费用和期间费用的关系以及订立合同发生费用的归属问题，考生要格外注意。

【考点二】工程成本核算的对象★★★

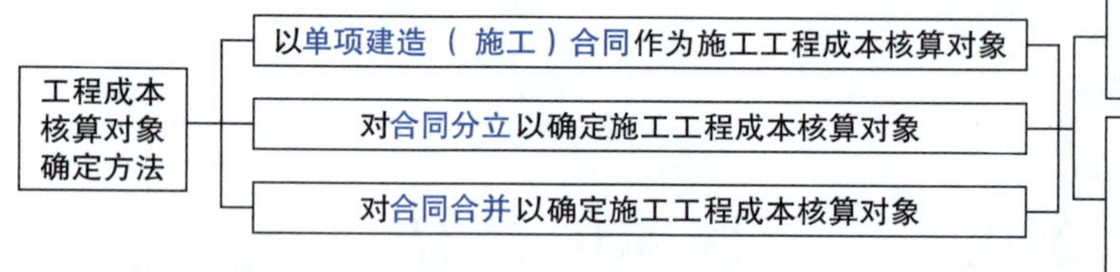

■ 经典题目

1. （2014年真题·单选题）关于施工企业确定工程成本核算对象的说法，正确的是（　）。
   A. 通常以单项建造合同作为施工工程成本核算的对象
   B. 工程成本核算对象宜在开工前确定，也可以开工后再确定
   C. 不能按分立合同来确定工程成本核算对象
   D. 不能按合并合同来确定工程成本核算对象

大立名师说

本考点为常规考点，属于较易掌握考点，出题方向考核工程成本核算对象的设置以及要求，考生在理解的基础上掌握即可。

【考点三】工程成本核算程序★★

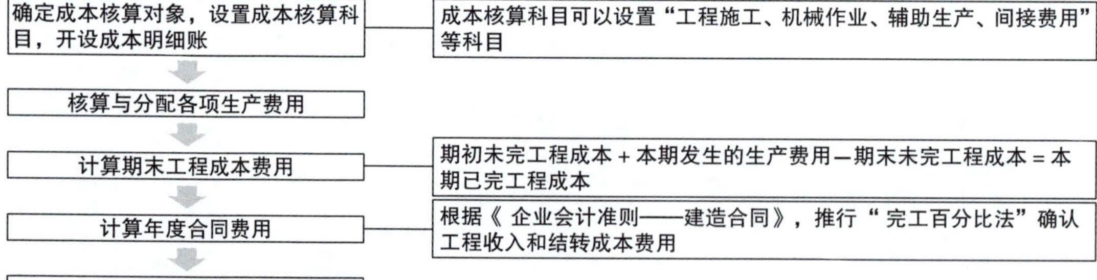

■ 经典题目

1. （2015年真题·单选题）《企业会计准则第15号——建造合同》中推行的确认合同收入和结转成本费用的方法是（　）。
   A. 完工百分比法　　B. 竣工结算法　　C. 分段结算法　　D. 按月结算法

2. （2015年真题·单选题）工程成本核算包括的环节：（1）核算与分配各项生产费用；（2）确定成本核算对象，设置成本核算科目，开设成本明细账；（3）计算年度合同费用；（4）计

算期末工程成本；（5）编制单位工程竣工成本决算。则正确的核算程序是（ ）。

A. 12345　　B. 21435　　C. 12435　　D. 23145

大立名师说

本考点为常规考点，出题方向有两个，一是考核工程成本核算程序，让考生排序；二是考核成本核算程序的细节内容。

1Z102024 工程成本的核算

【考点一】期间费用的核算★★★

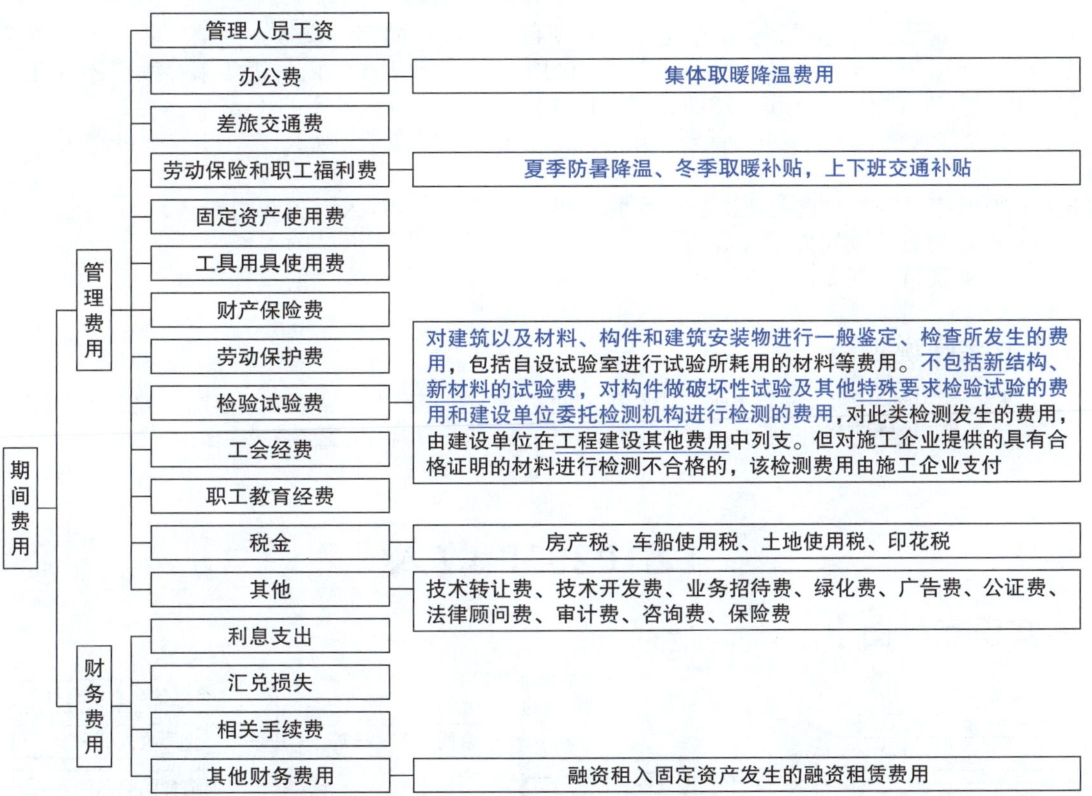

注：1. 管理费用指行政管理部门发生的费用；2. 相关手续费指企业发行债券所需支付的手续费、银行手续费、调剂外汇手续费等，但不包括发行股票所支付的手续费等。

管理费用顺口溜：管办差固二工，二劳检其职财税
财务费用顺口溜：利失手财，都与钱有关

■ 经典题目

1. （2013 年真题 · 多选题）根据现行《企业会计准则》，应计入管理费用的有（ ）。

A. 印花税　　B. 管理人员劳动保护费

C. 应付债券利息　　D. 固定资产使用费　　E. 顾问费

2. （2012 年真题 · 单选题）施工企业从银行借款 50 万元用作工程的投标保证金，该借款产生的利息属于（ ）。
A. 营业外支出　　B. 期间费用　　C. 资本性支出　　D. 投资性支出

3. （2012 年真题 · 单选题）根据我国现行《企业会计准则》，企业支付的广告费属于企业的（ ）。
A. 资本性支出　　B. 利润分配支出　　C. 期间费用　　D. 营业外支出

4. （例题 · 多选题）施工企业发生的下列费用，应当计入财务费用的有（ ）。
A. 财会人员的工资　　B. 短期借款的利息
C. 财务部门的办公费　　D. 应付票据的利息　　E. 汇兑损失

5. （2015 真题 · 单选题）建设单位针对某项目建设投资向银行借款，贷款期限 5 年，项目建设期 2 年，建成后即投入运行，借款合同约定在借款期限 5 年内每年年末等额偿还本息，则该建设单位在第 3 ～ 5 年所偿还的建设投资借款利息应计入各年的（ ）。
A. 经营成本　　B. 管理费用　　C. 建设期利息　　D. 财务费用

6. （2016 年真题 · 单选）施工企业发生的期间费用中，应计入财务费用的是（ ）。
A. 企业财务管理软件采购费用　　B. 财务管理人员的工资
C. 企业发行债券支付的手续费　　D. 参与投标发生的投标费用

大立名师说

本考点为核心考点，主要考核方式是考核期间费用的内容，出题点较多，但是总结的顺口溜可以帮助考生解决期间费用的归类问题，知识点解析列出的细节内容考生要注意，多读多记。

1Z102030 收入

【知识点导图】

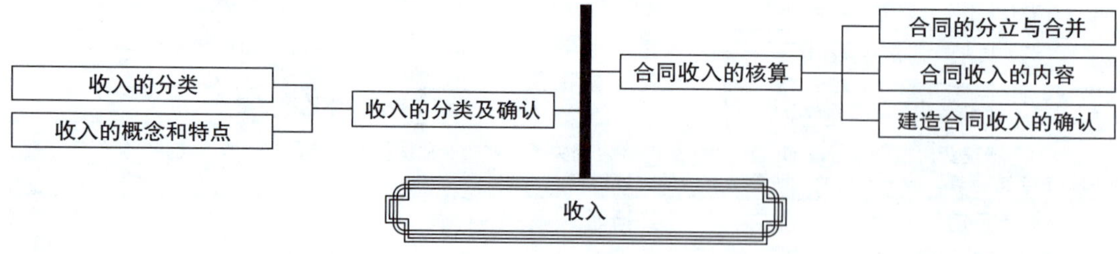

1Z102031 收入的分类及确认

【考点一】收入的概念及特点★★

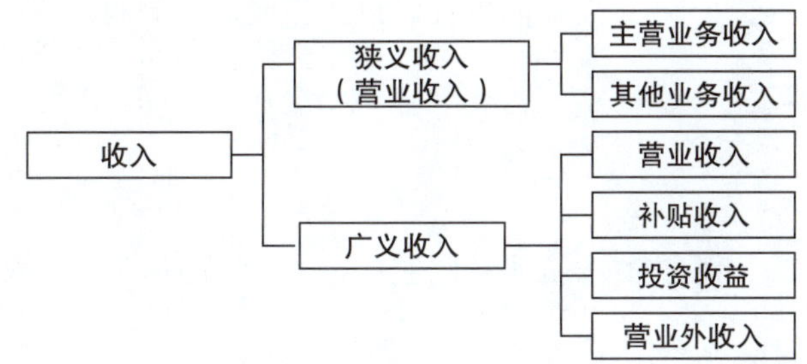

狭义收入就是营业收入是指在销售商品、提供劳务及让渡资产使用权等日常活动中形成的经济利益的总流入，不包括为第三方或客户代收的款项。

■ 经典题目

1. （2011 年真题 · 多选题）下列款项中，应作为企业广义上的收入的有（ ）。
   A. 企业销售货物的价款　B. 货物运杂费
   C. 企业对外投资的收益　D. 增值税　E. 政府对企业的补贴

2. （2005 年真题 · 单选题）企业在销售商品、提供劳务及让渡资产使用权等日常活动中形成的经济利益的总流入，称为（ ）。
   A. 营业收入　B. 主营业务收入　C. 其他业务收入　D. 基本业务收入

3. （2005 年真题 · 单选题）施工企业收取的下列款项中，不能计入企业收入的是（ ）。
   A. 代扣职工个人所得税　B. 收到的工程价款
   C. 转让施工技术取得的收入　D. 销售材料价款收入

大立名师说

本考点为常规考点，出题方向有三个：一是考核狭义收入的概念，可以直接考，也可以给出例子让考生判断；二是考核广义收入的概念；三是考核收入的特点，收入的特点源自它的概念，与其说是三个出题方向，可以归纳为两个。

【考点二】收入的分类★★★

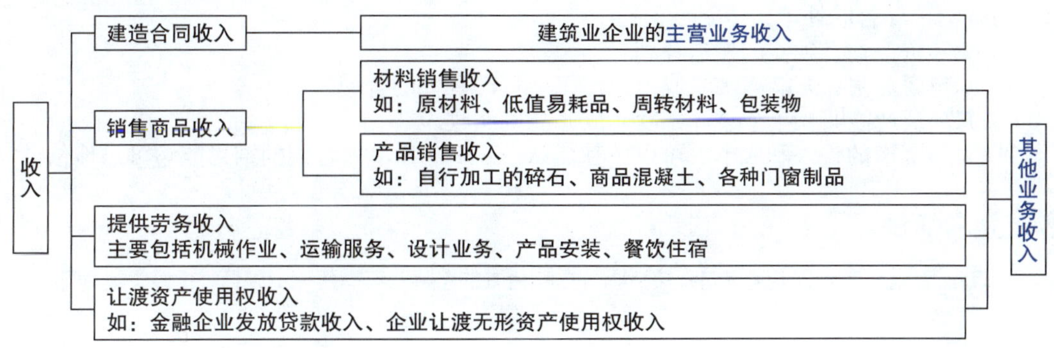

经典题目

1. （2013 年真题·单选题）施工企业销售自行加工的商品混凝土的收入属于（ ）收入。
A. 产品销售 B. 施工合同 C. 材料销售 D. 提供劳务

2. （2012 年真题·单选题）施工企业向外提供机械作业取得的收入属于（ ）。
A. 提供劳务 B. 销售商品
C. 让渡资产使用权 D. 建造合同

大立名师说

本考点为常规考点，出题方向主要是考核例子判断收入的分类。考试以教材为主，所以掌握教材上的例子即可。

1Z102032 建造（施工）合同收入的核算

【考点一】合同的分立与合并★★

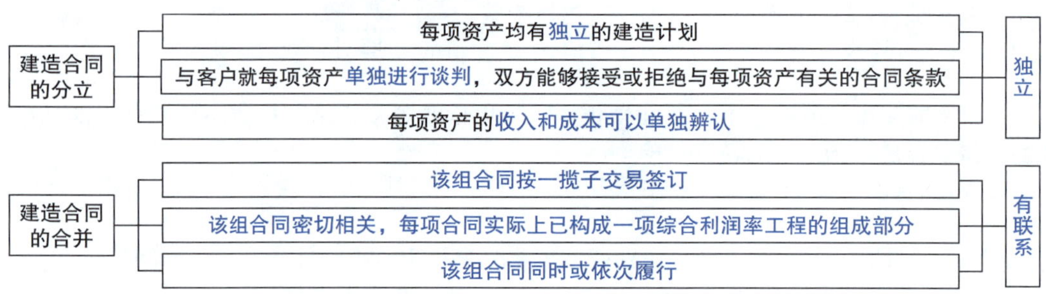

经典题目

1. （2005 年真题·多选题）某施工企业签订一组合同，在同时具备（ ）条件时，会计处理上应合并为单项合同。
A. 该组合同按一揽子交易签订 B. 该组合同总收入能够可靠的计量
C. 该组合同中的每项合同实际上已构成一项综合利润率工程的组成部分
D. 与合同相关的经济利益能够流入企业 E. 该组合同同时或依次履行

2. （2006 年真题·多选题）在会计核算中，将一项包括建造多项资产的施工合同中的每项资产分立为单项合同处理，需要具备的条件有（ ）。
A. 每项资产均有独立的建造计划
B. 承包商业主双方能够接受或拒绝与每项资产有关的合同条款
C. 每项资产能够在一个会计年度完成并能确认收入
D. 每项资产的收入和成本、可以单独辨认 E. 各单项合同的结果能够可靠地估计

大立名师说

本考点为常规考点，出题方向考核合同分立和合并的条件，不需要死记硬背，掌握关键词即可。

【考点二】合同收入的内容及确认★★★

建造合同收入的内容 = 合同规定的初始收入 + 合同变更、索赔、奖励等形成的收入

建造合同收入的确认

- 如果建造合同结果能够可靠估计用完工百分比法
  - 第一步：确定完工进度，计算完工百分比
    - 确定合同完工进度的方法
      1. 根据累计实际发生的合同成本占合同预计总成本的比例确定
         $$合同完工进度 = \frac{累计实际发生的合同成本}{合同预计总成本} \times 100\%$$
         累计实际发生的合同成本不包括施工中尚未安装或使用的材料成本等与合同未来活动相关的合同成本，也不包括在分包工程的工作量完成之前预付给分包单位的款项
      2. 根据已经完成的合同工作量占合同预计总工作量的比例确定
         $$合同完工进度 = \frac{已经完成的合同工程量}{合同预计总工程量} \times 100\%$$
      3. 根据已完成合同工作的技术测量确定，如水下施工工程
  - 第二步：根据完工百分比确认当期合同收入
    - 当期确认的合同收入 = 合同总收入 × 完工进度 − 以前会计期间累计已确认的收入
- 如果建造合同结果不能可靠估计
  - 合同成本发生的当期确认为费用，根据能够收回的实际合同成本来确认合同收入

建造合同结果能否可靠估计判定标准

- 需同时具备以下条件：
  1. 合同总收入能够可靠计量
  2. 与合同相关的经济利益很可能流入企业
  3. 实际发生的合同成本能够清楚的区分和可靠计量
  4. 合同完工进度和为完成合同尚需发生的成本能够可靠的确定
- 需同时具备以下条件：
  1. 与合同相关的经济利益很可能流入企业
  2. 实际发生的合同成本能够清楚的区分和可靠计量

■ 经典题目

1. （2014 年真题·单选题）建造合同收入包括合同规定的初始收入和（ ）形成的收入。

   A. 材料销售、奖励　　B. 合同变更、索赔、奖励

   C. 让渡资产使用权、索赔　　D. 合同变更、劳务作业

2. （例题·多选题）下列各项中，属于销售商品收入确认条件的有（ ）。

   A. 相关的将发生的成本能可靠地计量

   B. 企业已将商品所有权上的风险和报酬转移给购货方

   C. 与交易相关的经济利益很可能流入企业

   D. 收入金额能够可靠地计量

   E. 企业对已售出的商品实施控制

3. （2014 真题·多选题）确定建造（施工）合同完工进度的方法有（ ）。

   A. 根据实际合同收入与预计收入的比例确定

   B. 根据累计实际发生的合同成本占合同预计总成本的比例确定

   C. 根据已经完成的合同工作量占合同预计总工作量的比例确定

D．根据已完成合同工作的技术测量确定

E．根据合同的初始价格与工程预算价格的比例确定

4．（例题·单选题）某承包公司与业主签订了一份修筑公路的合同，公路总长度为 15 公里，总造价 45 亿元，第 1 年完成了 4 公里，第 2 年完成了 6 公里，则第 2 年合同完工进度是（ ）。

A．66.67%　　B．20%　　C．26.67%　　D．53.33%

5．（2016 年真题·单选）根据《企业会计准则》，若企业在资产负债表日提供劳务交易结果不能够可靠估计，且已经发生的劳务成本预计不能得到补偿，则收入确认的方式是（ ）。

A. 不确认提供劳务收入

B. 按照已经发生的劳务成本确认收入

C. 按合同金额确认收入

D. 按合同完工百分比确认收入

6．（2013 年真题·多选题）某建筑企业与甲公司签订了一项总造价为 1 000 万元的建造合同，建设期为 2 年，第 1 年实际发生工程成本 400 万元，双方均履行了合同规定的义务，但在第 2 年年末由于建筑企业对该项工程的完工进度无法可靠的估计，所以与甲公司只办理了工程款结算 360 万元，随后甲公司陷入经济危机而面临破产清算，导致其余款可能无法收回，则关于该合同收入与费用确认的说法，正确的是（ ）。

A．合同收入确认方法应采用完工百分比法　　B．1 000 万元可确认为合同收入

C．360 万元确认为当年的收入　　D．400 万元应确认为当年费用

E．1 000 万元可确认为合同费用

7．（2015 年真题·多选题）根据《企业会计准则第 15 号——建造合同》，按累计实际发生的合同成本占合同预计总成本的比例确定合同完工进度时，累计实际发生的合同成本不包括（ ）。

A．已订立采购合同但尚未运抵现场的材料成本

B．已采购进场但施工中尚未安装的材料成本

C．在分包工程的工作量完成之前预付给分包单位的款项

D．已经完成并验收合格的设备安装工程的价款

E．已经完成并验收合格的分包工程的合同价款

8．（2016 年真题·多选）某固定造价施工合同，合同造价为 4 000 万元，合同工期 3 年。假定第一年完工进度为 30%，第二年完成合同工程量的 35%，第三年完工交付使用。合同结果能可靠估计。关于该合同完工进度和收入确认的说法，正确的有（ ）

A．第 1 年应确认合同收入 1 200 万元　　B．第 2 年应确认合同收入 1 400 万元

C．第 3 年合同完工进度为 100%　　D．第 3 年应确认合同收入 1 400 万元

E．第 2 年合同完工进度为 35%

大立名师说

本考点为核心考点，主要出题方向：一是考核完工进度的确认方法，在具体考核时，可以直接用文字考核方法，也可以给出实例让具体去计算完工进度；二是考核合同收入的确认，合同收入的确认分为两种情况，建造合同结果可以可靠估计时用完工百分比法，结果不能可靠估计时，合同成本发生的当期确认为费用，根据能够收回的实际合同成本来确认合同收入。牢牢把握住整体思路，不管考核什么题目，都能应对。

1Z102040 利润和所得税费用

【知识点导图】

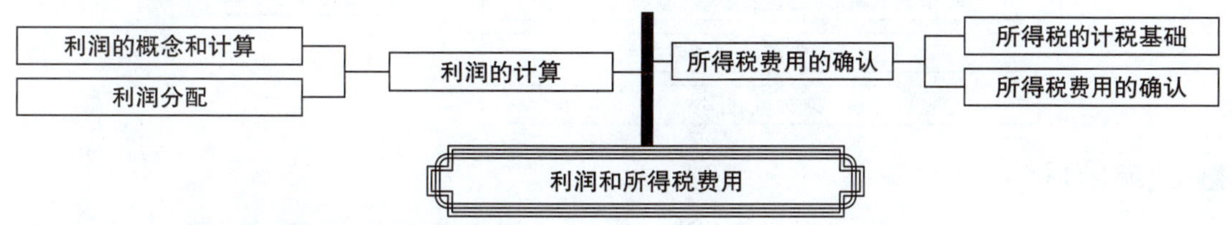

【考点一】利润的计算★★★

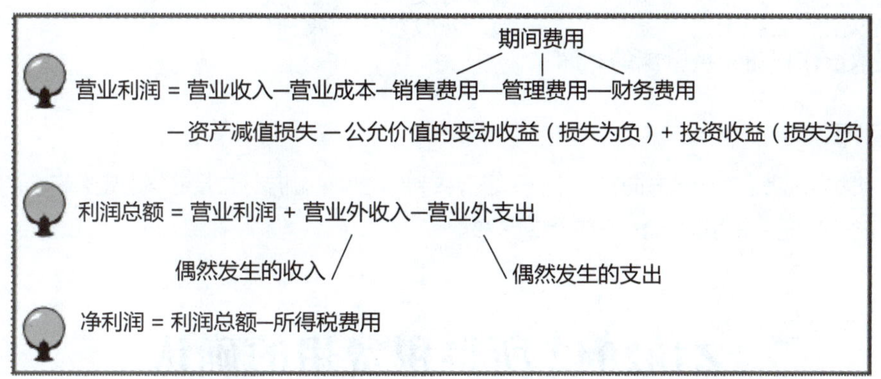

■ 经典题目

1. （2012 年真题 · 单选题）某施工企业年度工程结算收入为 3 000 万元，营业成本为 2 300 万元，管理费用为 200 万元，财务费用为 100 万元，其他业务收入为 200 万元，投资收益为 150 万元，营业外收入为 100 万元，营业外支出为 80 万元，所得税为 100 万元，则企业营业利润为（　）万元。

A．500　　B．520　　C．670　　D．750

2. （例题 · 单选题）某施工企业当期实际营业利润 2000 万元，其他业务利润 1000 万元，投资收益 200 万元，营业外收入 50 万元，营业外支出 60 万元，则该企业的利润总额为（　）万元 。

A．2 150　　B．2 900　　C．1 990　　D．2 190

3. （例题 · 多选题）列入企业营业外支出项目的有（　）。

A． 捐赠支出　　B． 固定资产盘亏　　C． 非常损失
D． 所得税支出　　E． 处置固定资产净损失

大立名师说

本考点为常规考点，出题方向主要是考核三个利润公式的应用，但是需要注意的是公式之中的有些项目（如营业收入、营业外收入、营业外支出），这些项目归纳正确，套用公式才不会出错。

【考点二】税后利润的分配★★★

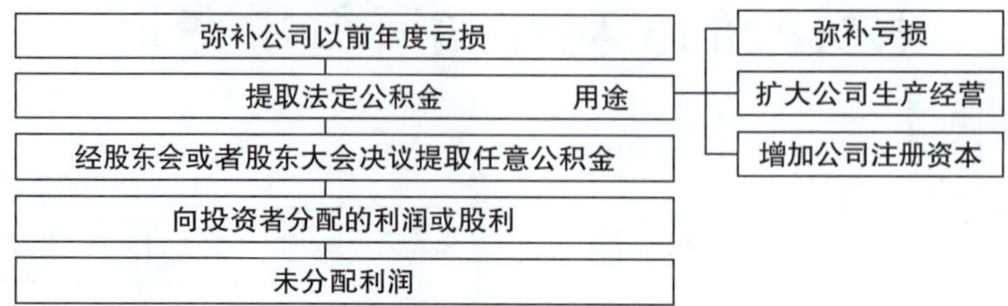

■ 经典题目

1. （2011 年真题·多选题）公司进行利润分配时，应在提取任意公积金前分配的有（ ）。

A. 弥补公司以前年度亏损　　B. 向投资者分配利润

C. 提取法定公积金　　D. 向股东分配股利

E. 提取留作以后年度分配的利润

大立名师说

本考点为常规考点，出题方向有两个，一是考核利润分配的顺序；二是考核法定公积金的用途。但是出题形式很灵活，可以结合公司案例来考核。

1Z102042 所得税费用的确认

【考点一】所得税费用的确认★★★

应纳税额 = 应纳税所得额 × 适用税率 − 减免税额 − 抵免税额

注：1. 应纳税所得额：企业每一纳税年度的收入总额，**减除不征税收入、免税收入、各项扣除以及允许弥补的以前年度亏损后的余额**，为应纳税所得额。

2. 适用税率：企业所得税的税率为 25%，非居民企业取得《企业所得税法》第三条第三款规定的所得，适用税率为 20%。

3. 税收优惠 = 减免税额 + 抵免税额

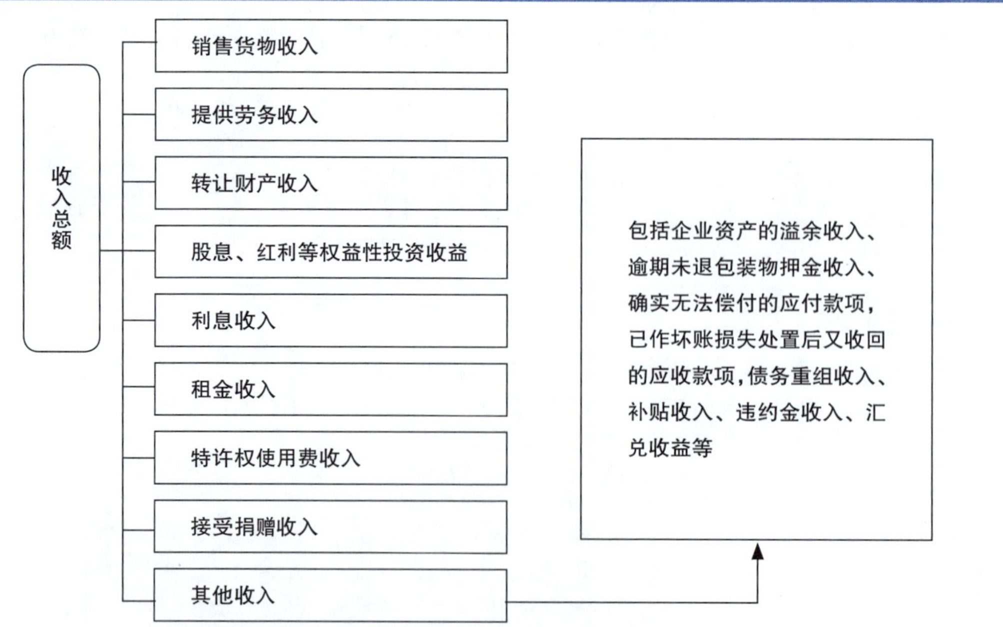

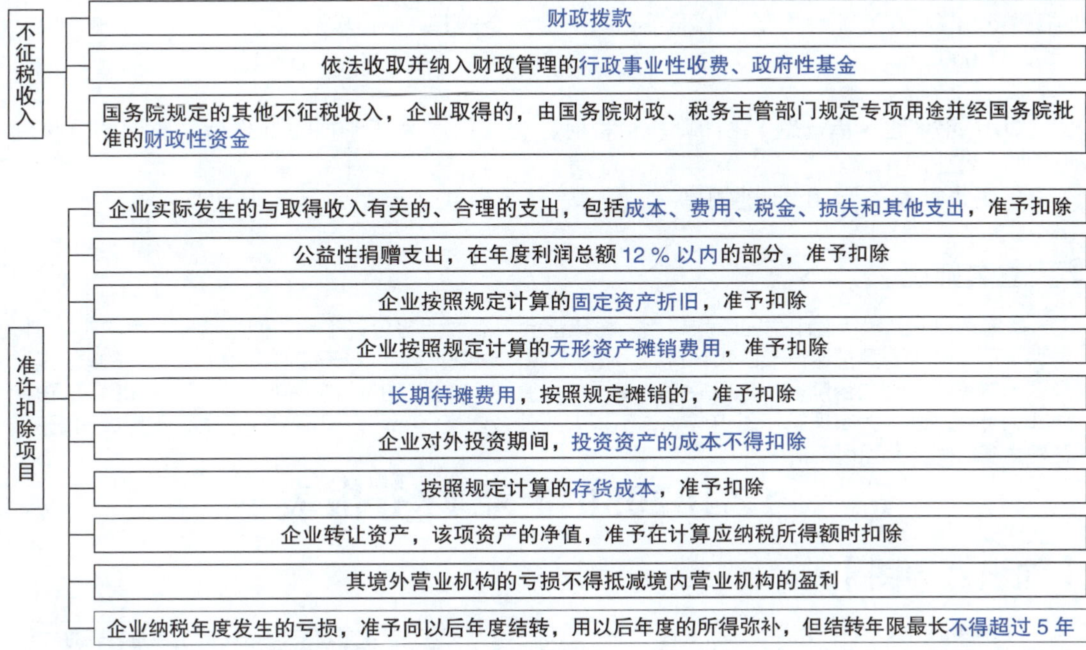

注：费用：销售费用、管理费用、财务费用；损失：是指企业在生产经营过程中发生的固定资产和存货的盘亏、毁损、报复损失、转让财产损失、呆账损失、坏账损失、自然灾害与不可抗力因素造成的损失以及其他损失。

资产的税务处理：

企业的各项资产，包括固定资产、生物资产、无形资产、长期待摊费用、投资资产、存货等，以历史成本为计税基础

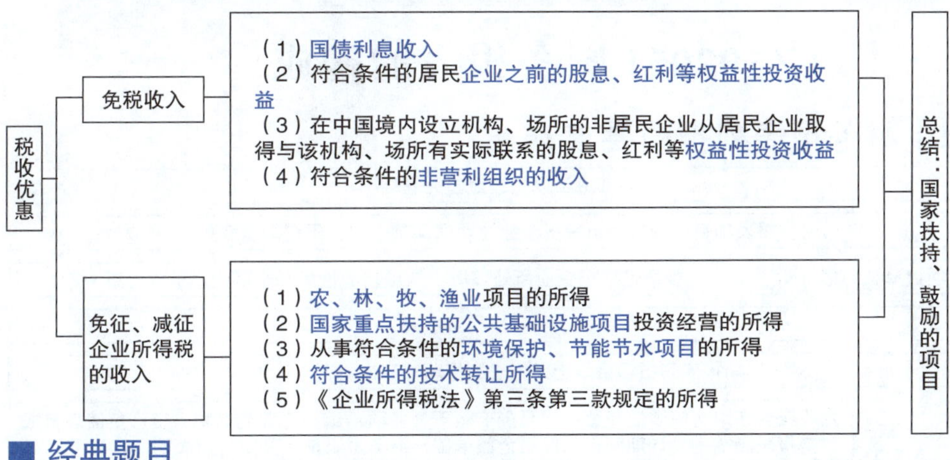

■ 经典题目

1. （2014 年真题 · 单选题）计算企业应纳税所得额时，不能从收入中扣除的支出是（ ）。

A. 销售成本　　B. 坏账损失　　C. 税收滞纳金　　D. 存货盘亏损失

2. （2014 年真题 · 单选题）某企业利用借款购买的一台生产设备，每期按规定提取折旧费 15 万元，每期借款利息 3 万元，该企业营业税金及附加率为 5.5%，所得税税率为 25%。则企业购买该项设备带来的每期税收节约为（ ）万元。

A. 5.49　　B. 4.58　　C. 4.50　　D. 3.75

3. （2015 年真题 · 单选题）某施工企业 2014 年度利润总额 8 000 万元。企业当年发生公益性捐赠支出 1 000 万元。捐赠支出准予扣除的最大金额是（ ）万元。

A. 1 000　　B. 250　　C. 960　　D. 125

4. （2016 年真题 · 单选题）在计算所得税时，企业已作为坏账损失处理后又收回的应收款项应列入企业的（ ）。

A. 销售收入　　B. 应收账款　　C. 接受捐款收入　　D. 其他收入

大立名师说

本考点自 2014 年使用第四版教材后，每年都会考题，但是分值不高，但是这一考点内容特别烦琐，所以考生弄清楚这一节的大体脉络，再分解去掌握知识点，对于如收入中准许扣除的项目以及资产的税务处理内容繁多，我们只需要掌握总体原则（如资产的计税基础，考生只需知道以历史成本为计税基础，大家理解了历史成本，不管考核什么资产，都可以灵活应对了），不用去细记，花费太多时间，反而得不偿失。

1Z102050 企业财务报表

【知识点导图】

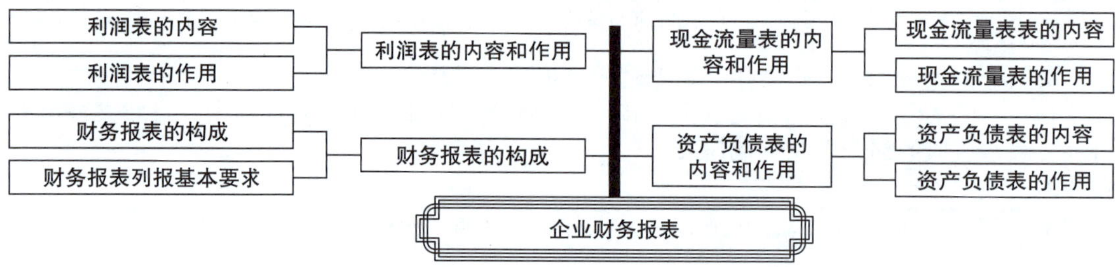

1Z102051 财务报表的构成

【考点一】财务报表列报的要求★★

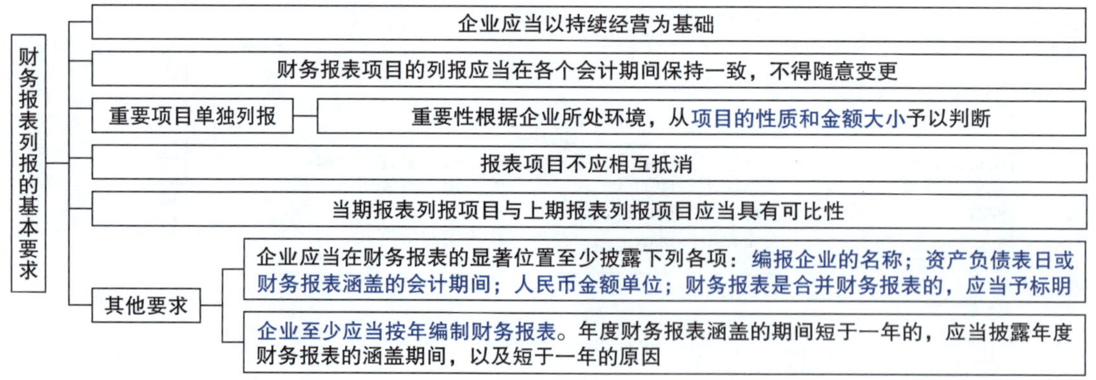

■ 经典题目

1. （2010 年真题 · 单选题）在编制财务报表时，重要项目应单独列报，项目的重要性应当根据企业所处环境，从（ ）加以判断。

A. 报表是否对外公告角度　　B. 企业是否上市角度

C. 项目在财务报表中的排列位置　　D. 项目的性质和金额两个方面

2. （2014 年真题·多选题）根据现行《企业会计准则》，企业在财务报表显著位置至少应该披露的项目有（ ）。

A. 编报企业名称
B. 资产负债表日或会计报表涵盖的会计期间
C. 人民币金额单位
D. 企业财务负责人姓名
E. 是否合并会计报表

3. （2015年真题·多选题）根据现行《企业会计准则》，关于企业财务报表列报基本要求的说法，正确的有（ ）。

A. 企业应当以持续经营为基础编制财务报表
B. 重要项目应单独列报
C. 报表列示项目不应相互抵消
D. 当期报表列报项目与上期报表项目应当具有可比性
E. 企业至少应当按月编制财务报表

大立名师说

本考点为常规考点，出题方向考核财务报表列报的基本要求，属于常识性知识，在理解的基础上掌握住即可。

【考点二】财务报表的构成★★

财务报表至少应当包括资产负债表、利润表、现金流量表、所有者权益（或股东权益）变动表和附注。

比一比	资产负债表	利润表	现金流量表
	资产负债表是反映企业在某一特定日期财务状况的报表	利润表是反映企业在一定会计期间的经营成果的财务报表	现金流量表是反映企业一定会计期间现金和现金等价物流入和流出的财务报表
	静态报表	动态报表	动态报表

经典题目

1. （2012 年真题·多选题）根据我国现行《企业会计准则》，企业财务报表至少应当包括（ ）。

A. 资产负债表 B. 利润表 C. 现金流量表 D. 所有者权益变动表 E. 成本分析法

2. （2009 年真题·单选题）资产负债表是反映企业在某一特定日期（ ）的报表。

A. 财务状况 B. 现金流量 C. 经营成果 D. 利润分配

3. （2014、2011 年真题·单选题）利润表是反映（ ）的财务报表。

A. 一定会计期间资产盈利能力
B. 一定会计期间经营成果
C. 某一会计时点财务状况
D. 一定会计期间财务状况

大立名师说

本考点为核心考点，出题方向考核财务报表的构成以及利润表、资产负债表等的特点，考点语句不多，但出题次数很多，另外学好这个知识点，对于后续两节内容的学习也有很大的铺垫作用。

1Z102052 资产负债表的内容和作用

【考点一】资产负债表的内容和作用★★★

1. 资产负债表的编制依据：资产 = 负债 + 所有者权益

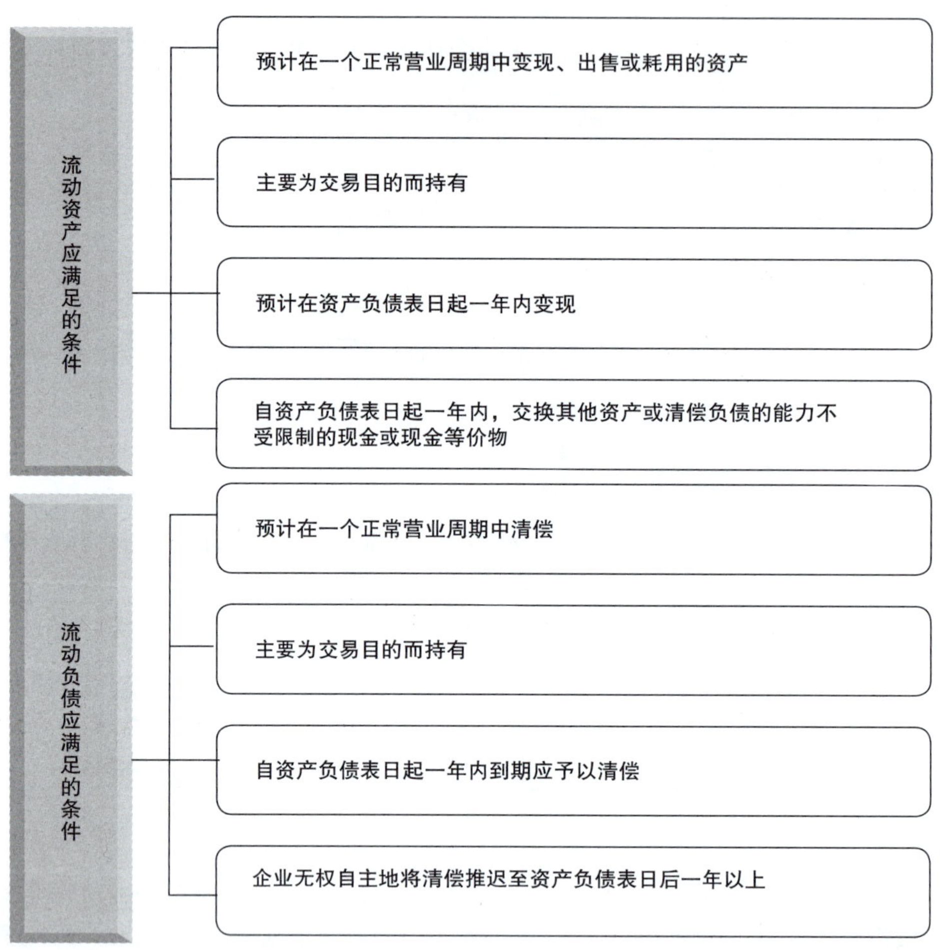

2. 负债的归类

情况	归类结果
在资产负债表日起一年内到期的负债，不能自主地将清偿义务展期的，即使在资产负债表日后、财务报告批准报出日前签订了重新安排清偿计划协议	流动负债
对于在资产负债表日起一年内到期的负债，企业预计能够自主地将清偿义务展期至资产负债表日后一年以上的	非流动负债
企业在资产负债表日或之前违反了长期借款协议，导致贷款人可随时要求清偿的负债	流动负债
贷款人在资产负债表日或之前同意提供在资产负债表日后一年以上的宽限期，企业能够在此期限内改正违约行为，且贷款人不能要求随时清偿	非流动负债

总结：一年以内需要偿还的债务归为流动负债；一年以上需要偿还的债务归为非流动负债

资产负债表的作用

1. 资产负债表能够反映企业在某一特定日期所拥有的各种资源总量及其分布情况
2. 资产负债表能够反映企业的偿债能力
3. 资产负债表能够反映企业在某一特定日期企业所有者权益的构成情况

简记为

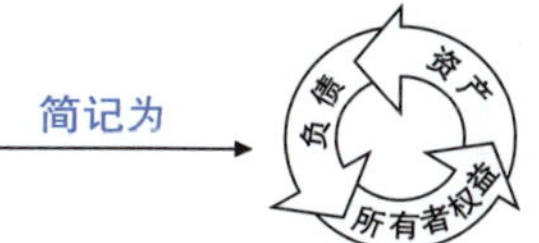

■ 经典题目

1.（2013年真题·单选题）根据现行《企业会计准则》，对于资产负债表起一年内到期的负债，企业预计不能自主地将清偿义务展期，但在资产负债表日后，财务报告批准报出日前签订了重新安排清偿计划协议，则该项目负债应归类为（ ）。

A．非流动负债　B．流动负债　C．应付票据　D．长期应付款

2．（2012年真题·单选题）根据我国现行《企业会计准则》，企业在资产负债表日或之前违反了长期借款协议，导致贷款人可随时要求清偿的债务，在资产负债表中应当归类为（ ）。

A．非流动负债　B．长期应付款　C．流动负债　D．长期借款

3．（2011年真题·多选题）关于资产负债表作用的说法，正确的有（ ）。

A．资产负债表能够反映企业在某一特定日期所拥有的各种资源总量及其分布情况
B．资产负债表能够反映企业的偿债能力
C．能够反映构成净利润的各种要素
D．能够反映企业在一定会计期间现金和现金等价物流入和流出的情况
E．资产负债表能够反映企业在某一特定日期企业所有者权益的构成情况

4．（2016年真题·多选题）编制资产负债表时应该归类为流动资产的有（ ）。

A．预计在一个正常营业周期中变现、出售或耗用的资产
B. 预计在资产负债表日起一年内变现的资产
C. 自资产负债表日起一年内，交换其他资产的能力不受限制的现金等价物
D. 主要为投资目的而持有的资产
E. 自资产负债表日起一年内，清偿负债的能力不受限制的现金

大立名师说

本考点出题方向两个，一是考核资产负债表的内容，需要掌握流动资产、流动资产的归类条件，并会根据例子区分这个考点和2010里面的资产、负债要素考核一致，只是考核方式更灵活，例如，给你例子让你去判断属于哪种负债，看似烦琐，实则很容易掌握，不需要死记硬背，比如负责，只需要掌握流动负债和非流动负债的时间区分即可。二是考核资产负债表的作用，也非常好记，资产负债表由资产、负债、所有者权益组成，它的作用就反映这三个方面。

1Z102053 利润表的内容和作用

【考点一】利润表的内容★

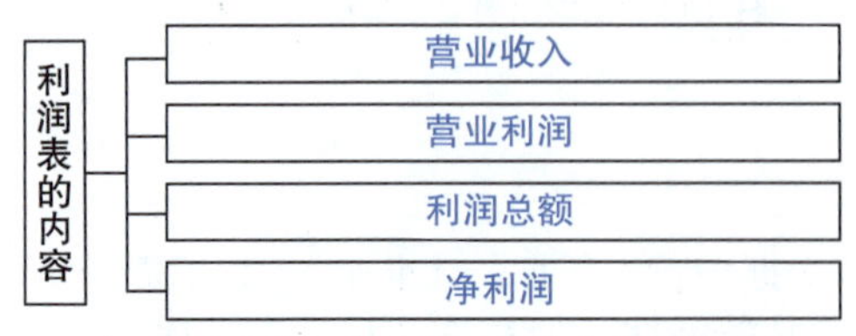

利润表的结构：我国采用的是多步式利润表

■ 经典题目

1. （例题·单选题）利润表中反映的内容不包括（ ）。

A. 营业利润　B. 利润总额　C. 净利润分配的各项要素　D. 营业收入

大立名师说

本考点为常识性考点，考核次数不多，出题方向有两个：一是考核利润表的内容；二是考核利润表的作用；利润表的作用可参考我们的惯性思维就能想明白。利润，就是看我们赚了多少钱，所以可以反映利润数额的大小，也能看出和我们想象的利润的差距，分析原因，还可以看出盈利趋势，预测未来的盈利能力。所以在知识点部分并没有把利润表的作用进行详解。

1Z102054 现金流量表的内容和作用

【考点一】现金流量表的编制基础★★

现金流量表是以现金为基础编制的，这里的现金包括库存现金、可以随时用于支付的存款、其他货币资金以及现金等价物。

作为现金等价物的短期投资必须同时满足以下四个条件：
1. 期限短；
2. 流动性强；
3. 易于转换为已知金额的现金；
4. 价值变动风险小

从购买日起三个月到期或清偿的国库券、货币市场基金、可转换定期存单、商业本票及银行承兑汇票

■ 经典题目

1. （2013 真题·单选题）根据现行《企业会计准则》，下列资产中属于现金流量表中现金等价物的是（ ）。

A. 应收账款　B. 银行承兑汇票　C. 存货　D. 可流通的股票

2. （2011 年真题·单选题）现金等价物特点的说法，正确的是（ ）。

A. 持有的期限较长　B. 易于转换为现金，但是转换的金额不能确定
C. 价值变动风险较大　D. 流动性强

大立名师说

本考点为常规性考点，出题方向考核现金等价物的内容和特点，在理解的基础上掌握，尤其是现金等价物的内容，给出例子让考生判断是否是现金等价物，例子很多，记忆不现实，可以根据现

金等价物的特点，自己去判断。

【考点二】现金流量表的内容★★★

		举例	记忆口诀
现金流量表的内容	经营活动产生的现金流量	1. 销售商品、提供劳务收到的现金 2. 收到的税费返还 3. 收到其他与经营活动有关的现金；购买商品、接受劳务支付的现金 4. 支付给职工以及为职工支付的现金 5. 支付的各项税费 6. 支付其他与经营活动有关的现金	流动资产业务引起的现金流量
	投资活动产生的现金流量	1. 收回投资收到的现金 2. 取得投资收益收到的现金 3. 处置固定资产、无形资产和其他长期资产收回的现金净额 4. 处置子公司及其他营业单位收到的现金净额 5. 收到其他与投资活动有关的现金 6. 购建固定资产、无形资产和其他长期资产支付的现金 7. 投资支付的现金 8. 取得子公司及其他营业单位支付的现金净额 9. 支付其他与投资活动有关的现金	非流动资产业务、购入股票、债券等导致的有买有卖的现金流量
	筹资活动产生的现金流量	1. 吸收投资收到的现金 2. 取得借款收到的现金 3. 收到其他与筹资活动有关的现金 4. 偿还债务支付的现金 5. 分配股利、利润或偿付利息支付的现金 6. 支付其他与筹资活动有关的现金	银行借款、发行股票、债券导致的现金流量

■ 经典题目

1. （2011 年真题・单选题）根据我国现行《企业会计准则》，应计入经营活动产生的现金流量是（ ）。

A．取得投资收益收到的现金　　B．偿还债务支付的现金
C．吸收投资收到的现金　　D．收到的税费返还

2. （例题・单选题）下述现金流量中，属于筹资活动现金流量的是（ ）。

A．偿还债务所支付的现金　　B．投资所支付的现金
C．购建长期资产所支付的现金　　D．支付的各项税费

3. （例题・单选题）在下列企业财务活动中，属于投资活动的是（ ）。

A．发行股票　　B．接受劳务支付的现金　　C．赊购材料　　D．购买政府公债

大立名师说

本考点为核心考点，出题方向主要是区分各种现金流量表的内容，在掌握时可先深入理解顺口溜的意思，再根据顺口溜去判断，能事半功倍。

1Z102055 财务报表附注的内容和作用

【考点一】财务报表附注的主要内容和作用★

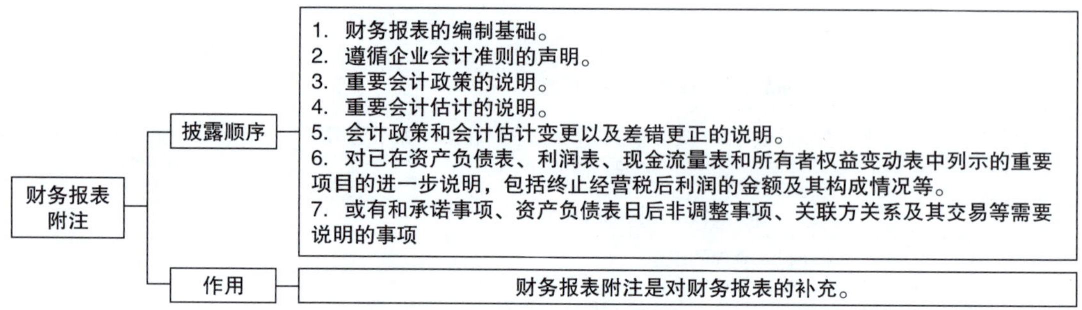

■ 经典题目

1. （例题・单选题）下列说法错误的是（　）。

A. 财务报表附注应该披露会计政策和会计估计变更以及差错更正的说明

B. 财务报表附注应该对已在资产负债表、利润表、现金流量表和所有者权益变动表中列示的重要项目的进一步说明，包括终止经营税后利润的金额及其构成情况等

C. 财务报表附注是对财务报表的补充

D. 财务报表附注不应该披露财务报表的编制基础

大立名师说

本考点为简单考点，考生简单了解即可。

1Z102060 财务分析

【知识点导图】

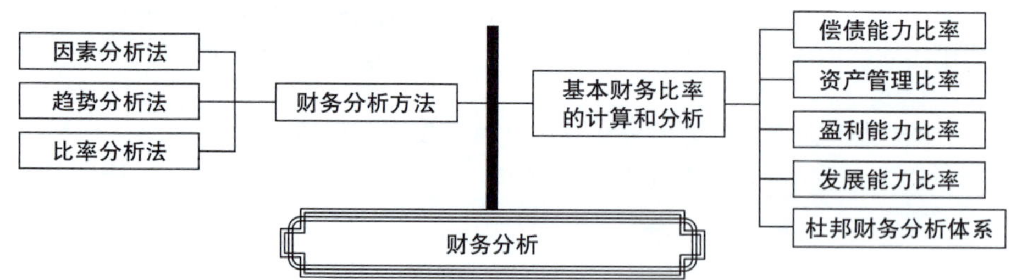

1Z102061 财务分析方法

【考点一】财务报表分析方法★★★

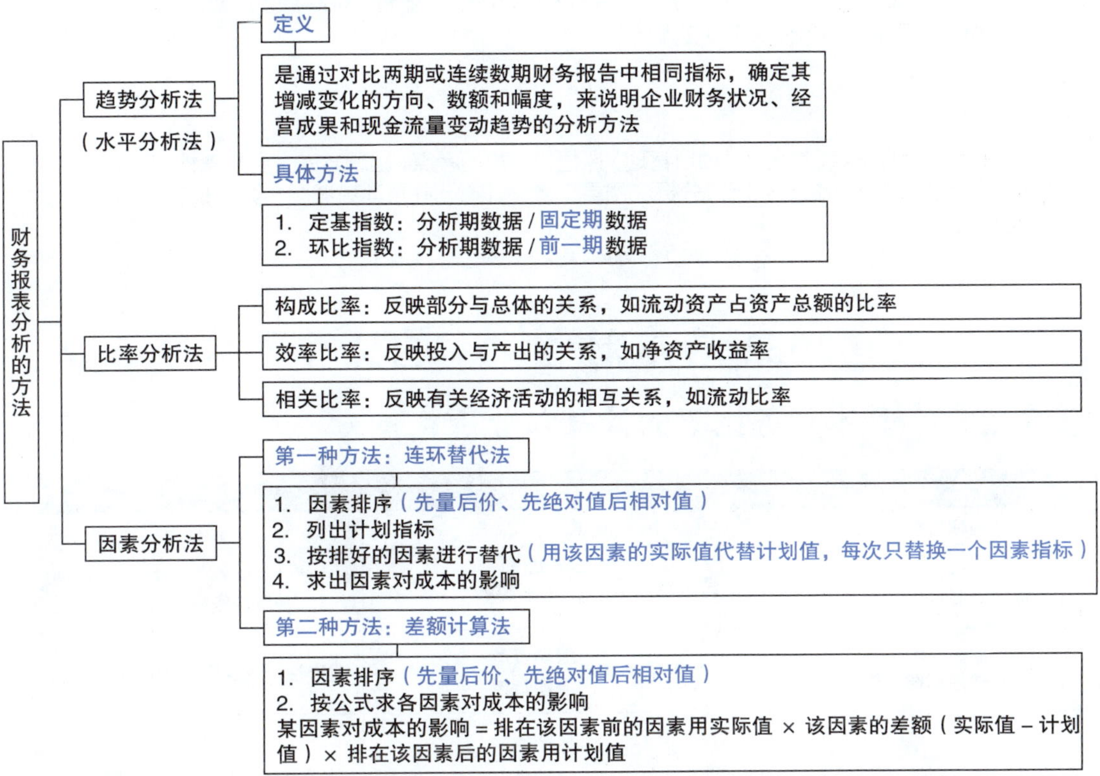

经典题目

1.（2011 年真题・单选题）在企业财务分析时，对比两期或连续数期财务报告中相同指标，确定其变化方向、数额和幅度的分析方法，属于（ ）。

A. 差额分析法　　B. 趋势分析法　　C. 结构分析法　　D. 因素分析法

2.（2012 年真题・单选题）要分别分析材料消耗量和采购单价对工程材料费用的影响，可采用的财务分析方法是（ ）。

A. 趋势分析法　　B. 因果分析法　　C. 比率分析法　　D. 因素分析法

3.（2007 年真题・单选题）某工程商品混凝土的有关产量、单价、损耗率等数据如下表所示。如采用因素分析法进行施工成本分析，产量、单价、损耗率对成本的影响程度分别是（ ）。

项目	单位	目标	实际
产量	m^3	500	550
单价	元 /m^0	540	590
损耗率	%	4	3

A. 产量增加使成本增加 30 680 元；单价提高使成本增加 26 000 元；
损耗率下降使成本减少 3 245 元

B. 产量增加使成本增加 30 680 元：单价提高使成本增加 28 600 元；

损耗率下降使成本减少 2 700 元

C．产量增加使成本增加 28 080 元；单价提高使成本增加 28 600 元；损耗率下降使成本减少 2 700 元

D．产量增加使成本增加 28 080 元；单价提高使成本增加 28 600 元；损耗率下降使成本减少 3 245 元

大立名师说

本考点为核心考点，也是和《项目管理》课程相重复的考点，出题方向主要是考核三种分析方法，前两种方法侧重于考核概念，因素分析法侧重于考核计算，并且计算考题多数出现在《项目管理》这门课程上。

1Z102062 基本财务比率的计算和分析

【考点一】基本财务比率的计算和分析★★★

偿债能力分析		
指标名称	公式	指标说明
资产负债率 （反映企业长期偿债能力）	$资产负债率=\frac{总负债}{总资产}\times100\%$	资产负债率越低，说明企业偿债能力越强。一般该指标为 50% 最合适
流动比率 （反映企业短期偿债能力）	$流动比率=\frac{流动资产}{流动负债}$	生产性行业合理的最低流动比率为 2
速动比率 （反映企业短期偿债能力）	$速动比率=\frac{速动资产}{流动负债}$ 速动资产 = 流动资产 − 存货 速动资产 = 货币资金 + 交易性金融资产 + 应收票据 + 应收账款 + 其他应收款	速动比率为 1 就说明企业有偿债能力，低于 1 则说明企业偿债能力不强，该指标越低，企业的偿债能力越差

营运能力比率：衡量公司资产管理效率的指标		
指标名称	公式	指标说明
总资产周转率	$总资产周转率（次）=\frac{主营业务收入}{资产总额}$	周转率越高，反映企业销售能力越强
流动资产周转率	$流动资产周转次数=\frac{主营业务收入}{流动资产平均值}$ $流动资产周转天数=\frac{计算期天数}{流动资产周转次数}$	流动资产平均值一般取期初流动资产和期末流动资产的平均值计算
存货周转率	$存货周转次数=\frac{营业成本}{存货}$ $存货周转天数=\frac{计算期天数}{存货周转次数}$	存货周转率越高，周转天数越短，该指标越好

应收账款周转率	应收账款周转率（周转次数）$=\dfrac{营业收入}{应收账款}$ 应收账款周转天数 $=\dfrac{365}{应收账款周转次数}$	应收账款周转率越高，周转天数越短越好

盈利能力比率		
指标名称	公式	指标说明
净资产收益率	净资产收益率 $=\dfrac{净利润}{净资产}\times100\%$	指标越高，说明资产的利用效率越高
总资产净利率	总资产净利率 $=\dfrac{净利润}{资产总额}\times100\%$	指标越高，企业盈利能力越强，该指标越高越好
发展能力比率		
指标名称	公式	指标说明
营业增长率	营业增长率 $=\dfrac{本期营业收入增加额}{上期营业收入总额}\times100\%$	指标越高，表明增长速度越快，企业市场前景越好
资本积累率	资本积累率 $=\dfrac{本年所有者权益增长额}{年初所有者权益}\times100\%$	该指标越高，表明企业资本保全性越强，应付风险、持续发展能力越大

■ 经典题目

1. （2012 年真题 · 单选题）下列财务比率中，属于企业偿债能力分析指标的是（　）。
   A．总资产周转率　　B．净资产收益率　　C．营业增长率　　D．流动比率

2. （2016 年真题 · 单选题）数值越高，则表明企业全部资产的利用效率越高、盈利能力越强的财务指标是（　）。
   A. 营业增长率　　B. 资产负债率
   C. 资本累计率　　D. 总资产净利率

3. （2014 年真题 · 多选题）分析企业债务清偿能力时，可列入速动资产的有（　）。
   A．货币资金　　B．应收票据　　C．应收账款
   D．交易性金融资产　　E．存货

4. （2011 年真题 · 单选题）某企业在一个会计期间的营业收入为 600 万元，期初应收账款为 70 万元，期末应收账款为 130 万元，则该企业应收账款周转率为（　）。
   A．4.62　　B．8.57　　C．10.00　　D．6.00

5. （2009 年真题 · 单选题）某企业资产总额年末数为 1 163 150 元，流动负债年末数为 168 150 元，长期负债年末数为 205 000 元，则该企业年末的资产负债率为（　）。
   A．14.46%　　B．17.62%　　C．20.60%　　D．32.08%

6. （2015 年真题 · 单选题）某企业流动比率为 3.2，速动比率为 1.5，该行业平均的流动比率和速动比率分别为 3 和 2，关于该企业流动资产和赔偿能力的说法，正确的是（　）。
   A．该企业的赔偿能力较强　　B．该企业流动资产存货比例过大
   C．该企业的应收票据，应收账款比例较大　　D．该企业流动资产中货币资金比例较大

大立名师说

本考点为常规考点，出题方向有两个：一是考核指标的归类，这是我们必须要掌握的基础知识；二是考核指标的计算及评价，指标的评价有共同点，除了资产负债率外，其余指标都是数值大点好。

【考点二】杜邦财务分析体系★★

杜邦分析，是利用各主要财务比率指标之间的内在联系对企业财务状况和经营成果进行综合系统评价的方法。该体系是以净资产收益率为核心指标，以总资产净利率和权益乘数为两个方面，重点揭示企业获利能力及权益乘数对净资产收益率的影响，以及各相关指标之间的相互作用关系。

经典题目

1．（2013 年真题·多选题）关于杜邦财务分析体系的说法，正确的有（ ）。

A．通过杜邦分析体系能发现企业资本金的变动趋势
B．杜邦分析利用财务比率的内在联系对企业财务状况和经营成果进行综合评价
C．杜邦分析将若干财务指标形成一个完整的指标体系
D．杜邦分析以净资产收益率为核心指标
E．杜邦分析能研究各项资产的比重变化情况，揭示企业的借债能力

2．（2015 年真题·单选题）杜邦财务分析体系揭示的是（ ）对净资产收益率的影响。

A．总资产净利率及资产总额
B．企业获利能力及权益乘数
C．资本积累率及销售收入
D．营业增长率及资本积累

大立名师说

本考点为常规考点，出题方向考核杜邦财务分析的概念。

1Z102070 筹资管理

【知识点导图】

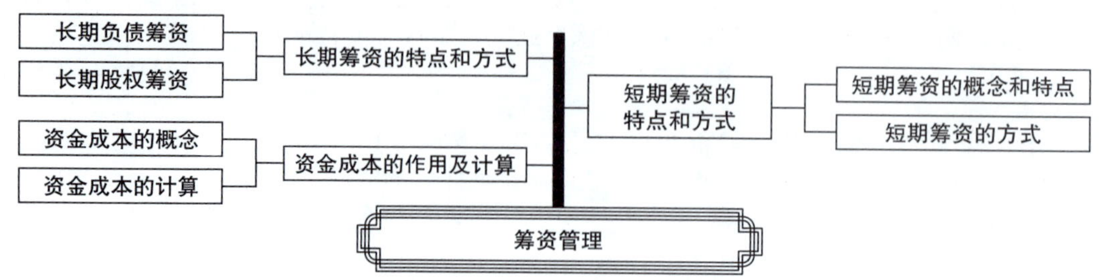

1Z102071 资金成本的作用及其计算

【考点一】资金成本的概念及其计算★★★

1. 资金成本是指企业为筹措和使用资本而付出的代价，是资金使用者向资金所有者和中介机构支付的占用费和筹集费用。资金成本包括资金占用费和筹资费用两个部分

资金占用费：如银行借款利息和债券利息

筹资费用：如银行的借款手续费，发行债券支付的印刷费、代理发行费、律师费、公证费、广告费

2. 资金成本的计算

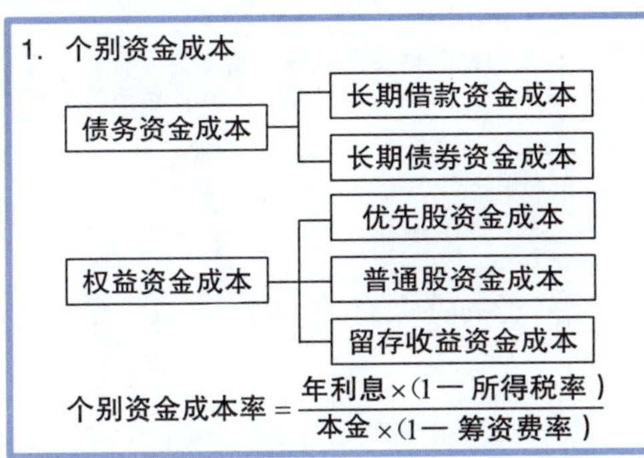

$$个别资金成本率=\frac{年利息\times(1-所得税率)}{本金\times(1-筹资费率)}$$

2. 综合资金成本的计算：加权平均

$$K_W=\sum K_j W_j$$

K_W —— 综合资金成本

K_j —— 第 j 种个别资金成本

W_j —— 第 j 种个别资金占全部资本的比重

■ 经典题目

1. （2015 年真题·单选题）某企业通过长期借款和长期债券两种方式筹资，其中长期借贷款 3 000 万元，债券 2 000 万元，期限均为 3 年，每年结息一次，到期一次还本。利率为 6%，手续费率 2%；长期债券年利率为 6.5%，手续费率 1.5%，企业所得税 25%。关于该企业资金成本的说法，错误的是（　）。

A. 长期债券的资金成本率为 4.95%

B. 长期借款的资金成本 4.59%

C. 两种筹资成本均属于债务资金成本

D. 企业筹资的综合资金成本 4.77%

2. （2016年真题·单选题）某施工企业从银行借款3 000万元，手续费率为0.5%，年利率为6%，期限为 3 年，每年年末计息与支付，到期一次还本，企业所得税率为 25%，则该笔借款的资金成本率为（　）。

A.6.03%　　B.6.00%　　C.4.50%　　D.4.52%

大立名师说

本考点为核心考点，出题方向是考核资金成本的计算，基本上年年都会考，考生只需要掌握资金成本率的计算公式即可。

1Z102072 短期筹资的特点和方式

【考点一】短期筹资的特点和策略★★

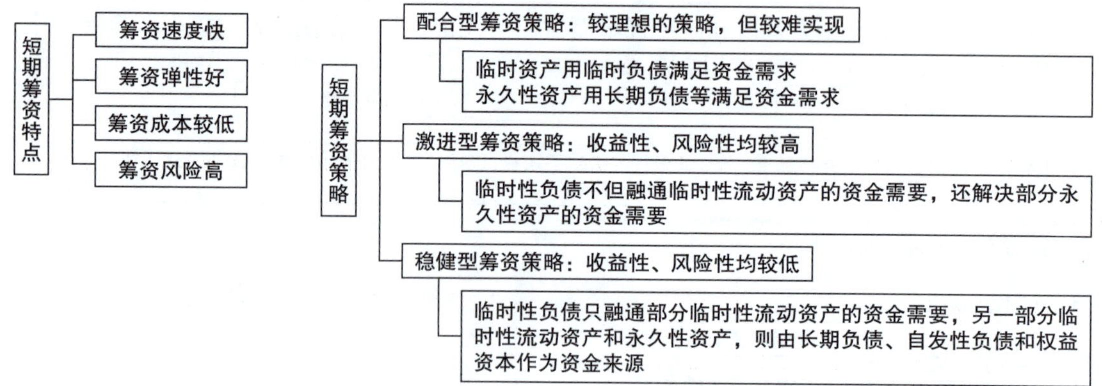

■ 经典题目

1. （2015 年真题 · 多选题）对于筹资方而言，短期负债筹资的特点有（ ）。

A. 筹资速度快　　B. 筹资风险高
C. 筹资难度大　　D. 限制条件较多
E. 筹资成本较高

大立名师说

本考点为常规考点，出题方向两个：一是考核短期负债筹资的特点，经常与长期负债筹资特点混淆在一起让考生区分；二是考核短期负债筹资的策略，给出案例让考生判断应用的策略类型。

【考点二】短期负债筹资的方式★★★

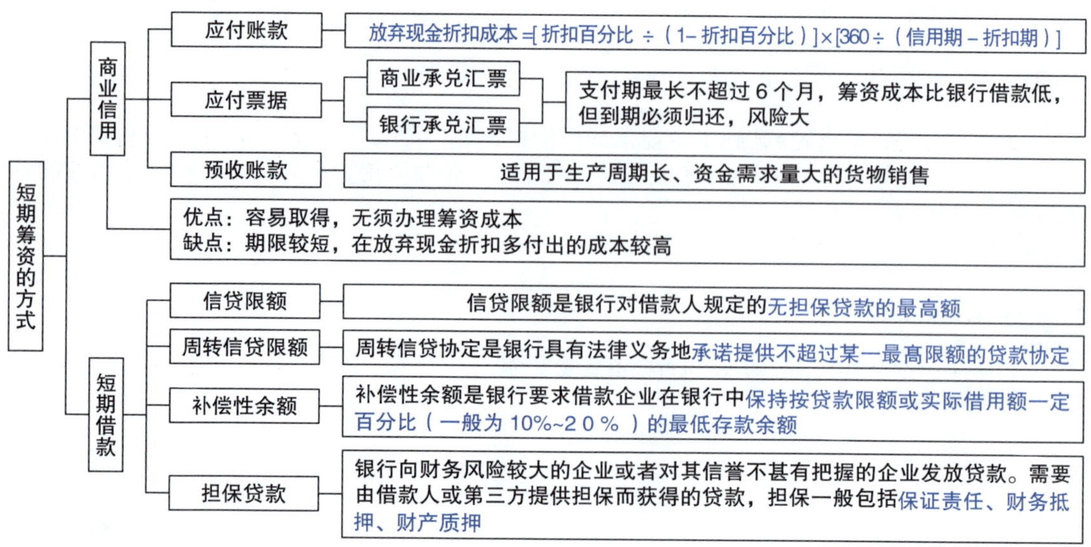

■ 经典题目

1. （2010 年真题 · 单选题）施工企业从建设单位取得工程预付款，属于企业筹资方式中的（ ）筹资。

A．商业信用　　B．融资租赁　　C．短期借款　　D．长期借款

2. （2014 年真题 · 单选题）某施工企业按照 2/15、*n*/30 的信用条件购入货物 100 万元，该企业在第 28 天付款，则其放弃现金折扣的成本是（ ）。

A．48.98%　　B．56.51%　　C．26.23%　　D．8.33%

3. （例题 · 单选题）银行短期借款信用条件中的补偿性余额条款是指（ ）。

A．借款人要对贷款限额未使用部分支付补偿费

B．借款人在银行中保持按实际借用额的一定比例计算的最低存款余额

C．银行如果不能及时向借款人贷款需要向借款人支付补偿金

D．借款人如果不能按时还款需要向银行支付补偿金

4. （例题 · 单选题）银行对借款人规定的无担保贷款的最高额是（ ）。

A．信贷限额　　B．周转信贷协议　　C．补偿性余额　　D．偿还条件

大立名师说

本考点为核心考点，出题方向有两个：一是考核商业信用的具体形式的内容，可以考核计算，也可以考核概念；二是考核短期借款主要方式的概念，考生按照知识点分析掌握。

【考点三】借款利息的支付方法★★★

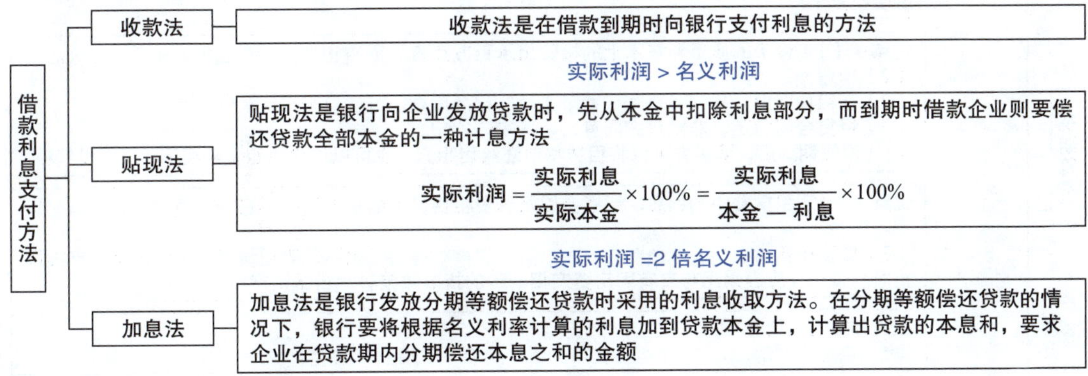

■ 经典题目

1. （2014 年真题 · 多选题）企业短期筹资时，贷款的实际利率高于名义利率的利息支付方法有（ ）。

A．收款法　　B．贴现法　　C．固定利率法

D．浮动利率法　　E．加息法

2.（2016年真题·单选题）某施工企业需要从银行借款200万元，期限1年，有甲、乙、丙、丁四家银行愿意提供贷款，年利率为7%，但利息支付方式不同：甲要求采用贴现法；乙要求采用收款法；丙、丁均要求采用加息法，并且丙要求12个月内等额还本利息，丁要求12个月内等额本金偿还，利息随各期的本金一起支付，其他贷款条件都相同，则该企业借款应选择的银行是（ ）。

A. 甲　　B. 丙　　C. 乙　　D. 丁

大立名师说

本考点为核心考点，出题方向有两个：一是考核利息支付方法的特点；二是考核具体的利息支付方法的计算。

1Z102073 长期筹资的特点和方式

【考点一】长期筹资的特点和方式★★

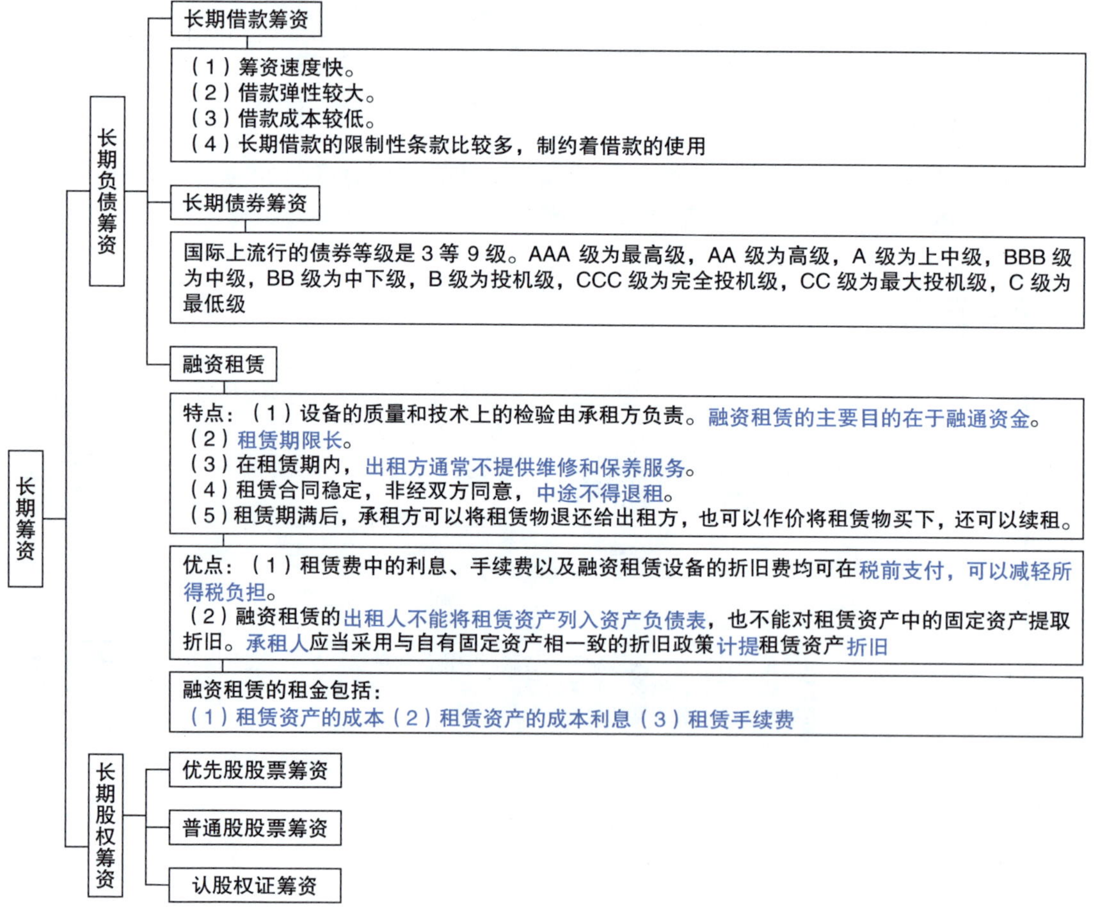

■ 经典题目

1. （2014 年真题 · 单选题）关于融资租赁的说法，正确的是（ ）。
   A. 融资租赁的出租人应将租赁资产列入其资产负债表
   B. 承租人支付的租赁费中的利息不能在企业所得税前扣除
   C. 融资租赁的承租人应当采用与自有固定资产一样的折旧政策计提租赁资产折旧
   D. 融资租赁的承租人可随时退租

2.. （2016 年真题 · 多选）融资租赁的租金应由（ ）构成。
   A. 租赁资产的成本
   B. 出租人承办租赁业务的费用
   C. 租赁资产的运行成本
   D. 租赁资产成本的利息
   E. 出租人提供租赁服务的利润

大立名师说

本考点为常规考点，对知识点进行简单了解即可。

1Z102080 流动资产财务管理

【知识点导图】

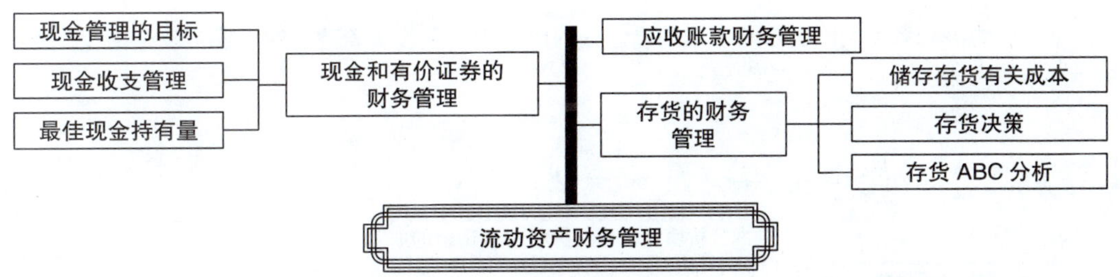

1Z102081 现金和有价证券的财务管理

【考点一】现金管理的目标和现金收支管理★★★

1. 现金管理的目标

企业置存现金的原因，主要是满足交易性需要、预防性需要和投机性需要。

企业现金管理的目标，就是要在资产的流动性和盈利能力之间做出抉择，以获取最大的长期利益

2. 现金收支管理

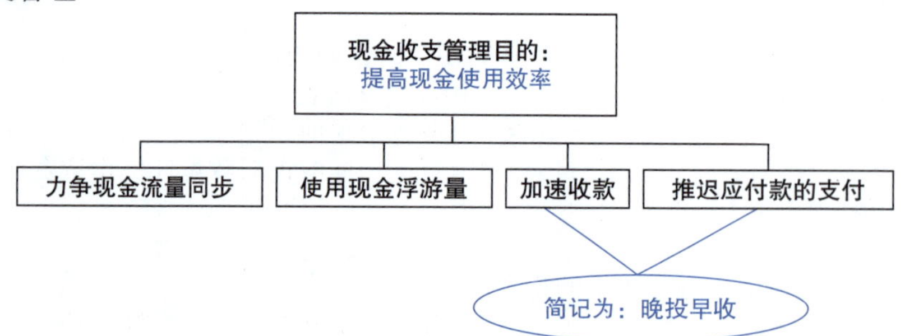

■ 经典题目

1. （例题·单选题）下列各项中，不是企业置存一定数量现金的原因是（ ）。
   A．交易性需要　B．预防性需要　C．投机性需要　D．增值性需要

2. （2014 年真题·单选题）下列现金收支管理措施中，能提高现金利用效率的是（ ）。
   A．充分使用现金浮游量
   B．推迟应收账款收款时间
   C．争取使现金流入的时间晚一些，现金流出的时间尽可能早一些
   D．提前应付款的支付期

大立名师说

本考点为核心考点，出题方向考核现金管理的目标和现金收支管理。对于现金收支管理，注意现金收支管理的原则，不用死记硬背。

【考点二】最佳现金持有量★★★

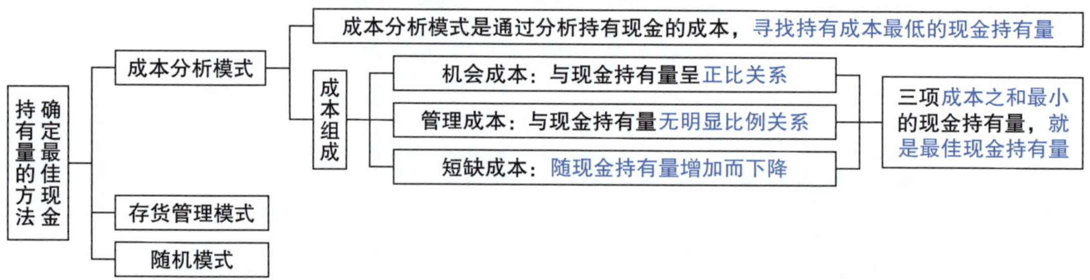

■ 经典题目

1. （2013 年真题·单选题）关于用成本分析模式确定企业现金持有量的说法，正确的是（ ）。
   A．企业持有现金的成本有机会成本、管理成本和短缺成本
   B．管理成本与现金持有量一般呈正比例关系
   C．现金的短缺成本随现金持有量的增加而增加
   D．运用成本分析模式确定现金最佳持有量的目的是加速现金周转速度

2．（2015年真题·单选题）某企业现金管理有四个方案可供选择，其最佳现金持有量方案为（ ）方案。

方案	甲	乙	丙	丁
现金持有量	50 000	70 000	80 000	100 000
机会成本	5 500	7 700	8 800	11 000
管理成本	8 000	8 000	8 000	8 000
短缺成本	6 000	4 500	1 000	0

A．甲　B．乙　C．丙　D．丁

大立名师说

本考点为常规考点，考点简单，便于理解，出题方向两个，一是考核确定最佳现金持有量的方法，注重对方法中概念的考核；二是考核最佳现金持有量的计算，主要是成本分析模式。

1Z102082 应收账款的财务管理

【考点一】应收账款的财务管理★

应收账款是企业流动资产中的一个重要项目，是商业信用的直接产物。

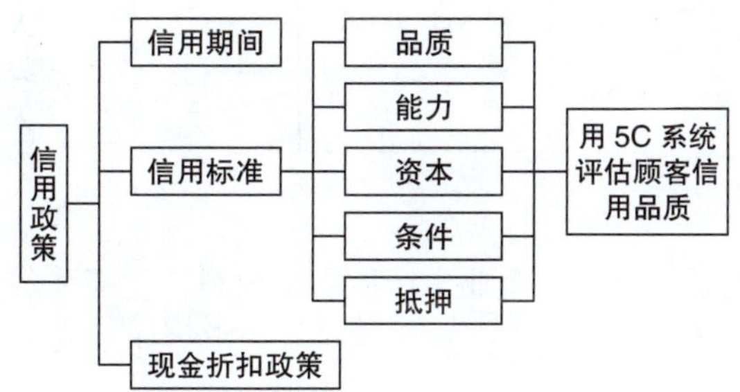

■ 经典题目

1．（2012年真题·单选题）企业应收账款管理中，可以通过“5C”系统对顾客的（ ）进行评估。

A．资产状况　B．信用品质　C．偿债能力　D．盈利能力

大立名师说

本考点为常识性内容，简单了解即可。

1Z102083 存货的财务管理

【考点一】存货成本及经济订货批量的确定★★★

存货管理的目标

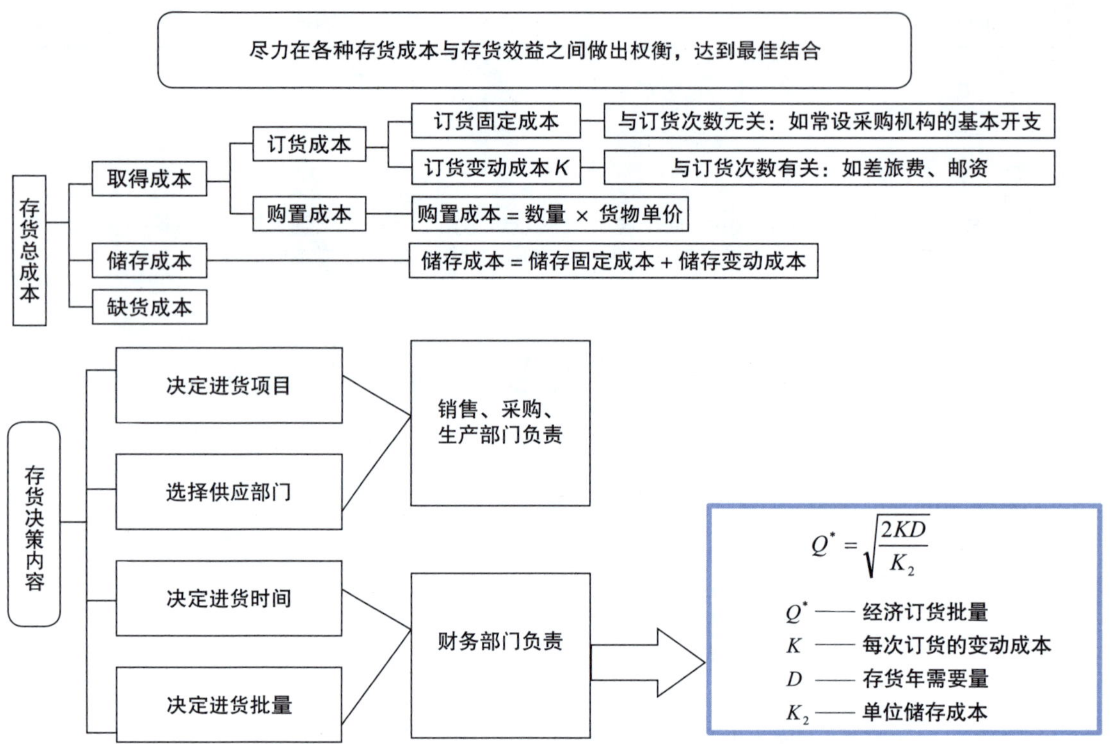

经典题目

1. （2015 年真题 · 单选题）某施工企业生产所需甲材料，年度采购总量为 200 吨，每吨单价为 1000 元，一次订货成本为 100 元，每吨材料的年平均储备成本为 400 元。则该材料的经济采购批量为（ ）吨。

A．6.32　　B．7.07　　C．10.00　　D．100.00

大立名师说

此考点为核心考点，出题方向两个：一是考核成本的组成；二是考核经济订货批量的计算，尤其是经济订货批量的计算为高频考点，解题的关键在于考生弄清楚公式里面字母的含义。

【考点二】ABC 分类法★★

存货分类标准：1．金额标准；2．品种数量标准。

	A 类	B 类	C 类
特征	存货种类虽然较少、占用资金较多	介于 A 类与 C 类之间	种类繁多 占用资金较少
管理方法	分品种重点管理：集中精力、认真规划，实施严格控制	分类别一般控制：根据实际情况采取灵活措施	按总额灵活掌握：凭经验确定进货量

经典题目

1.（2011 年真题·单选题）采用 ABC 分析法进行存货管理，对 A 类存货应采用的管理方法是（　）。

A．按总额灵活掌握　　B．分类别一般控制

C．凭经验确定进货量　　D．分品种重点管理

2.（2013 年真题·单选题）某现浇混凝土框架机构工程，施工现场的存货采用 ABC 分析管理法，应该实施严格控制的存货是（　）。

A．沙子　　B．石子　　C．钢筋　　D．模板

3.（2016 年真题·单选题）关于企业存货管理的说法，正确的是（　）。

A. 存货管理的目标是最大限度地降低存货成本

B. 存货管理是要在存货与存货效益之间作出权衡，达到两者之间的最佳结合

C. 财务部门存货管理的职责是选择供应单位及筹集订货资金

D. 根据存货管理的 ABC 分析法，应对 C 类存货实施严格控制

大立名师说

本考点内容简单，结合生活常识即可判断。

第二章

1Z102000
工程财务

1Z102010 财务会计基础

【考点一】财务会计与管理会计★

1.D【大立解析】本题考核的是管理会计和财务会计的特点。财务会计主要是为外界提供会计信息服务，企业对外公布的会计信息应该是真实发生的，所以财务会计信息主要是过去时态的信息。

1Z102011 财务会计的职能

【考点一】财务会计的职能★

1.D【大立解析】本题考核的是财务会计的职能。财务会计的职能是核算和监督。

1Z102012 会计核算的原则

【考点一】会计要素的计量属性★★

1.D【大立解析】本题考核是会计要素的现值计量属性。负债应按照预计期限内需要偿还的未来净现金流出量的折现金额计量。

2.B【大立解析】本题考核的是会计要素的历史成本计量属性。在历史成本计量下，资产按照购置时支付的现金或者现金等价物的金额，或者按照购置资产时所付出的代价的公允价值计量。

3.C【大立解析】本题考核的是会计要素计量属性的区分。AD 是重置成本，B 是公允价值。

1Z102013 会计核算的基本前提

【考点一】会计核算的基本假设★★

1. B【大立解析】本题考核的是会计核算的基本假设。从空间上界定会计工作的具体核算范围是会计主体假设，从时间上界定会计工作是会计分期假设。

2.ACD【大立解析】本题考核的是会计核算的基本假设。会计主体与法人主体并不是完全对应关系，会计主体不一定是法人主体，但是法人主体一定是会计主体。所以 B 错；会计年度可以是日历年，也可以是营业年，所以 E 错。

【考点二】会计核算的基础★★★

1. D【大立解析】本题考核的是会计核算的基础——权责发生制。权责发生制基础要求，凡是当期已经实现的收入和已经发生或应当负担的费用，无论款项是否收付，都应当作为当期的收入和费用。凡是不属于当期的收入和费用，即使款项在当期收付，也不应作为当期的收入和费用。 A 中上期出售的商品的货款，应该计入上期，而不是这一期。B 中上期购买的货物，应该计入上期。C 中上期已经进行的销售宣传，应该计入上期。

2.D【大立解析】本题考核的是会计核算的基础。企业应当以权责发生制为基础进行会计地确认、计量和报告。

1Z102014 会计要素的组成和会计等式的应用

【考点一】会计要素的组成★★

1. CD【大立解析】本题考核的是负债会计要素。流动负债是指在一年内或超过一年的一个营业周期内偿还的债务。如短期借款，应付账款、应交税金等（流动负债可以简记为应交……、应付……、短期……，但应付债券是长期负债除外）

2.C【大立解析】本题考核的是资本公积的内容。资本公积指由投资者投入但不构成实收资本，或从其他非收益来源取得，由全体所有者共同享有的资金。包括资本溢价、资产评估增值、接受捐赠、外币折算差额等。

【考点二】会计等式的应用★★

1.ABC【大立解析】本题考核的是会计要素的分类及会计等式。资产、负债、所有者权益是反映某一时点财务状况的会计要素，收入、费用和利润是反映某一时期经营成果的会计要素。

1Z102021 费用与成本的关系

【考点一】费用的特点★

1. D【大立解析】本题考核的是费用的概念和特点。费用只包括本企业经济利益的流出，而不包括为第三方或客户代付的款项及偿还债务支出，并且经济利益的流出能够可靠计量。为第三方代付的支出，第三方迟早会还的，所以不能算作费用。

【考点二】费用和成本的区别和联系★★★

1. A【大立解析】本题考核的是费用和成本之间的区别和联系。成本是针对一定的成本计算对象而言的，费用则是针对一定的期间而言的；所以 A 正确，BD 错误。费用包括生产费用和期间费用。生产费用是企业在一定时期内发生的通用货币计量的耗费，生产费用经对象化后，才可能转化为产品成本。期间费用不进入产品生产成本，而直接从当期损益中扣除。所以 C 选项表述不正确。

2.C【大立解析】本题考核的是期间费用的概念。期间费用是指企业当期发生的，与具体产品或工程没有直接联系，必须从当期收入中得到补偿的费用。由于期间费用的发生仅与当期实现的收入相关，因而应当直接计入当期损益。

3.B【大立解析】本题考核的是费用的分类。财务费用、管理费用、营业费用都属于期间费用。所以选 B。

4.A【大立解析】本题考核的是生产费用和期间费用的关系。固定资产日常修理费分摊没有意义，应作为当期费用予以确认。

5.C【大立解析】本题考核的是生产费用、期间费用、生产成本的概念问题。题目要求找出 6 月份的生产成本，6 月发生材料费 260 万元，6 月发生租金 160/8=20 万元，所以，6 月的生产成本 260+20=280 万元，而 6 月发生的企业办公费 10 万元属于期间费用，不是成本。

1Z102022 工程成本的确认和计算方法

【考点一】费用和支出的关系★★

1.B【大立解析】本题考核的是支出的分类。费用属于是收益性支出，所以我们需要从选项中找出那些是收益性支出就可。A 缴纳罚款是偶发的，所以属于营业外支出；B 购买原材料的效益仅涉及本会计年度，所以属于收益性支出。C 计提固定资产减值准备是偶发的，属于营业外支出。D 股利分配支出是在股利分配环节发生的，所以是股利分配支出。

2.D【大立解析】本题考核的是支出的分类。费用属于是收益性支出，所以我们需要从选项中找出那些是收益性支出就可。A 购置固定资产的支出，固定资产的收益涉及几个会计年度，所以要予以资本化，属于资本性支出； B 向所有者分红，是在股利分配环节发生的，属于利润分配支出，C 支付滞纳金是偶发的，属于营业外支出；D 支付购买原材料的价款仅涉及本会计年度，所以属于收益性支出。所以 D 正确。

【考点二】间接费用的分摊★★

1.C【大立解析】本题考核的是间接费用分摊的计算。间接费用一般是按照直接费的百分比进行分摊的，具体计算如下：

间接费用分配率 =600/（1 000+2 000+3 000）=10%
丙工程应分担的间接费用 =3 000 × 10%=300 万元

【考点三】固定资产折旧★★★

1.C【大立解析】本题考核的是平均年限法计提折旧。平均年限法是指将固定资产按预计使用年限平均计算折旧均衡地分摊到各期的一种方法。其计算过程如下：

$$固定资产年折旧额=\frac{固定资产应计折旧额}{固定资产预计使用年限}=\frac{80-8}{6}=12\text{ 万元}$$

2.A【大立解析】本题考核的是工作量法计提折旧。工作量法是按照固定资产预计可完成的工作量计提折旧额的一种方法。具体计算过程如下：

$$单位工作量折旧额=\frac{应计折旧额}{预计总工作量}=\frac{500000\times(1-3\%)}{2000}=242.5\text{ 元}$$

3. CE【大立解析】本题考核的是双倍余额递减法和年数总和法。这两种方法都是前期提取较多的折旧，后期提取较少的折旧，都是加速折旧的方法。再扩充一点，这两种方法也有区别，双倍余额递减法，折旧基数不断减少，折旧率不变；年数总和法，折旧基数不变，折旧率逐年减少。

4.CE【大立解析】本题考核的是双倍余额递减法计提折旧。双倍余额递减法不考虑固定资产预计净残值，根据每年年初固定资产净值和双倍的直线法折旧率计算固定资产折旧额的一种方法折旧基数不断减少，折旧率不变，前期提取较多的折旧，后期提取较少的折旧，是加速折旧的方法，所以 CE 正确。

【考点四】无形资产摊销★

1.D【大立解析】本题考核的是无形资产的相关内容。结合前面资产的分类，可知无形资产属于长期资产。所以 D 错。

1Z102023 工程成本的核算

【考点一】工程成本及其核算的内容★★★

1. C【大立解析】本题考核的是工程成本的内容。工程成本包括从建造合同签订开始至合同完成止所发生的、与执行合同有关的直接费用和间接费用。即包括耗用的材料费用、耗用的人工费用、耗用的机械使用费、其他直接费用以及间接费用。A 属于间接费用。B 属于其他直接费。D 属于耗用的材料费。这些都属于工程成本。C 为订立施工合同而发生的有关费用（如差旅费、投标费用等）属于期间费用。

2.ACDE【大立解析】本题考核的是其他直接费的组成。其他直接费用包括施工过程中发生的材料二次搬运费、临时设施摊销费、生产工具用具使用费、工程定位复测费、工程点交费、场地清理费等。

3. C【大立解析】本题考核的是间接费用的概念。间接费用是指为完成工程所发生的、不易直接归属于工程成本核算对象而应分配计入有关工程成本核算对象的各项费用支出。主要是企业下属施工单位或生产单位为组织和管理工程施工所发生的全部支出。不包括企业行政管理部门为组织和管理生产经营活动而发生的费用。企业行政管理部门为组织和管理生产经营活动而发生的费用属于期间费用。这一点一定要注意。

【考点二】工程成本核算的对象★★★

1.A【大立解析】本题考核的是工程成本核算对象的问题。工程成本可以以单项建造合同、分立合同、合并合同确定施工工程成本核算对象，所以 A 正确，CD 错误。施工企业的成本核算对象应在工程开工以前确定，且一经确定后不得随意变更，更不能相互混淆。所以 B 错。

【考点三】工程成本核算程序★★

1.A【大立解析】本题考核的是工程成本核算程序。根据《企业会计准则——建造合同》，推行“完工百分比法”确认工程收入和结转成本费用。

2.B【大立解析】本题考核的是工程成本核算的程序。

核算程序：1．确定成本核算对象，设置成本核算科目，开设成本明细账；

2．核算与分配各项生产费用；

3．计算期末工程成本；

4．计算年度合同费用；

5．编制单位工程竣工成本决算。

1Z102024 工程成本的核算

【考点一】期间费用的核算★★★

1.ABDE【大立解析】本题考核的管理费用的内容。应付债券利息属于财务费用。

2. B【大立解析】本题考核的是期间费用的组成，借款利息支出属于财务费用，财务费用是期间费用的一种，所以选择 B。

3.C【大立解析】本题考核的是期间费用的组成，广告费属于管理费用，管理费用属于期间费用。

4.BDE【大立解析】本题考核的是财务费用的内容。财务费用顺口溜：利失手财，都与钱有关。财会人员的办公费和工资都属于管理费用。

5.D【大立解析】本题考核的是期间费用的内容。利息支出属于财务费用。

6.C【大立解析】本题考核的是财务费用的内容。顺口溜：利失手财。

1Z102031 收入的分类及确认

【考点一】收入的概念及特点★★

1.ACE【大立解析】本题考核的是广义收入的概念。广义上的收入，包括营业收入、投资收益、补贴收入和营业外收入。

2. A【大立解析】本题考核的是狭义收入的概念。狭义上的收入，即营业收入，是指在销售商品、提供劳务及让渡资产使用权等日常活动中形成的经济利益的总流入。

3.A【大立解析】本题考核的是收入的概念和特点。狭义上的收入，即营业收入，是指在销售商品、提供劳务及让渡资产使用权等日常活动中形成的经济利益的总流入。包括主营业务收入和其他业务收入，不包括为第三方或客户代收的款项。

【考点二】收入的分类★★★

1.A【大立解析】本题考核的是收入的分类。产品销售主要有自行加工的碎石、商品混凝土、各种门窗制品等。

2.A【大立解析】本题考核的是收入的分类。施工企业向外提供机械作业取得的收入属于提供劳务收入。

1Z102032 建造（施工）合同收入的核算

【考点一】合同的分立与合并★★

1.ACE【大立解析】本题考核的是建造合同合并的条件。建造合同合并的条件：（1）该组合同按一揽子交易签订；（2）该组合同密切相关，每项合同实际上已构成一项综合利润率工程的组成部分；（3）该组合同同时或依次履行。

2.ABD【大立解析】本题考核的是建造合同分立的条件。合同分立的条件：（1）每项资产均有独立的建造计划；（2）与客户就每项资产单独进行谈判，双方能够接受或拒绝与每项资产有关的合同条款；（3）每项资产的收入和成本可以单独辨认。

【考点二】合同收入的内容及确认★★★

1.B【大立解析】本题考核的是建造合同收入的内容。建造合同收入包括合同规定的初始收入和合同变更、索赔、奖励形成的收入。

2.ABCD【大立解析】本题考核的是销售商品收入的确认条件。企业既没有保留通常与所有权相联系的继续管理权，也没有对已售出的商品实施有效控制才能进行收入的确认。

3.BCD【大立解析】本题考核的是确定建造合同完工进度的方法。确定建造合同完工进度的方法：（1）根据累计实际发生的合同成本占合同预计总成本的比例确定；（2）根据已经完成的合同工作量占合同预计总工作量的比例确定；（3）根据已完成合同工作的技术测量确定。

4.A【大立解析】本题考核的是完工进度的计算。

$$\text{合同完工进度}=\frac{\text{已经完成的合同工程量}}{\text{合同预计总工程量}}\times100\%=(4+6)/15=66.67\%$$

5.A【大立解析】本题考核的是建造合同收入的确认。若企业在资产负债表日提供劳务交易结果不能够可靠估计，且已经发生的劳务成本预计不能得到补偿，不能补偿就是没有收入，所以不确认收入。

6.CD【大立解析】本题考核的是建造合同结果不能可靠估计时建造合同收入的确认。由于合同的进度无法可靠估计，就不能用完工百分比法。所以 A 错误。1 000 万元预计不能收回，所以不能确认为收入。所以 B 错。360 万元是实实在在收到的钱，所以确认为当期收入。所以 C 正确。400 万元成本是实实在在花出去的钱，确认为当期费用。所以 D 正确。合同总造价是 1 000 万元，总成本不一定是 1 000 万元，所以不能确认为合同费用。所以 E 错误。

7.BC【大立解析】本题考核的完工进度的知识点。累计实际发生的合同成本不包括施工中尚未安装或使用的材料成本等与合同未来活动相关的合同成本，也不包括在分包工程的工作量完成之前预付给分包单位的款项。

8.ABCD【大立解析】本题考核的是完工百分比法确认合同收入。当期应确认的合同收入 = 合同总收入 × 完工进度 – 以前会计期间累计已确认的收入，所以第 1 年确认收入：4 000 × 30%=1 200 万元；第二年完成合同工程量的 35%，所以第 2 年确认收入 =4 000 × 35%=1 400 万元，第二年完工进度 =30%+35%=65%；合同工期三年，所以第三年完工进度 100%，第三年确认收入 =4 000 × 100%–1 200–1 400=1 400 万元。

1Z102040 利润和所得税费用

【考点一】利润的计算★★★

1.D【大立解析】本题考核的营业利润的计算。营业利润=营业收入-营业成本（或营业费用）-营业税金及附加-销售费用-管理费用-财务费用-资产减值损失+公允价值变动收益（损失为负）+投资收益（损失为负）=（3 000+200）-2 300-200-100+150 = 750万元。

2. C【大立解析】本题考核的是利润总额的公式。利润总额 = 营业利润 + 营业外收入 - 营业外支出 =2 000+50-60=1 990 万元。

3. ABCE【大立解析】本题考核的是营业外支出的内容。营业外支出都是偶然发生的，把握住这个原则，不用死记硬背即可。

【考点二】税后利润的分配★★★

■ 经典题目

1. AC【大立解析】本题考核的是利润分配顺序。税后利润的分配顺序：（1）弥补公司以前年度亏损。弥补公司以前年度亏损，是第一步。（2）提取法定公积金，用途，一般包括以下三个方面：①弥补损失。②扩大公司生产经营。③增加公司注册资本。（3）经股东大会或者股东大会决议提取任意公积金。（4）向投资者分配利润或股利。（5）未分配利润。

1Z102042 所得税费用的确认

【考点一】所得税费用的确认★★★

1.C【大立解析】本题考核的是所得税的纳税基础。税收滞纳金是不能从收入中扣除的，通俗的讲，如果准许扣除，企业就不会按期交税。

2.C【大立解析】本题考核的是所得税的纳税基础。因为固定资产折旧、借款利息准许在计算所得税时扣除，所以每期节约的税额为（15+3）×25%=4.5 万元。

3.C【大立解析】本题考核的是应纳税所得额的计税基础扣除项目。公益性捐赠支出，在年度利润总额 12 % 以内的部分，准予扣除。所以准予扣除的最大金额：8 000×12%=960 万元

4.D【大立解析】本题考核的是所得税收入的内容。企业资产的溢余收入、逾期未退包装物押金收入、确实无法偿付的应付款项，已作坏账损失处置后又收回的应收款项，债务重组收入、补贴收入、违约金收入、汇兑收益等都属于其他收入。

1Z102051 财务报表的构成

【考点一】财务报表列报的要求★★

■ 经典题目

1.D【大立解析】本题考核的是财务报表列报的基本要求。重要项目单独列报：重要性应当根据企业所处环境，从项目的性质和金额大小两方面予以判断。

2.ABCE【大立解析】本题考核的是财务报表列报的其他要求。企业应当在财务报表的显著位置至少披露下列各项：编报企业的名称；资产负债表日或财务报表涵盖的会计期间；人民币金额单位；财务报表是合并财务报表的，应当予以标明。

3. ABCD

【大立解析】本题考核的是财务报表列报的基本要求。企业至少应该按年编制财务报表。

【考点二】财务报表的构成★★

■ 经典题目

1. ABCD【大立解析】本题考核的是财务报表的构成。根据现行会计准则的规定，财务报表至少应当包括资产负债表、利润表、现金流量表、所有者权益（或股东权益）变动表和附注。

2.A【大立解析】本题考核的是资产负债表的内容。资产负债表是反映企业在某一特定日期财务状况的报表。

3.B【大立解析】本题考核的是利润表的内容。利润表是反映一定会计期间经营成果的财务报表。

1Z102052 资产负债表的内容和作用

【考点一】资产负债表的内容和作用★★★

■ 经典题目

1.B【大立解析】本题考核的是负债的分类。需要在一年内偿还的债务是流动负债，在一年以上偿还的债务是非流动负债，掌握这个核心原则即可。本题一年以内还的债务属于流动负债。

2.C【大立解析】本题考核的是负债的分类。需要在一年内偿还的债务是流动负债，在一年以上偿还的债务是非流动负债，掌握这个核心原则即可。本题中企业违反了长期借款协议，导致贷款人可随时要求清偿的债务，那就是一年以内还的债务，应该属于流动负债。

3.ABE【大立解析】本题考核的是资产负债表的作用。资产负债表能够反映企业在某一特定日期所拥有的各种资源总量及其分布情况；资产负债表能够反映企业的偿债能力；资产负债表能够反映企业在某一特定日期企业所有者权益的构成情况。

4.ABCE【大立解析】本题考核的是流动资产的判定条件。

1Z102053 利润表的内容和作用

【考点一】利润表的内容★

1.C【大立解析】本题考核的是利润表的内容。利润表反映的内容：（1）构成主营业务利润的各项要素；（2）构成营业利润的各项要素；（3）构成利润总额（或亏损总额）的各项要素；（4）构成净利润（或净亏损）的各项要素。

1Z102054 现金流量表的内容和作用

【考点一】现金流量表的编制基础★★

1.B【大立解析】本题考核的是现金等价物的内容。通常从购买日起三个月到期或清偿的国库券、货币市场基金、可转换定期存单、商业本票及银行承兑汇票等都可列为现金等价物。

2.D【大立解析】本题考核的是现金等价物的特点。作为现金等价物的短期投资必须同时满足以下四个条件：1）期限短；2）流动性强；3）易于转换为已知金额的现金；4）价值变动风险小。

【考点二】现金流量表的内容★★★

1. D【大立解析】本题考核的是经营活动产生的现金流量内容。按照编制的顺口溜来判断，A 属于投资活动产生的现金流量；B 属于筹资活动产生的现金流量；C 属于筹资活动产生的现金流量。

2. A【大立解析】本题考核的是筹资活动产生的现金流量内容。按照编制的顺口溜来判断，A 属于筹资活动产生的现金流量；B 属于投资活动产生的现金流量；C 属于投资活动产生的现金流量；D 属于经营活动产生的现金流量。

3.D【大立解析】本题考核的是投资活动产生的现金流量内容。按照编制的顺口溜来判断，A属于筹资活动产生的现金流量；B属于经营活动产生的现金流量；C属于经营活动产生的现金流量；D属于投资活动产生的现金流量。

1Z102055 财务报表附注的内容和作用

【考点一】财务报表附注的主要内容和作用★

1. D【大立解析】本题考核的是财务报表附注的内容及作用。财务报表附注内容：（1）财务报表的编制基础；（2）遵循企业会计准则的声明；（3）重要会计政策的说明；（4）重要会计估计的说明；（5）会计政策和会计估计变更以及差错更正的说明；（6）对已在资产负债表、利润表、现金流量表和所有者权益变动表中列示的重要项目的进一步说明，包括终止经营税后利润的金额及其构成情况等；（7）或有和承诺事项、资产负债表日后非调整事项、关联方关系及其交易等需要说明的事项。

1Z102061 财务报表分析方法

【考点一】财务报表分析方法★★★

1. B【大立解析】本题考核的是趋势分析法的概念。

2. D【大立解析】本题考核的是因素分析法的概念。

3. D【大立解析】本题考核的是因素分析法的计算。用差额计算方便，具体步骤如下：
首先需要将因素排序，排序结果如下：产量、单价、损耗率；
第二步套用差额计算法公式：
某因素对成本的影响 = 排在该因素前的因素用实际值 × 该因素的差额（实际值 – 计划值）× 排在该因素后的因素用计划值
代入数据如下：产量增加对成本的影响 =（550–500）× 540 ×（1+4%）=28 080 元，
单价提高对成本影响 =550 ×（590–540）×（1+4%）=28 600 元，
损耗率下降使成本减少 =550 × 590 ×（3%–4%）= –3 245 元。

1Z102062 基本财务比率的计算和分析

【考点一】基本财务比率的计算和分析★★★

1.D【大立解析】本题考核的偿债能力比率指标。反映企业偿债能力分析指标有资产负债率、流动比率和速动比率等。

2.D【大立解析】本题考核的是盈利能力比率指标。反映盈利能力比率指标是净资产收益率、总资产净利率；指标越高，盈利能力越强。

3.ABCD【大立解析】本题考核的是速动比率。
速动资产 = 货币资金 + 交易性金融资产 + 应收票据 + 应收账款 + 其他应收款

4.D【大立解析】本题考核的是资产管理比率的计算。
应收账款周转率 =（营业收入）/（应收账款）=600 / [（70+130）/ 2] =6.00

5.D【大立解析】本题考核的是资产负债率的计算。
资产负债率=（168 150 + 205 000）/1 163 150 = 32.08%

6.B【大立解析】本题考核的流动比率和速动比率的指标。速动资产 = 流动资产 – 存货。该企业流动比率高于行业平均，但速动比率低于行业平均，所以说明存货比例太大。

【考点二】杜邦财务分析体系★★

■ 经典题目

1. BCD【大立解析】本题考核的杜邦财务分析。杜邦财务分析中没有提到资本金，所以 A 错。杜邦财务分析揭示企业获利能力而不是偿债能力，所以 E 错。

2.B【大立解析】本题考核的是杜邦财务分析。杜邦财务分析体系揭示的是企业获利能力及权益乘数对净资产收益率的影响。

1Z102071 资金成本的作用及其计算

【考点一】资金成本的概念及其计算★★★

■ 经典题目

1.D【大立解析】本题考核的是资金成本的计算。

$$个别资金成本率 = \frac{年利息\times(1-所得税率)}{本金\times(1-筹资费率)}$$

长期借款资金成本率 =3 000 × 6% ×（1–25%）/3 000 ×（1–2%）=4.59%，
长期债券资金成本率 =2 000 × 6.5% ×（1–25%）/2 000 ×（1–1.5%）=4.95%，
综合资金成本率 =4.59% × 60%+4.95% × 40% =4.73%。

2.D【大立解析】本题考核资金成本率的计算。
代入数据：3 000×6%×（1–25%）/3 000×1–0.5%)=4.52%

1Z102072 短期筹资的特点和方式

【考点一】短期筹资的特点和策略★★

1.AB【大立解析】本题考核的是短期负债筹资的特点。特点：筹资速度快、筹资弹性好、筹资成本较低、筹资风险高。

【考点二】短期负债筹资的方式★★★

1.A【大立解析】本题考核的是商业信用的筹资方式。商业信用的具体形式有应付账款、应付票据、预收账款等

2.A【大立解析】本题考核的是放弃现金折扣成本的计算。
放弃现金折扣的成本 =2%/（1–2%）×360/（30–15）=48.98%

3.B【大立解析】本题考核的是补偿性余额的概念。

4.A【大立解析】本题考核的是信贷限额的概念。

【考点三】借款利息的支付方法★★★

1.BE【大立解析】本题考核的是利息支付方法的特点。贷款的实际利率高于名义利率的利息支付方法是贴现法和加息法，收款法：名义利率 = 实际利率。

2.C【大立解析】本题考核的是借款利息的支付方法。贴现法，实际利率 > 名义利率；收款法，实际利率 = 名义利率；加息法，实际利率 > 名义利率。所以在各家银行名义利率一样的情况下，收款法实际利率最低，所以我们选择从乙银行贷款。

1Z102073 长期筹资的特点和方式

【考点一】长期筹资的特点和方式★★

1.C【大立解析】本题考核的是融资租赁的相关知识。融资租赁的出租人不能将租赁资产列入资产负债表、也不能对租赁资产中的固定资产提取折旧。承租人应当采用与自有固定资产相一致的折旧政策计提租赁资产折旧。所以 A 错、C 正确。承租人支付的租赁费中的利息可以再在企业所得税前扣除，所以 B 错。融资租赁合同租期严格，不能随意退租。所以 D 错。

2.ABDE【大立解析】本题考核的是融资租赁的租金。融资租赁租金包括租赁资产的成本、租赁资产成本的利息、租赁手续费。

1Z102081 现金和有价证券的财务管理

【考点一】现金管理的目标和现金收支管理★★★

1.D【大立解析】本题考核的是企业置存现金的原因。企业置存现金的原因，主要是满足交易性需要、预防性需要和投机性需要。

2.A【大立解析】本题考核的是现金收支管理。现金收支管理的措施：（1）力争现金流量同步；（2）使用现金浮游量；（3）晚投早收 选项 BCD 都不符合“晚投早收”。

【考点二】最佳现金持有量★★★

1. A【大立解析】本题考核的是成本分析模式。
B 错误，管理成本和现金持有量没有明显比例关系；
C 错误，现金的短缺成本随现金持有量的增加而降低；
D 错误，成本分析模式是通过分析持有现金的成本，寻找持有成本最低的现金持有量。

2.C【大立解析】本题考核的是成本分析模式确定最佳现金持有量。思路求现金持有成本现金持有成率最低的方案为最优方案。

方案	甲	乙	丙	丁
现金持有量	50 000	70 000	80 000	100 000
机会成本	5 500	7 700	8 800	11 000
管理成本	8 000	8 000	8 000	8 000
短缺成本	6 000	4 500	1 000	0
现金持有成本	19 500	20 200	17 800	19 000

所以丙方案最优。

1Z102082 应收账款的财务管理

【考点一】应收账款的财务管理★

1.B【大立解析】本题考核的是 5C 。“5C”系统，是评估顾客信用品质的五个方面。

1Z102083 存货的财务管理

【考点一】存货成本及经济订货批量的确定★★★

1.C【大立解析】本题考核的是经济订货批量的计算。经济订货批量 $=\sqrt{\frac{2\times100\times200}{400}}=10$ 吨

【考点二】ABC 分类法★★

1.D【大立解析】本题考核的是 ABC 分类法的管理策略。

2.C【大立解析】本题考核的是 ABC 分类法的分类。施工现场应对 A 类货物实施严格控制，A 类货物特点：品种少、金额大。符合此特点的是钢筋。

3.B【大立解析】本题考核的是存货的财务管理。存货管理的目标是尽力在各种存货成本与存货效益之间作出权衡，达到两者的最佳组合。所以 A 错，B 正确；财务部门的职责是决定进货时间和进货批量。所以 C 错误；根据存货 ABC 分类法，C 类存货种类繁多但占用资金少，不必耗用过多精力去管理，凭经验确定进货量即可。所以 D 错。

第三章

1Z103000 建设工程估价

1Z103000 建设工程估价

【本章历年考情分析】

1Z103000	核心考点	2016		2015		2014		2013	
		单选	多选	单选	多选	单选	多选	单选	多选
1Z103010	建设投资的组成及分类	1		1.5					
	设备购置费组成及计算	1	2	2					
	工程建设其他费的组成	1		1	2	1	2		2
	预备费组成及计算	1		0.5				1	
	建设期利息的计算					1		1	
1Z103020	按费用要素划分的建安费用组成	1		1		1	2	2	
	按造价形成划分的建安费用组成	1		1		1		2	
	建安费用计算方法及规定	2	2	1		2			
1Z103030	建设工程定额的分类	1				1		1	
	人工定额的编制	1	2	1	2	2			
	材料消耗定额的编制	1							
	机械台班使用定额的编制	1		2		1		1	2
	施工定额和企业定额的作用						2	1	
	概算定额和概算指标的作用					1		1	
1Z103040	设计概算的内容和作用	1	2			1		1	
	单位工程概算编制方法及审查	3		4	2			2	
1Z103050	施工图预算编制模式及作用								
	施工图预算的编制依据				2		2		2
	施工图预算的编制方法			2		1		1	2
	施工图预算审查的方法	1		1		1		1	
1Z103060	工程量清单的组成				2				
	工程量清单的编制方法	4	2	3		1		3	2
1Z103070	工程量清单计价的方法	3		1		2		1	
	招标控制价的编制方法		2		2	1		1	2
	投标价的编制方法	1	2	2	2	2		1	
	合同价款的约定	1		1	2	1		1	
1Z103080	工程计量的依据和方法	2	2	1		3		1	
	合同价款调整的规定及计算	5		4	2	1		2	
	工程变更与施工索赔	1		2	2		4	1	
	合同价款期中支付		2	1		1		1	
	竣工计算与支付								2
	合同解除的价款结算与支付								
1Z103090	国际工程投标报价程序					1			
	国际工程投标报价组成	1	2	1		1	2		
	国际工程投标报价动态分析								
	国际工程投标报价技巧							2	2
合计		35	20	34	20	28	14	29	16
		55		54		42		45	

1Z103010 建设工程项目总投资

【知识点导图】

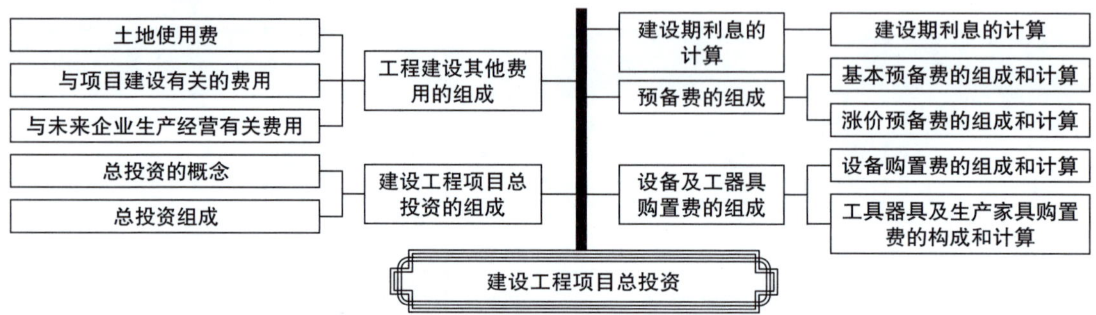

1Z103011 建设工程总投资的组成

【考点一】建设工程项目总投资的组成★★

<table>
<tr><th colspan="6">费用项目名称</th></tr>
<tr><td rowspan="21">建设工程项目总投资</td><td rowspan="20">建设投资</td><td rowspan="2">第一部分：
工程费用</td><td>设备及工器具购置费</td><td></td><td rowspan="18">建设投资静态投资部分</td></tr>
<tr><td>建筑安装工程费</td><td></td></tr>
<tr><td rowspan="15">第二部分：
工程建设其他费用</td><td>土地使用费</td><td></td></tr>
<tr><td>建设管理费</td><td rowspan="11">与项目建设有关的费用</td></tr>
<tr><td>可行性研究费</td></tr>
<tr><td>研究试验费</td></tr>
<tr><td>勘察设计费</td></tr>
<tr><td>环境影响评价费</td></tr>
<tr><td>劳动安全卫生评价费</td></tr>
<tr><td>场地准备及临时设施费</td></tr>
<tr><td>引进技术和进口设备其他费</td></tr>
<tr><td>工程保险费</td></tr>
<tr><td>特殊设备安全监督检查费</td></tr>
<tr><td>市政公用设施建设及绿化补偿费</td></tr>
<tr><td>联合试运转费</td><td rowspan="3">与未来企业生产经营有关的费用</td></tr>
<tr><td>生产准备费</td></tr>
<tr><td>办公和生活家具购置费</td></tr>
<tr><td rowspan="2">第三部分：预备费</td><td>基本预备费</td><td></td></tr>
<tr><td>涨价预备费</td><td colspan="2" rowspan="2">建设投资动态投资部分</td></tr>
<tr><td colspan="2">建设期利息</td></tr>
<tr><td colspan="5">流动资产投资——铺底流动资金（一般按流动资金的 30% 计算）
注意：非生产性建设工程项目总投资不包括此项</td></tr>
</table>

经典题目

1. （例题·多选题）在下列各项中，属于工程项目建设投资的静态投资的是（　）。
A．建设期利息　　B．设备及工器具购置费　　C．基本预备费
D．涨价预备费　　E．工程建设其他费

2. （例题·单选题）某建设项目工程费用 6800 万元，其他费用 1200 万元，预备费 500 万元，建设期贷款利息 370 万元，铺底流动资金 710 万元，则项目总投资为（　）万元。
A．9580　　B．9330　　C．9680　　D．9430

3. (2016 年真题·单选题) 下列建设项目投资中，属于动态投资的是（　）。
A. 建设期利息　　B. 设备及工器具购置费　　C. 铺底流动资金　　D. 基本预备费

大立名师说

本考点为常规性考点，一般不单独考核，和后面章节合并考题概率比较大，所以考生学习本知识点有简单理解即可。

1Z103012 设备及工器具购置费的组成

【考点一】设备购置费的组成和计算★

设备购置费 = 设备原价或进口设备抵岸价 + 设备运杂费

注：1. 设备原价：国产标准设备原价，一般按带有备件的出厂价计算。设备由成套公司供应，则以订货合同价为设备原价
国产非标准设备原价的计算方法：
成本计算估价法、系列设备插入估价法、分部组合估价法、定额估价法等，但应接近出厂价
2. 如果设备由设备成套公司供应的，成套公司的服务费也应计入设备运杂费中

经典题目

1. 某工程采用的进口设备拟由设备成套公司供应，则成套公司的服务费在估价时应计入（　）。
A. 建设管理费　　B. 设备原价　　C. 进口设备抵岸价　　D. 设备运杂费

2. 估算建设项目设备购置费时，可直接作为设备原价的有（ ）
A．国产非标准设备成本价　　B．国产标准设备出厂价
C．国产标准设备订货合同价　　D．进口设备抵岸价　　E．进口设备出厂价

大立名师说

本考点为常识性考点，主要是为后续考点学习做准备，有直观印象即可。

【考点二】FOB 买卖双方的权利和义务★

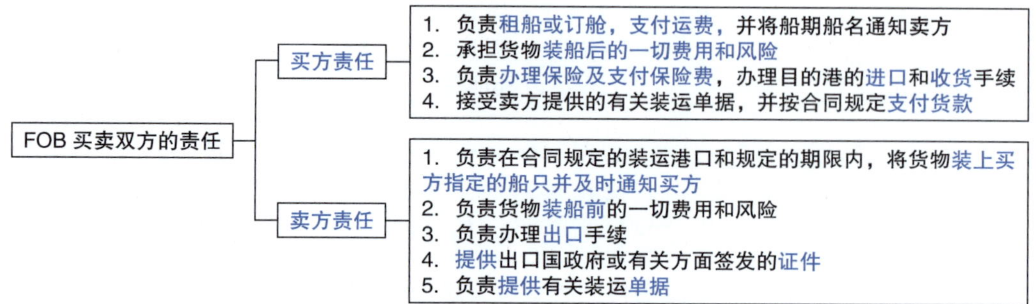

简言之，买卖双方责任划分：以装运港船舷为界，装船前责任、风险归卖方、装船后归买房

■ 经典题目

1. （2011 年真题·多选题）某建设工程项目购置的进口设备采用装运港船上交货价，属于买方责任的有（ ）。

A. 负责租船、支付运费，并将船期、船名通知卖方
B. 按照合同约定在规定的期限内将货物装上船只
C. 承担货物装船前的一切费用和风险
D. 办理在目的港的进口和收货手续
E. 接受卖方提供的装运单据并按合同约定支付货款

大立名师说

本考点为常规考点，出题方向考核 FOB 买卖双方的权利义务，掌握住划分关键，自己加以判断，即可。

【考点三】抵岸价的组成和计算★★★

进口设备抵岸价 = 到岸价 + 银行财务费 + 外贸手续费 + 进口关税 + 增值税 + 消费税

到岸价 = 货价 + 国外运费 + 国外运输保险费	
货价 = 离岸价（FOB 价）× 人民币外汇牌价	口诀：货银离
银行财务费 = 离岸价 × 人民币外汇牌价 × 银行财务费率	
外贸手续费 = 进口设备到岸价 × 人民币外汇牌价 × 外汇手续费率	口诀：外关到
进口关税 = 到岸价 × 人民币外汇牌价 × 进口关税率	
国外运费 = 离岸价 × 运费率 = 运量 × 单位运价	
国外运输保险费 = $\frac{(离岸价+国外运费)}{1-国外运输保险费率}$ × 国外运输保险费率	
进口产品增值税额 =（到岸价 × 人民币外汇牌价 + 进口关税 + 消费税）× 增值税率	
其中消费税一般为 0	

■ 经典题目

1. （例题·单选题）按人民币计算，某进口设备离岸价为1000万元，到岸价1050万元，银行财务费5万元，外贸手续费15万元，进口关税70万元，增值税税率17%，不考虑消费税，

则该设备的抵岸价为（ ）万元。

A．1260.00　　B．1271.90　　C．1321.90　　D．1330.40

2．（例题·单选题）按人民币计算，某进口设备的离岸价 5 100 万元，到岸价 5 500 万元，银行财务费 25 万元，外贸手续费费率为 3%，则设备的外贸手续费为（ ）万元。

A．150　　B．155　　C．165　　D．170

大立名师说

本考点为核心考点，出题方向主要是考核抵岸价的计算以及抵岸价的组成部分的计算，看似计算很多，掌握顺口溜能事半功倍。

【考点四】设备运杂费的组成和计算★★★

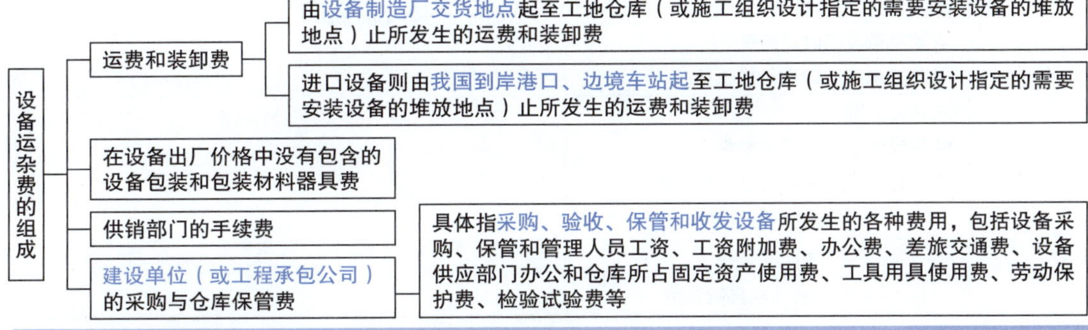

设备运杂费的计算：设备运杂费 = 设备原价 × 设备运杂费率

运杂费率的规定：

沿海和交通便利的地区，设备运杂费相对低一些
内地和交通不便利的地区就要相对高一些
边远省份的要高一些

非标准设备，应尽量就近委托设备制造厂，以大幅度降低设备运杂费。
进口设备原价较高，国内运距较短，运杂费率应适当降低

经典题目

1．（2011 年真题·单选题）某建设工程项目需要从国外进口设备，应计入进口设备运杂费的是（ ）。

A．设备安装前在工地仓库的保管费
B．国外运费
C．国外运输保险费
D．按规定交纳的增值税

2．（2015 年真题·单选题）关于国产设备运杂费估算的说法，正确的是（ ）。

A．国产设备运杂费包括由设备制造厂交货地点运至工地仓库所发生的运费
B．国产设备运至工地后发生的装卸费不应包括在运杂费中
C．运杂费在计算时不区分沿海和内陆，统一按运输距离估算
D．工程承包公司采购设备的相关费用不应计入运杂费

大立名师说

本考点为核心考点，出题方向有两个：一是考核设备运杂费的组成，要注意各组成部分的细节

内容；二是考核设备运杂费的计算，掌握原价及设备运杂费率的取费标准。

1Z103013 工程建设其他费的组成

【考点一】工程建设其他费用的组成★★

<table>
<tr><td rowspan="12">工程建设其他费用</td><td>土地使用费</td><td>工程建设其他费用第一类</td><td></td></tr>
<tr><td>建设管理费</td><td rowspan="11">工程建设其他费用第二类：与项目建设有关的费用</td><td rowspan="11">顺口溜：建引劳市场，工研可勘特环</td></tr>
<tr><td>可行性研究费</td></tr>
<tr><td>研究试验费</td></tr>
<tr><td>勘察设计费</td></tr>
<tr><td>环境影响评价费</td></tr>
<tr><td>劳动安全卫生评价费</td></tr>
<tr><td>场地准备及临时设施费</td></tr>
<tr><td>引进技术和进口设备其他费</td></tr>
<tr><td>工程保险费</td></tr>
<tr><td>特殊设备安全监督检查费</td></tr>
<tr><td>市政公用设施建设及绿化补偿费</td></tr>
<tr><td rowspan="3">工程建设其他费用</td><td>联合试运转费</td><td colspan="2" rowspan="3">工程建设其他费用第三类：与未来企业生产和经营活动有关的费用</td></tr>
<tr><td>生产准备费</td></tr>
<tr><td>办公和生活家具购置费</td></tr>
</table>

■ 经典题目

1. （2013 年真题 · 多选题）下列工程建设投资中，属于与未来生产经营有关的其他费用的有（ ）。

A. 联合试运转费　　B. 建设单位管理费　　C. 办公家具购置费
D. 生产家具购置费　　E. 生产职工培训费

大立名师说

本考点为常规考点，主要是为后续详细学习工程建设其他费用做准备。

【考点二】土地使用费★

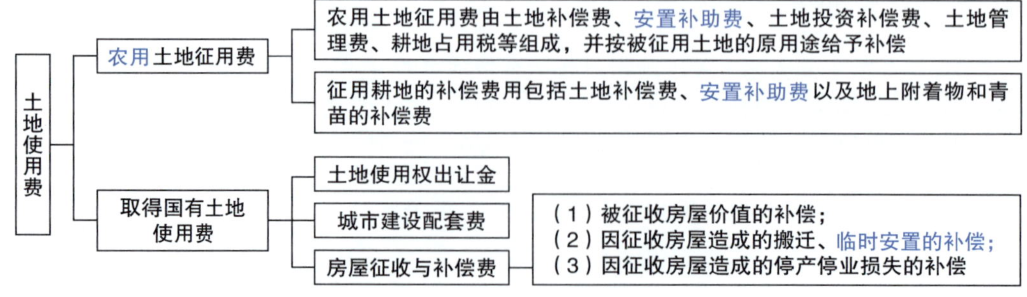

经典题目

1. （例题·多选题）下列属于取得国有土地使用费的是（　）。
   A. 城市建设配套费　　B. 安置补助费　　C. 土地管理费
   D. 土地使用权出让金　　E. 临时安置补助费

大立名师说

本考点为常规考点，出题方向将农用土地使用费和国有土地使用费内容混淆在一起考核土地使用费的内容。

【考点三】与项目建设有关的其他费用★★★

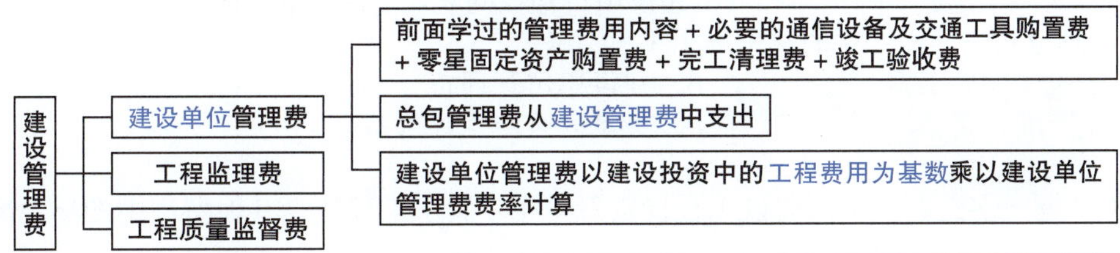

研究试验费不包括以下项目：
1. 应由科技三项费用（即新产品试制费、中间试验费和重要科学研究补助费）开支的项目
2. 应在建筑安装费用中列支的施工企业对建筑材料、构件和建筑物进行一般鉴定、检查所发生的费用及技术革新的研究试验费
3. 应由勘察设计费或工程费用中开支的项目

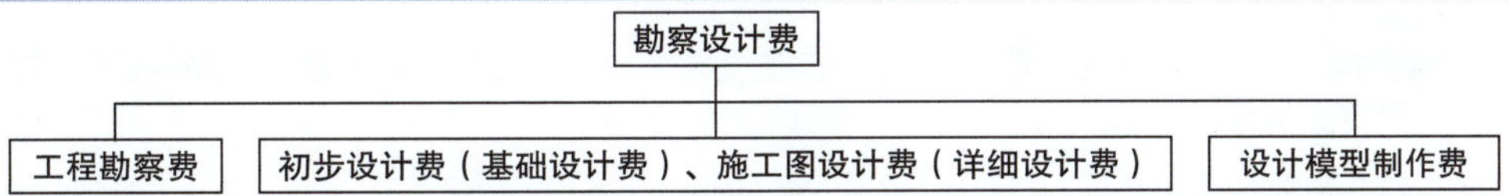

劳动安全卫生评价费：为预测和分析建设工程项目存在的职业危险、危害因素的种类和危险危害程度，并提出先进、科学、合理可行的劳动安全卫生技术和管理对策所需的费用

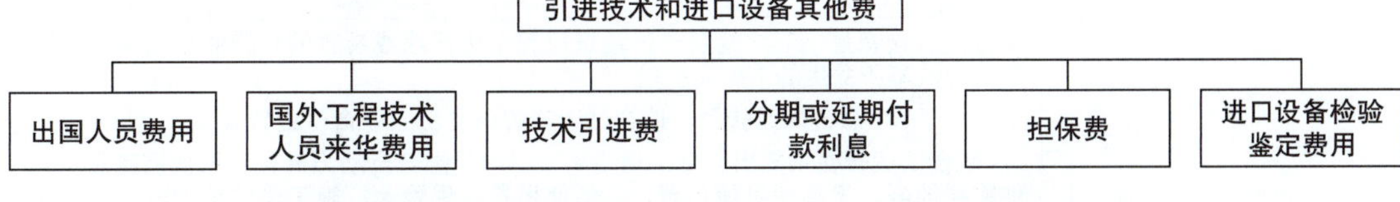

场地准备及临时设施费

- 建设场地准备费
  建设工程项目为达到工程开工条件所发生的场地平整和对建设场地遗留的有碍于施工建设的设施进行拆除清理的费用
- 建设单位临时设施费
  为满足施工建设需要而供到场地界区的，未列入工程费用的临时水、电、路、信、气等其他工程费用和建设单位的现场临时建（构）筑物的搭设、维修、拆除、摊销或建设期间租赁费用，以及施工期间专用公路或桥梁的加固、养护、维修等费用。此项费用不包括已列入建筑安装工程费用中的施工单位临时设施费用

经典题目

1. （2014 年真题·多选题）下列工程建设其他费用中，属于建设单位管理费的有（　）。
   A. 工程招标费　　B. 可行性研究费　　C. 工程监理费

D．竣工验收费　　　　E．零星固定资产购置费

2．（例题·多选题）建设项目投资组成中，建设管理费包括（　）。
A．工程勘察费　　　　B．工程监理费　　　　C．工程设计费
D．施工管理费　　　　E．建设单位管理费

3．（例题·多选题）下列不属于研究试验费的是（　）。
A．为建设工程项目提供或验证设计数据进行必要的研究试验所需费用
B．按照设计规定在建设过程中必须进行试验、验证所需费用
C．为建设工程项目提供或验证设计资料进行必要的研究试验所需费用
D．施工企业建筑材料、构建进行一般性鉴定性检查所发生的费用
E．技术革新的研究试验费

4．（2015题·单选题）为预测和分析建设项目存在的职业危险、危害因素种类及危害程度，并提出合理应对措施而产生的费用属于（　）。
A．安全文明施工费　　　　B．建设单位管理费
C．生产准备费　　　　　　D．劳动安全卫生评价费

5．（2015题·多选题）下列建设工程投资费用中，属于工程建设其他费用中的场地准备及临时设施费有（　）。
A．施工单位场地平整费　　B．建设单位临时设施费　　C．环境影响评价费
D．遗留设施拆除清理费　　E．施工单位临时设施费

大立名师说

本考点为难点考点，难在内容繁杂，出题方向主要是考核与项目建设有关的其他费用的细节内容，按照知识点部分总结的加强记忆。

【考点四】与未来企业生产经营有关的其他费用★★★

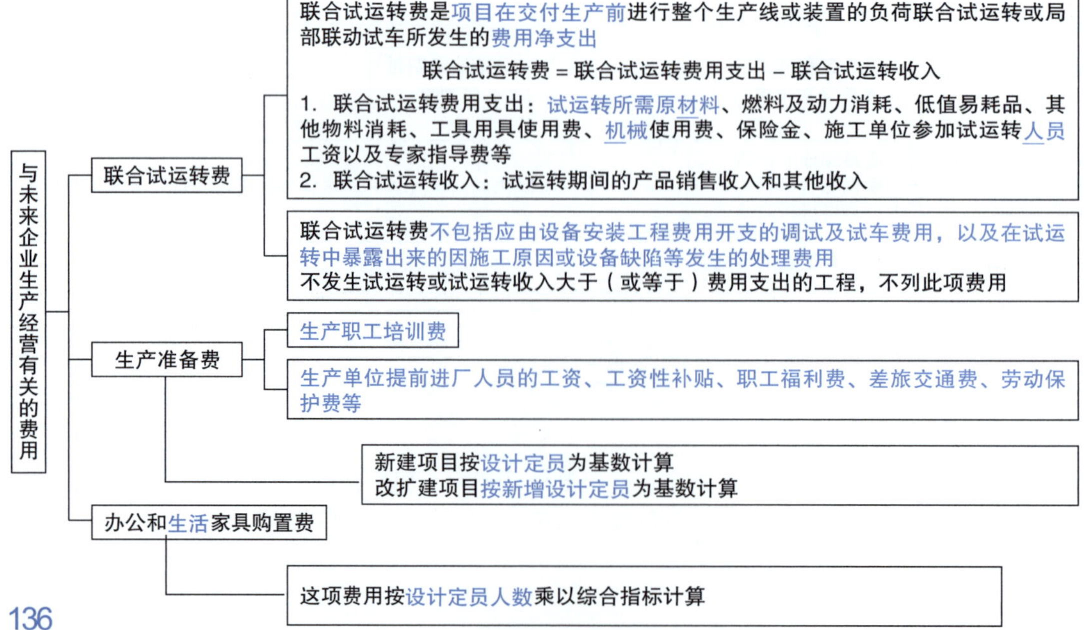

经典题目

1. （2014 年真题 · 单选题）关于联合试运转费的说法，正确的是（ ）。

   A. 联合试运转费包括单机的调试费

   B. 联合试运转费包括单机安装后试运转中因施工质量原因发生的处理费用

   C. 联合试运转费应为联合试运转所发生的费用净支出

   D. 联合试运转支出主要是材料费，不包含人工费

2. （2012 年真题 · 多选题）下列费用中，应计入建设工程项目投资中“生产准备费”的有（ ）。

   A. 生产职工培训费　B. 购买原材料、能源的费用　C. 办公家具购置费

   D. 联合试运转费　E. 提前进厂人员的工资、福利等费用

3.(2016 年真题 · 单选题) 编制某企业改扩建项目的投资估算时，生产准备费的计算基数应为（ ）。

   A. 新增建筑安装工程费用　B. 原有设计定员

   C. 新增设计定员　D. 全部设计定员

大立名师说

本考点为核心考点，出题方向考核与未来企业生产经营有关的费用的相关内容，尤其是联合试运转费的内容考核频率较高。

1Z103014 预备费的组成

【考点一】预备费的组成★★★

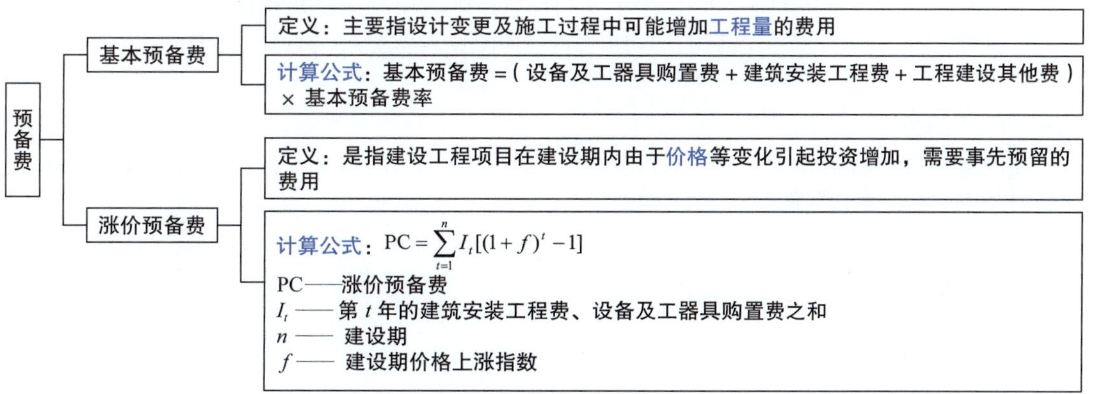

经典题目

1. （2012 年真题 · 单选题）编制建设项目投资估算时，考虑项目在实施中可能会发生涉及变更增加工程量，投资计划中需要事先预留的费用是（ ）。

   A. 涨价预备费　B. 铺底流动资金　C. 基本预备费　D. 工程建设其他费用

2. （2015 年真题 · 单选题）某项目建筑安装工程费，设备及工器具购置费合计为 7000 万元，建设期 2 年分别投入 4000 万元和 3000 万元。建设期内预计年平均价格总水平上涨率为 5%，

建设期贷款利息为 735 万元。工程建设其他费用为 400 万元；基本预备费率为 10%，流动资金为 800 万元。则该项目的静态投资为（ ）万元。

A．8948.5　　B．8140　　C．8940　　D．9748.5

3．（2011 年真题 · 单选题）某建设工程项目在建设初期估算的建筑安装工程费、设备及工器具购置费为 5000 万元，按照项目进度计划，建设期为 2 年，第 1 年投资 2000 万元，第 2 年投资 3000 万元，预计建设期内价格总水平上涨率为每年 5%，则该项目的涨价预备费估算是（ ）万元。

A．250.00　　B．307.50　　C．407.50　　D．512.50

大立名师说

本考点为核心考点，出题方向两个，一是考核基本预备费的概念和公式，二是考核涨价预备费的概念和计算公式。

1Z103015 建设期利息的计算

【考点一】建设期利息的计算★★★

建设期利息的计算

假定借款均在每年的年中支用，借款第一年按半年计息，其余各年份按全年计息。计算公式为：
各年应计利息 =（年初借款本息累计 + 本年借款额 /2）× 年利率

经典题目

1．（2012 年真题 · 单选题）某建设工程项目的建设期为 2 年，第一年贷款 600 万元，第二年贷款 800 万元，贷款年利率 10%，按年复利计息，则该项目建设期利息综合为（ ）万元。

A．103　　B．140　　C．133　　D．200

大立名师说

本考点为核心考点，出题方向考核建设期利息的计算，做题的关键点在于当年借款年中支付，借款利息只计算一半，掌握住这个规则即可。

1Z103020 建筑安装工程费用项目的组成和计算

【知识点导图】

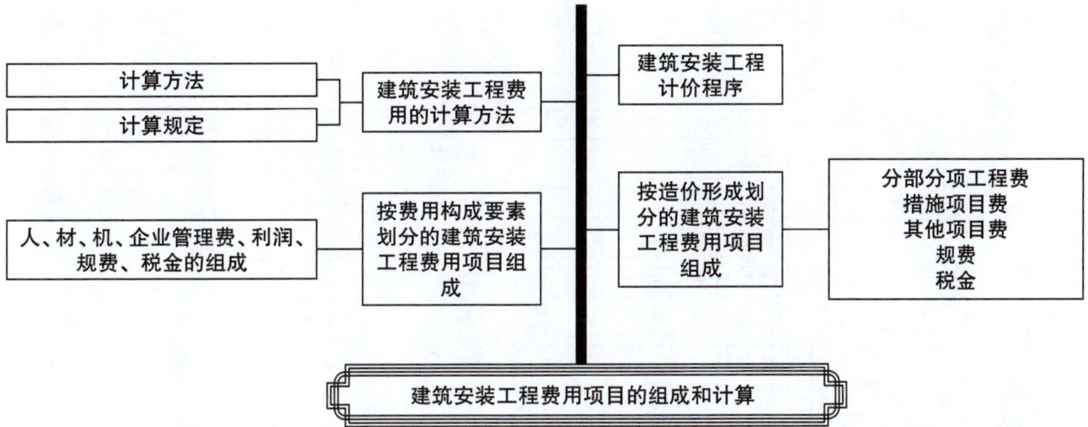

1Z103021 按费用构成要素划分的建筑安装工程费用项目组成

【考点一】按费用构成要素划分的建筑安装工程费用项目组成★★★

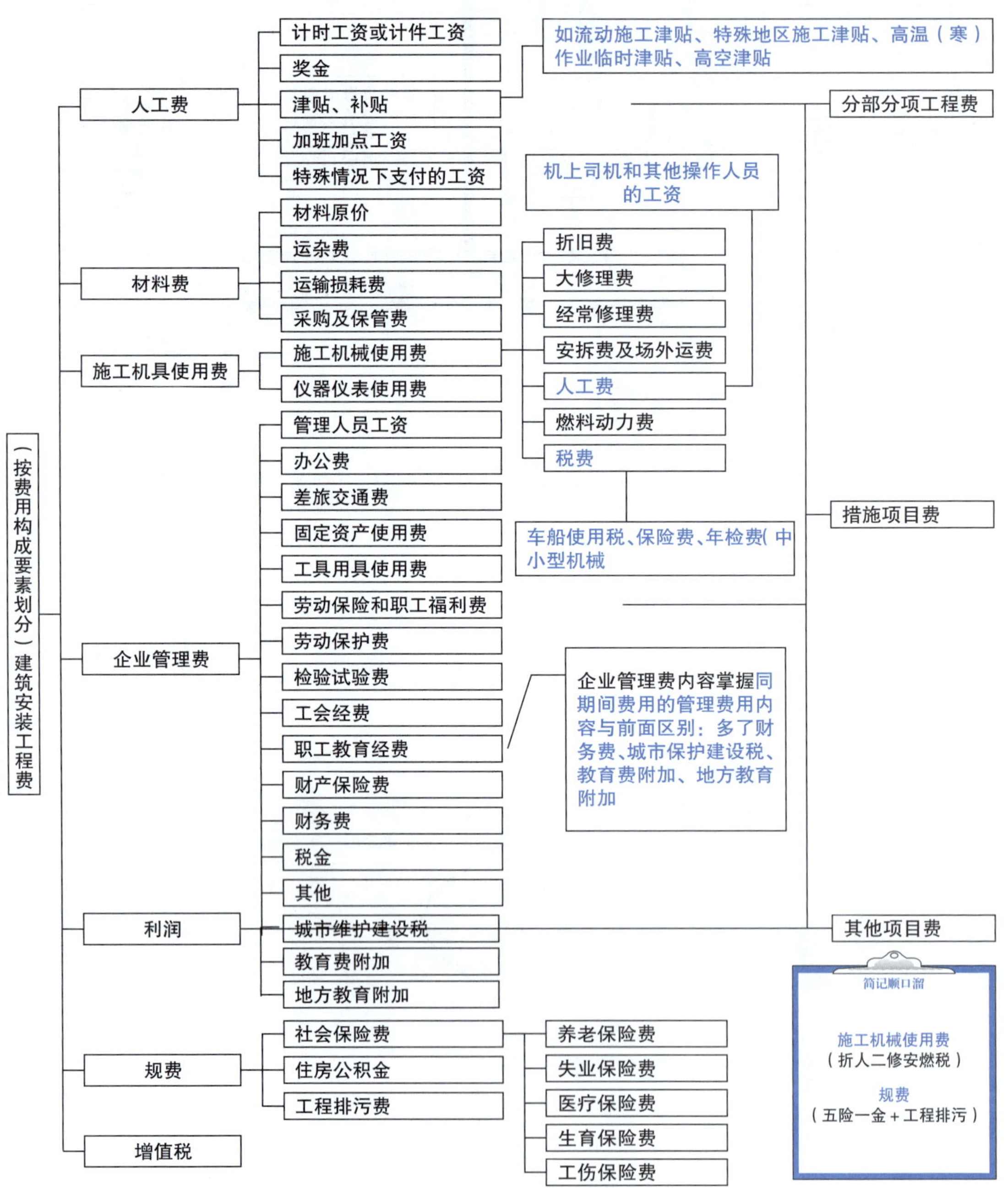

注：工程设备的费用也包括在材料费之中。

经典题目

1. （例题·单选题）根据《建筑安装工程费用项目组成》（建标［2013］44 号文），建筑安装工程费按费用构成要素划分，由（ ）组成。

A. 人工费、材料费、施工机具使用费、企业管理费、利润、规费和税金

B. 人工费、材料费、施工机具使用费、企业管理费、利润、税金

C. 分部分项工程费、措施项目费、其他项目费

D. 分部分项工程费、措施项目费、其他项目费、规费和税金

2. （例题·单选题）施工现场机械操作司机的工资属于建筑安装工程费用的（ ）。

A. 人工费　B. 施工机械使用费　C. 现场管理费　D. 企业管理费

3. （2014 年真题·单选题）根据《建筑安装工程费用项目组成》（建标［2013］44 号），对建筑材料、构件和建筑安装物进行一般鉴定和检查所发生的费用，应计入建筑安装工程（ ）。

A. 措施费　B. 工程建设其他费　C. 检验试验费　D. 材料费

4. （2013 年真题·单选题）根据现行《建筑安装工程费用项目组成》（建标［2013］44 号），职工的劳动保险费应计入（ ）。

A. 规费　B. 企业管理费　C. 措施费　D. 人工费

5. （2015 年真题·单选题）根据《建筑安装工程费用项目组成》（建标［2013］44 号），工程施工中所使用的仪器仪表的维修费用应计入（ ）。

A. 施工机具使用费　B. 工具用具使用费

C. 固定资产使用费　D. 企业管理费

6. (2016 年真题·单选题) 根据《建筑安装工程费用项目组成》(建标 [2013]44 号文)，建筑安装工程生产工人的高温作业临时津贴应计入 ( )。

A. 劳动保护费　B. 规费　C. 企业管理费　D. 人工费

大立名师说

本考点为核心考点，出题方向两个，一是考核按费用构成要素划分建安工程费组成；二是考核各构成要素的细节内容，内容繁杂，但在知识点部分给考生总结了顺口溜，这样记忆起来事半功倍。

1Z103022 按造价形成划分的建筑安装工程费用项目组成

【考点一】按造价形成划分的建筑安装工程费用项目组成★★★

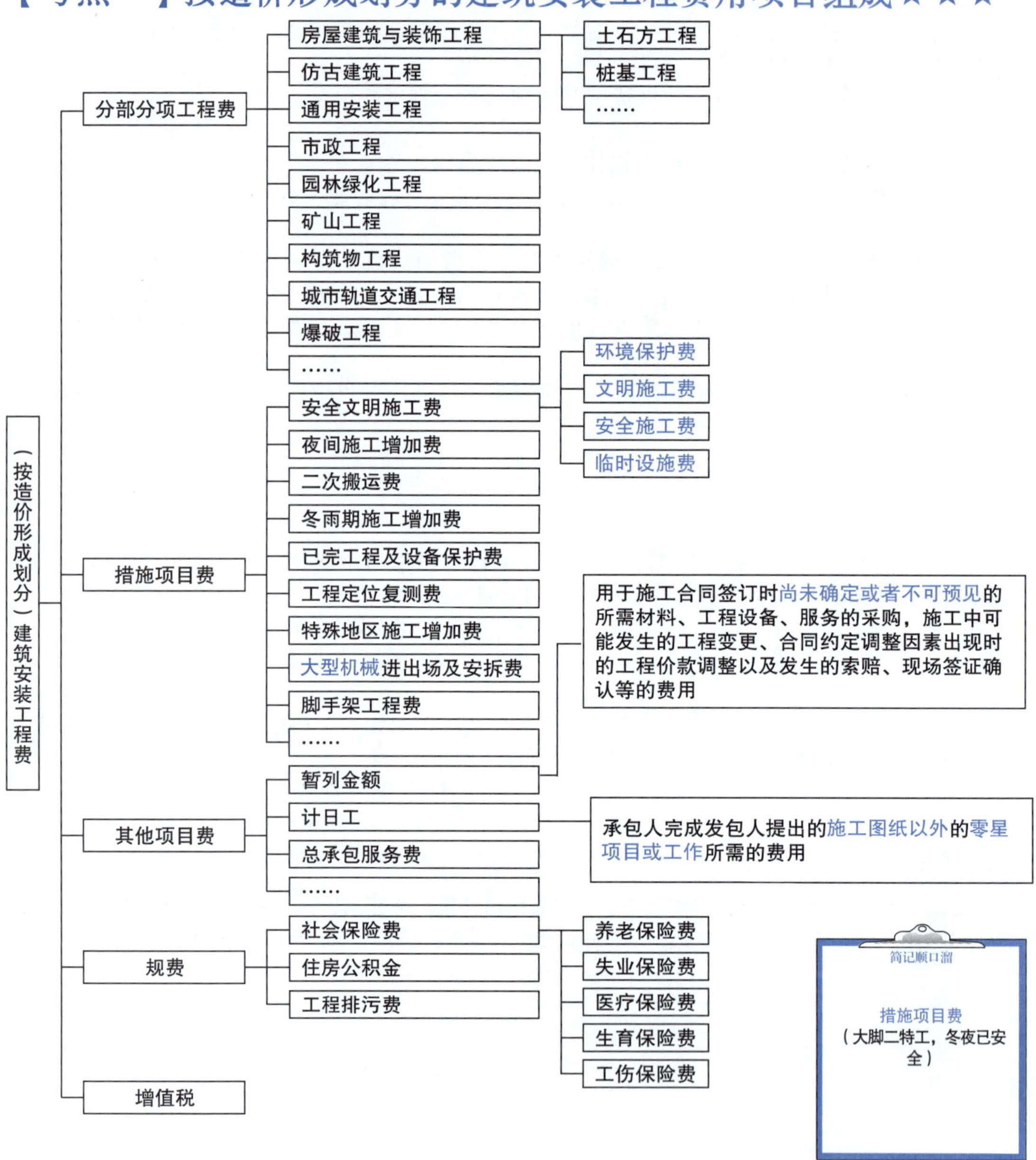

简记顺口溜

措施项目费
（大脚二特工，冬夜已安全）

■ 经典题目

1. （例题·多选题）根据建标[2013]44号文件，属于措施费的有（ ）。
   A. 工程排污费　B. 检验试验费　C. 大型机械设备进出场及安拆费
   D. 脚手架工程费　E. 安全施工费

2. （例题·单选题）根据《建设工程工程量清单计价规范》（GB 50500—2013），应列入规费清单的费用是（ ）。
   A. 上级单位管理费　B. 住房公积金
   C. 大型机械进出场及安拆费　D. 危险作业意外伤害保险费

3. （2015年真题·单选题）施工现场设立的安全警示标志、现场围挡等所需的费用应计入（ ）费用。
   A. 分部分项工程　B. 规费项目
   C. 措施项目　D. 其他项目

4. (2016年真题·单选题)施工过程中，施工测量放线和复测工作发生的费用应计入( )。
   A. 分部分项工程费　B. 其他项目费　C. 企业管理费　D. 措施项目费

大立名师说

本考点为核心考点，出题方向两个：一是考核按造价形成划分的建安工程费组成；二是考核各组成部分的细节内容，尤其是措施费的组成。

1Z103023 建筑安装工程费用计算方法

【考点一】各费用构成要素的计算方法★★

1. 人工费计算方法

> 工程造价管理机构确定日工资单价：最低日工资单价不得低于工程所在地人力资源和社会保障部门所发布的最低工资标准的：普工1.3倍；一般技工2倍；高级技工3倍

2. 材料费的计算方法

> 材料费 = Σ（材料消耗量 × 材料单价）
> 材料单价 =[（材料原价 + 运杂费）×（1+ 运输损耗率 %）]×（1+ 采购保管费率 %）
> 工程设备费 = Σ（工程设备量 × 工程设备单价）
> 工程设备单价 =（材料原价 + 运杂费）×（1+ 采购保管费率 %）
> 注意：这两个公式相同，记一个即可。因为设备没有运输损耗，所以在算设备单价是没有运输损耗这项

3. 施工机具使用费计算方法

> 施工机械使用费 = Σ（施工机械台班消耗量 × 机械台班单价）
> 机械台班单价 = 前面（折人二修安燃税）相加
> 台班大修理费 = $\frac{\text{一次大修理费}\times\text{大修次数}}{\text{耐用总台班数}}$　折旧费的计算同2020工作量法计算折旧

4．企业管理费费率计算方法

（1）以分部分项工程费为计算基础

$$企业管理费费率(\%)=\frac{生产工人年平均管理费}{年有效施工天数\times人工单价}\times人工费占分部分项工程费比例(\%)$$

（2）以人工费和机械费为计算基础

$$企业管理费费率(\%)=\frac{生产工人年平均管理费}{年有效施工天数\times(人工单价+每一工日机械使用费)}\times100\%$$

（3）以人工费为计算基础

$$企业管理费费率(\%)=\frac{生产工人年平均管理费}{年有效施工天数\times人工单价}\times100\%$$

5．利润的计算方法

工程造价管理机构在确定计价定额中利润时，应以定额人工费或定额人工费与定额机械费之和作为计算基数，其费率以单位（单项）工程测算，利润在税前建筑安装工程费的比重可按不低于5%且不高于7%的费率计算

6．规费的计算方法

设备保险费和住房公积金应以定额人工费为计算基础
工程排污费按标准缴纳，按实计取列入

7．规费的计算方法

工程造价＝税前工程造价（人、材、机、企管、利、主见之和）x（1+11%）

经典题目

1．（2014年真题·单选题）某施工材料采购原价为190元/吨，运杂费40元/吨，运输损耗率为1%，采购保管费费率为3%，则该材料的单价为（　）元/吨。

A．234.28　　B．237.66　　C．239.20　　D．239.27

2．（2015年真题·单选题）某施工企业投标报价时确定企业管理费率以人工费为基础计算，据统计资料，该施工企业生产工人年平均管理费为1.2万元，年有效施工天数为240天，人工单价为300元/天，人工费占分部分项工程费的比例为75%，则该企业的企业管理费费率应为（　）。

A．12.15%　　B．12.50%　　C．16.67%　　D．22.22%

3．（2014年真题·单选题）某施工机械购置费用为120万元，折旧年限为6年，年平均工作250个台班，预计净残值率为3%，按工作台班法提折旧，该机械台班折旧费为（　）元。

A．800　　B．776　　C．638　　D．548

4.(2016年真题·多选题)根据《建筑安装工程费用项目组成》（建标[2013]44号文），以定额人工费为计费的基础规费有（ ）

A．养老保险费　　B．医疗保险费
C．工伤保险费　　D．工程排污费　　E．住房公积金

大立名师说

本考点为常规考点，出题方向两个：一是进行材、机、企管费的计算；二是利润、规费取费的计算基础。

【考点二】建筑安装工程计价公式★★★

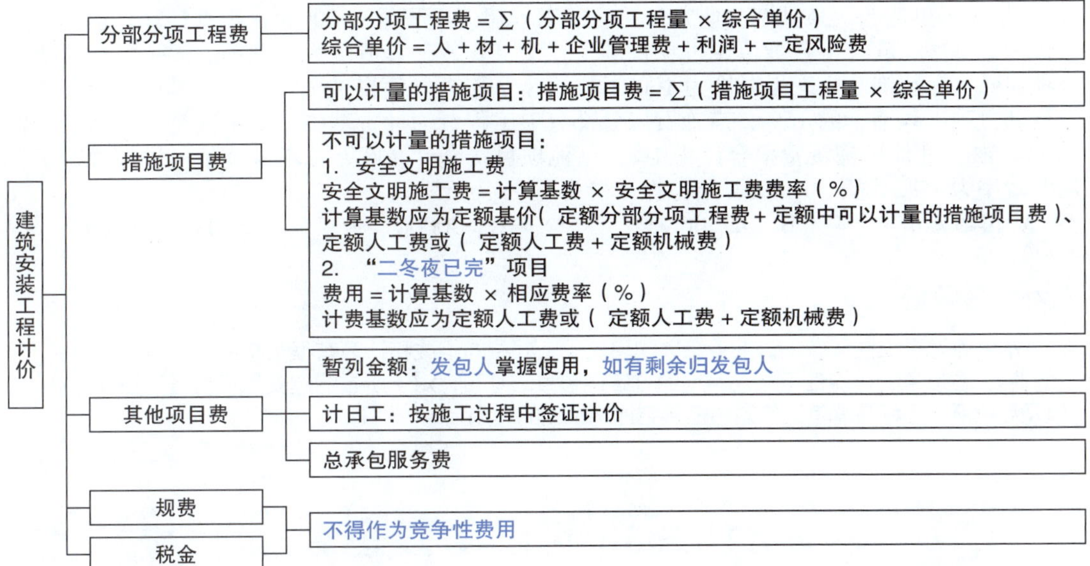

1.（2016 年真题·单选题）国家计量规范规定不宜计量的措施项目费的通用计算方法是（ ）。

A. ∑（措施项目工程量 × 综合单价）　　B. ∑（计算基数 × 相应费率）

C. ∑（直接工程费 × 相应费率）　　D. ∑（措施项目项数 × 综合单价）

大立名师说

本考点主要是为后续学习工程量清单计价等内容做铺垫，有简单认识即可。

1Z103024 建筑安装工程计价程序

【考点一】建筑安装工程计价程序★

承包人工程投标报价计价程序

工程名称：　　　　　　　　　　　　　　　　　　　　　　标段：

序号	内容	计算方法	金额（元）	
1	分部分项工程费	自主报价		
1.1				
1.2				
1.3				
…				
2	措施项目费	自主报价		
2.1	其中：安全文明施工费	按规定标准计算		不可竞争费用
3	其他项目费			
3.1	其中：暂列金额	按招标文件提供金额计列		发包人估算
3.2	其中：专业工程暂估价	按招标文件提供金额计列		
3.3	其中：计日工	自主报价		
3.4	其中：总承包服务费	自主报价		
4	规费	按规定标准计算		不可竞争费用
5	税金（扣除不列入计税范围的工程设备金额）	税前工程造价 x 税率（或征收率）		
投标报价合计 =1+2+3+4+5				

经典题目

1. （例题·单选题）某高层商业办公综合楼工程建筑面积为 90000m²，根据计算，建筑工程造价为 2300 元 /m²（不含增值税进项税额），建筑安装工程造价为 1200 元 /m²（不含增值税进项税额），装饰装修工程造价为 1000 元 / 平米（不含增值税进项税额），其中定额人工费为分部分项工程造价的 15%，措施费以分部分项工程费为计费基础，其中安全文明施工费费率为 1.5%，其他措施费费率合计为 1%，其他项目费合计 800 万（不含增值税进项税额），规费费率为 8%，税率为 11%，招标控制价为（ ）万元。

A．44540.6　　B．47506.93　　C．40000　　D．43257.92

大立名师说

本考点为系统性考点，对于系统性学习建安工程费的组成和计算有很大帮助。尤其是给出的上面例题，直接考的可能性不大，但是通过这道题目的练习，对于所学的建安工程费各项目计价规定以及后续所学工程量清单计价的内容起到提纲挈领的作用。

1Z103030 建设工程定额

【知识点导图】

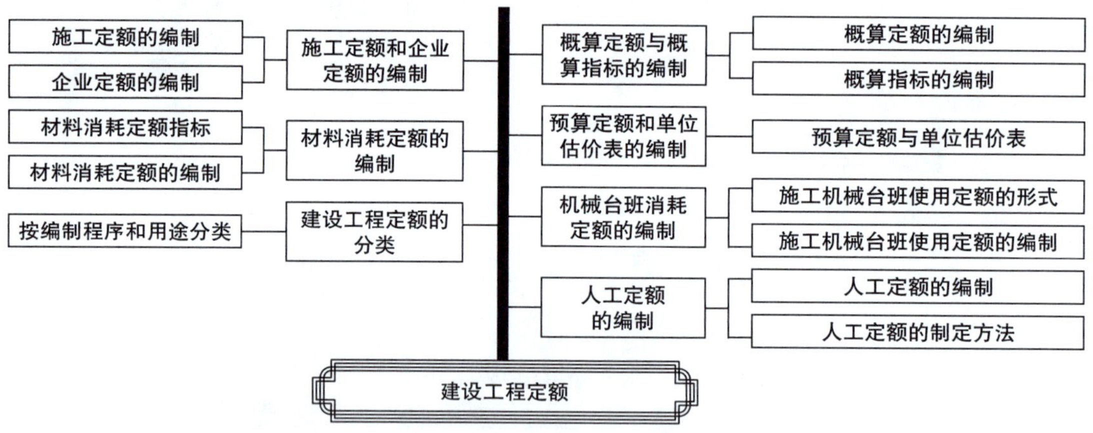

1Z103031 建设工程定额的分类

【考点一】建设工程定额的分类★★★

按编制程序和用途分类				
定额名称	定额特点（前面定额是后面定额的基础和依据）	研究对象	作用	对应阶段
施工定额 企业性质	定额子目最多	工序	编制施工作业计划、签发施工任务单、签发限额领料单 等	施工企业自用
预算定额 社会性质	以施工定额为基础扩大编制	分部分项工程	编制施工图预算、确定工程造价、控制工程投资	施工图设计阶段

按编制程序和用途分类				
概算定额 社会性质	在预算定额的基础上扩大编制	扩大的分部分项工程	编制扩大初步设计概算、确定项目投资额	扩大初步设计阶段
概算指标 社会性质	在概算定额的扩大与合并	整个建筑物或构筑物	编制设计概算、年度投资计划	初步设计阶段
投资估算指标 社会性质	在概算定额基础上扩大	独立的单项工程或完整的工程项目	编制投资估算、计算投资需要量	项目建议书和可行性研究阶段

■ 经典题目

1. （2013年真题・单选题）建设工程施工定额的研究对象是（ ）。
   A．分部分项工程　B．工序　C．扩大的分部分项工程　D．整个建筑物或构筑物

2. （例题・多选题）按照反映的生产要素消耗内容，可将建设工程定额分为（ ）。
   A．建筑工程定额　B．安装工程定额　C．人工定额
   D．材料消耗定额　E．机械台班定额

3. （例题・单选题）下列各项中，以建筑工程定额为统称的是（ ）。
   A．建筑工程的人工定额、材料消耗定额、施工机械台班使用定额
   B．建筑工程的国家定额、行业定额、地区定额、企业定额
   C．建筑工程的施工定额、预算定额、概算定额、概算指标
   D．建筑工程的施工定额、预算定额、概算定额、概算指标、投资估算指标

4. （2016年真题・单选题）施工企业可以直接用来编制施工作业计划、签发施工任务单的定额是（ ）。
   A. 预算定额　B. 概算定额　C. 施工定额　D. 工器具定额

大立名师说

本考点为核心考点，出题方向主要是考核按编制程序和用途分类建设工程定额的对比，在知识点解析里面重点对这种分类方式进行了详细的对比，看似内容很多，但是有规律可循，这些定额之中前面的定额是后面定额的基础，其他分类方式知识点作为常识，在典型题目中有所练习，考生通过题目有简单了解即可。

1Z103032 人工定额的编制

【考点一】人工定额的编制★★★

编制人工定额主要包括拟订正常的施工条件以及拟订定额时间两项工作

1. 拟定定额时间

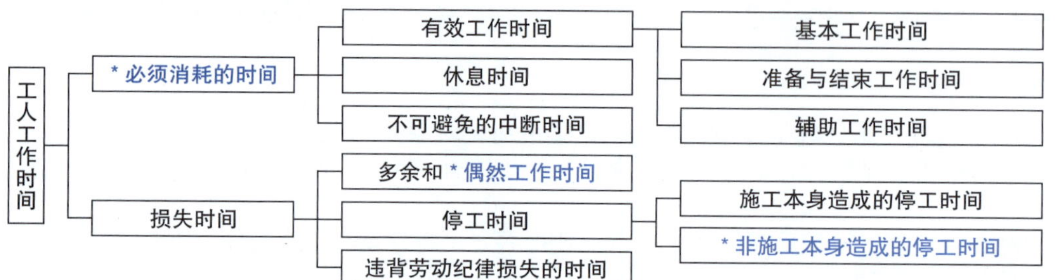

* 内容为可计入定额时间，即必须消耗的时间，偶然工作时间，非施工本身造成的停工时间

施工作业的定额时间，是在拟订基本工作时间、辅助工作时间、准备与结束时间、不可避免的中断时间以及休息时间（即必须消耗时间）的基础上编制的

2. 拟定正常的施工作业条件

拟定施工的正常条件包括：拟定施工作业的内容；拟订施工作业的方法；拟订施工作业地点的组织；拟订施工作业人员的组织等

经典题目

1. （2012 年真题 · 多选题）企业编制人工定额时要拟定施工作业的定额时间，应当包括在定额时间内的工人工作时间消耗有（ ）。

A. 基本工作时间　　B. 施工组织不善造成的停工时间　　C. 辅助工作时间
D. 不可避免的中断时间　　E. 准备与结束的工作时间

2. （例题 · 单选题）编制人工定额时要考虑（ ）。

A. 正常的施工条件
B. 拟订定额时间
C. 正常的施工条件及拟订定额时间
D. 正常的施工条件拟订定额时间及工人的劳动效率

3. （2015 年真题 · 多选题）编制人工定额时需拟订施工的正常条件，其内容包括拟订（ ）。

A. 施工作业内容　　B. 施工作业方法　　C. 施工企业技术水平
D. 施工作业地点组织　　E. 施工作业人员组织

4. （2016 年真题 · 单选题）编制人工定额时，基本工作结束后整理劳动工具时间应计入（ ）。

A. 休息时间　　B. 不可避免的中断时间　　C. 有效工作时间　　D. 损失事件

5. （2016 年真题 · 多选题）编制人工定额时，属于工人工作必须消耗的时间有（ ）。

A. 多余和偶然工作时间　　B. 不可避免的中断时间　　C. 施工本身造成的停工时间
D. 辅助工作时间　　E. 准备与结束工作时间

大立名师说

本考点为核心考点，出题方向两个，一是考核拟定定额时间，考核形式多种，可以直接考核工人工作时间分类图，还可以通过例子考核工人工作时间归类；所以考生在学习此考点时注意理解各工作时间的含义。以应对例子考题。二是考核拟定正常的施工条件。

【考点二】人工定额的形式及编制方法★★

1. 按表现形式分

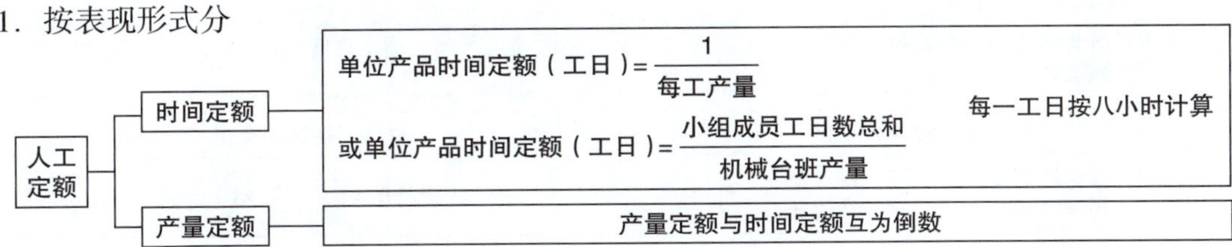

2. 按定额的标定对象不同，分为单项工序定额和综合定额

人工定额制定方法	特点
技术测定法	对施工过程中各工序采用测时法、写实记录法、工作日写实法，测出各工序的工时消耗等资料，再对所获得的资料进行科学的分析，制定出人工定额的方法
统计分析法	适于施工条件正常、产品稳定、工序重复量大和统计工作制度健全的施工过程
比较类推法	适用于同类型产品规格多、工序重复、工作量小的施工过程
经验估计法	一次性定额

经典题目

1. （2014 年真题・单选题）对于同类型产品规格多、工序复杂、工作量小的施工过程，若已有部分产品施工的人工定额，则其他同类型产品施工人工定额的制定适宜采用的方法是（ ）。

A．比较类推法　B．技术测定法　C．统计分析法　D．经验估计法

2. （2011 年真题・单选题）根据生产技术和施工组织条件，对施工过程中各工序采用一定的方法测出其工时消耗等资料，再对所获得的资料进行分析，制定出人工定额的方法是（ ）。

A．统计分析法　B．比较类推法　C．经验估计法　D．技术测定法

3. （2015 年真题・单选题）某施工企业编制砌砖墙人工定额，该企业有近 5 年同类工程的施工工时消耗资料，则制定人工定额适合采用的方法是（ ）。

A．技术测定法　B．比较类推法　C．统计分析法　D．经验估计法

大立名师说

本考点出题方向主要是给出例子，让考生判断属于哪种人工定额的编制方法。考生不用死记硬背，看方法的名称就可以选择出来，如比较类推法，自然有参照物才能比较；如统计分析法，统计是必须建立在规律基础之上的，没有规律统计也没有用。如经验估计法，字面意思“凭经验”，所以只能作为一次性定额。

1Z103033 材料消耗定额的编制

【考点一】材料消耗定额的编制★★★

1．材料消耗定额指标的组成

按照使用性质、用途和用量大小分为：1.主要材料 2.辅助材料 3.周转性材料 4.零星材料（指用量小、价值不大、不便计算的次要材料）

2．材料消耗定额的编制

编制材料消耗定额，主要包括确定直接使用在工程上的材料净用量和在施工现场内运输及操作过程中的不可避免的废料和损耗

材料净用量的确定方法	材料损耗量的确定
1. 理论计算法　2. 测定法 3. 图纸计算法　4. 经验法	$损耗率=\dfrac{损耗量}{净用量}\times100\%$

周转性材料消耗影响因素

- 一次使用量
- 每周转使用一次材料的损耗
- 周转使用次数
- 周转材料的最终回收及其回收折价

定额中周转材料消耗量指标的表示，应当用一次使用量和摊销量两个指标表示。一次使用量供施工企业组织施工用；摊销量供施工企业成本核算或投标报价使用。

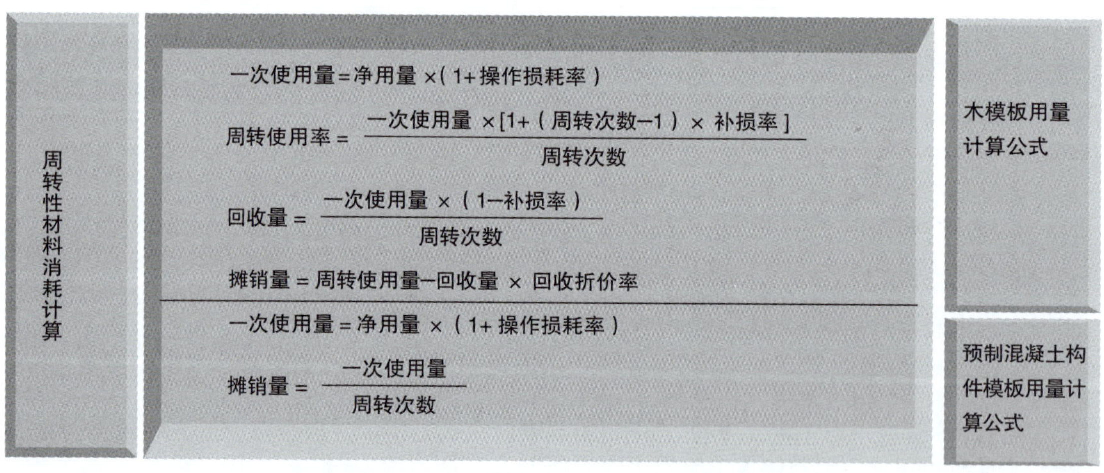

经典题目

1．（例题·单选题）测定材料消耗定额时，定额中的损耗量是指操作过程中不可避免的废料和损耗以及不可避免的（　）。

A．施工现场内运输损耗和场外运输损耗　　B．采购过程中的计量误差
C．保管过程中的损耗　　D．施工现场内运输损耗

2．（例题·单选题）材料消耗定额中不可避免的消耗一般以损耗率表示（　）。

A．损耗率＝损耗量 / 材料消耗定额 ×100%
B．损耗率＝损耗量 / 净用量 ×100%

C．损耗率 = 损耗量 /（净用量 + 损耗量）×100%
D．损耗率 = 损耗量 /（净用量 − 损耗量）×100%

3．（例题・多选题）周转性材料消耗定额与（　）因素有关。
A．材料净量　　B．一次使用量　　C．每周转一次材料的损耗
D．周转使用次数　　E．周转材料的最终回收及其回收折价

4．（例题・多选题）编制材料消耗定额时，材料净用量的确定方法有（　）。
A．理论计算法　B．图纸计算法　C．比较类推法　D．测定法　E．经验法

5．(2016 年真题・单选题) 某混凝土构件采用木模板施工，木模板一次净用量为 200m^2，现场制作安装不可避免的损耗率为 2%，木模板可周转使用 5 次，每次补损率为 5%，则木模板的周转使用量为 (　)m^2。
A.48.00　　B.48.96　　C.49.44　　D.51.00

大立名师说

本考点为常规考点，出题方向两个：一是考核材料消耗定额的编制，二是周转性材料消耗定额的编制。

1Z103034 施工机械台班使用定额的编制

【考点一】施工机械台班使用定额的形式★

1．施工机械时间定额

$$单位产品机械时间定额（台班）=\frac{1}{台班产量}$$

$$单位产品人工时间定额（工日）=\frac{小组成员总人数}{台班产量}$$

施工机械产量定额与时间定额互为倒数

经典题目

1．（例题・单选题）某斗容量 1m^3 正铲挖土机的机械台班产量为 4.96（定额单位 100m^3），小组成员两人，则挖 100m^3 土的人工时间定额为（　）工日。
A．0.40　　B．4.96　　C．2.48　　D．0.20

大立名师说

本考点为常规考点，出题方向考核施工机械台班使用定额的形式，主要是考核时间定额，掌握时间定额的公式即可。

【考点二】机械台班使用定额的编制★★★

机械工作时间分类图

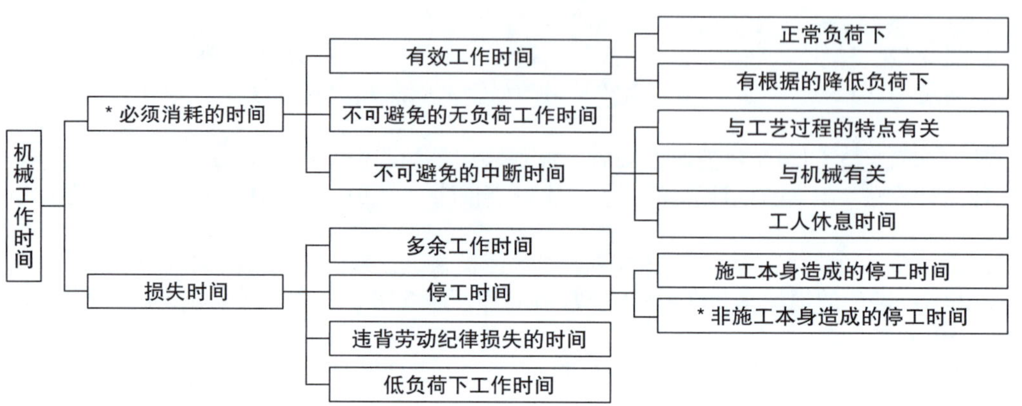

*内容为可计入定额时间

注意一些例子：

项目	例子	时间归类
1	汽车运输重量轻而体积大的货物时，不能充分利用汽车的载重吨位因而不得不降低其计算负荷	有根据地降低负荷下的工作时间
2	筑路机在工作区末端调头	不可避免的无负荷的工作时间
3	把灰浆泵由一个工作地点转移到另一工作地点时的工作中断	与工艺过程的特点有关的不可避免中断工作时间
4	工人没有及时供料而使机械空运转的时间	机械的多余工作时间
5	由于未及时供给机械燃料而引起的停工	施工本身造成的停工时间
6	暴雨时压路机的停工	非施工本身造成的停工时间
7	工人装车的砂石数量不足引起的汽车在降低负荷的情况下工作所延续的时间	低负荷下的工作时间

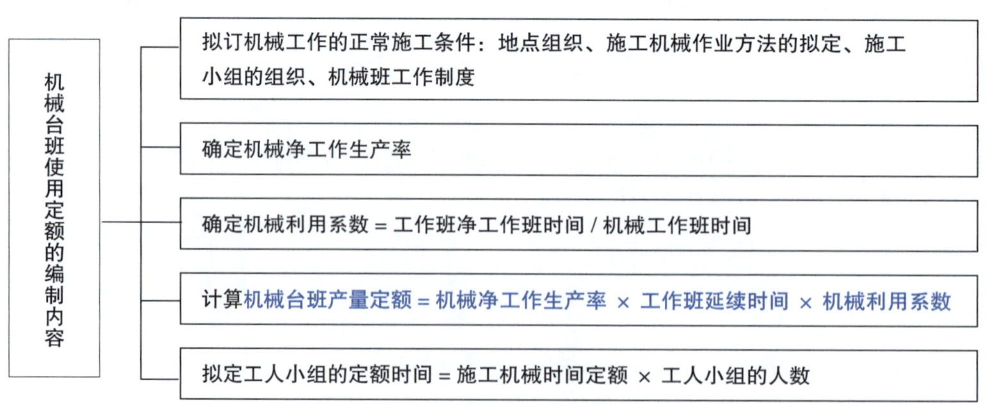

■ 经典题目

1．（例题·多选题）编制施工机械台班使用定额时，属于机械工作时间中损失时间的有（　）。

A．施工本身原因造成的停工时间　　B．非施工原因造成的停工时间

C．违反劳动纪律引起的时间损失　　D．工人正常的休息时间

E．低负荷下的工作时间

2．（2014 年真题 · 单选题）在机械工作时间消耗分类中，由于工人装料数量不足引起的机械不能满负荷工作的时间属于（ ）。

A．有根据地降低负荷下的工作时间　　B．机械的多余工作时间
C．正常负荷下的有效工作时间　　D．低负荷下的工作时间

3．（2015 年真题 · 单选题）下列机械工作时间消耗中，属于机械台班使用定额中不可避免的无负荷工作的是（ ）。

A．汽车在运送土方时没有装满导致的延长时间　　B．筑路机在工作区末端掉头的时间
C．未及时供给机械燃料而导致的停工时间　　D．暴雨时压路机被迫停工时间

大立名师说

本考点为核心考点，出题方向有三个：一是直接考核机械工作时间图，考核时间分类；二是考核机械时间图哪些可以计入定额，哪些不可以计入定额；三是考核例子，让考生根据例子判断时间归属。

1Z103035 施工定额和企业定额的编制

【考点一】施工定额的编制★★

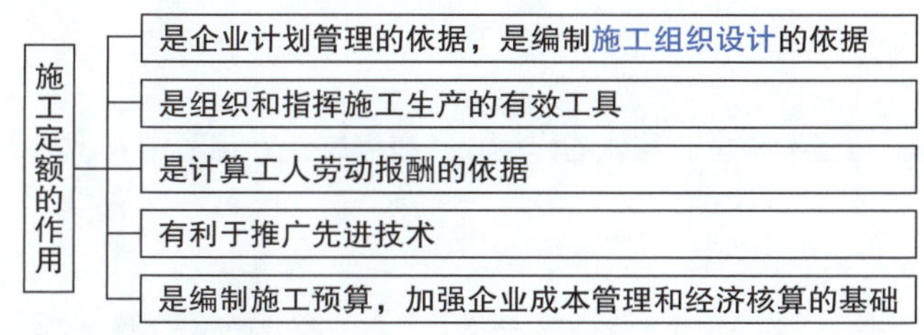

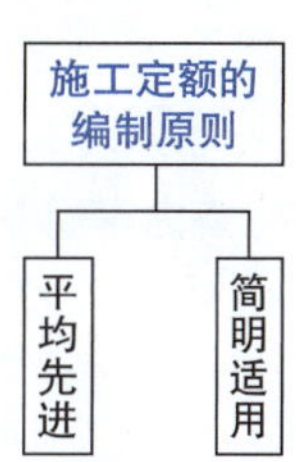

■ 经典题目

1．（2011 年真题 · 多选题）下列关于施工定额说法正确的是（ ）。

A．是企业编制施工组织设计和施工工作计划依据
B．是计算工人劳动报酬的依据
C．是组织和指挥施工生产的有效工具
D．施工定额水平必须遵循平均先进的原则
E．施工定额是编制施工概算定额的基础

大立名师说

本考点为常规考点，出题方向考核施工定额的作用。

【考点二】企业定额的作用及编制方法★★

1．企业定额的作用

（1）企业定额是施工企业计算和确定工程施工成本的依据，是施工企业进行成本管理、经济核算的基础
（2）企业定额是施工企业进行工程投标、编制工程投标价格的基础和主要依据
在确定投标价格时，首先是依据企业定额计算出施工企业拟完成投标工程需发生的计划成本
（3）企业定额是施工企业编制施工组织设计的依据，企业定额直接反映本企业的施工生产力水平。

2．企业定额的编制方法

编制企业定额最关键的工作是确定人工、材料和机械台班的消耗量，以及计算分项工程单价或综合单价。

人	材料	机械
按地区劳务市场价格确定	材料价格按市场价格计算确定，其应是供货方将材料运至施工现场堆放地或工地仓库后的出库价格	施工机械使用价格最常用的是台班价格。应通过市场询价，根据企业和项目的具体情况计算确定

经典题目

1．（2013年真题·单选题）关于企业定额作用的说法，正确的是（ ）。
A．企业定额能反映本企业在不同项目上的最高管理水平
B．企业定额是编制施工组织设计的依据
C．依据企业定额可以计算出施工企业拟完成投标工程的实际成本
D．企业定额不能直接反映本企业的施工技术水平

大立名师说

本考点为常规考点，出题方向：一是考核企业定额的作用，二是考核企业定额中人、材、机的确定标准。

1Z103036 预算定额与单位估价表的编制

【考点一】人工消耗量指标的确定★★

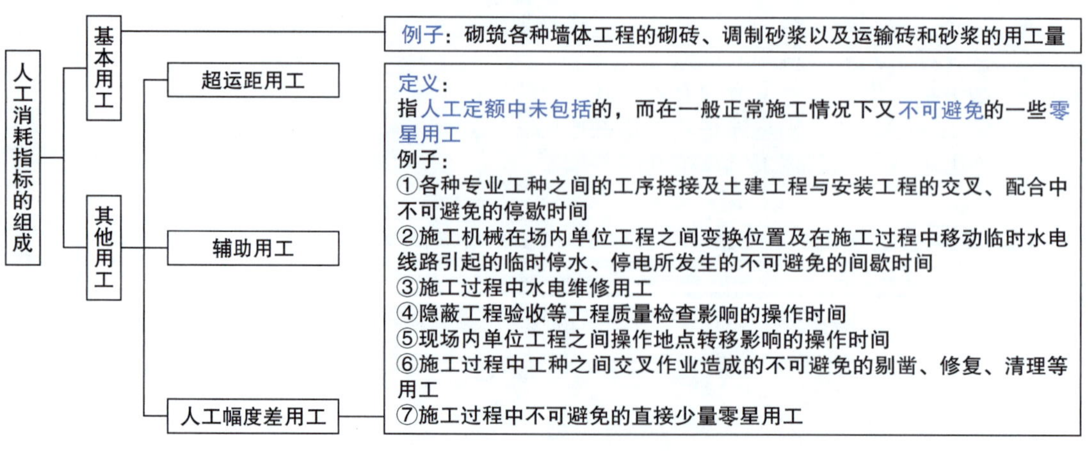

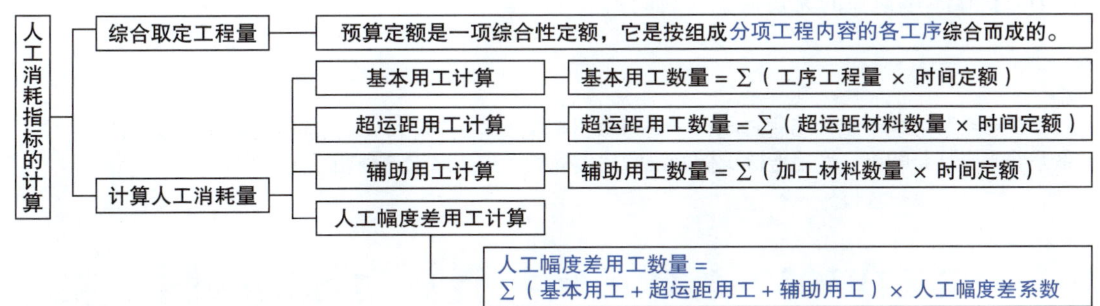

■ 经典题目

1. （例题·单选题）下列属于基本用工的是（ ）。
   A. 施工中水电维修用工
   B. 施工中移动临时水、电线路引起的停水停电所发生的不可避免的间歇时间
   C. 工种间交叉作业造成不可避免的清理，修复，剔凿用工
   D. 调制运输砂浆的用工

2. （2014 年真题·单选题）完成某预算定额项目单位工程量的基本用工为 2.8 工日，辅助用工为 0.7 工日，超运距用工为 0.9 工日，人工幅度差系数为 10%，该定额的人工工日消耗量为（ ）。
   A. 4.84　　B. 4.75　　C. 4.56　　D. 4.68

大立名师说

本考点为常规考点，出题方向：一是考核人工消耗指标的组成，在这个考点里面，人工幅度差的内容很多，所以人工幅度差例子可以不用去记，参考概念去判断即可；二是考核人工消耗指标的计算，关键点在于人工幅度差计算的公式，掌握即可。

【考点二】机械台班消耗指标的确定★

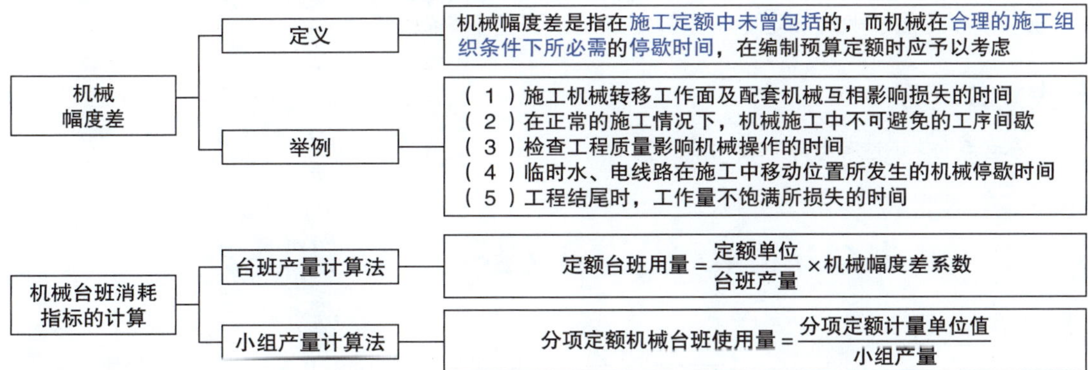

■ 经典题目

1. （例题·单选题）在编制预算定额时应予以考虑，下列不属于机械幅度差内容的是（ ）。
   A. 施工机械转移工作面及配套机械互相影响损失的时间
   B. 在正常的施工情况下，机械施工中不可避免的工序间歇
   C. 检查工程质量影响机械操作的时间

D．机械不可避免的无负荷工作时间

大立名师说

本考点为常规考点，出题方向：一是考核机械幅度差的内容，机械幅度差例子可以不用去记，参考概念去判断即可。二是考核机械台班消耗指标的计算，对公式有所了解即可。

1Z103037 概算定额与概算指标的编制

【考点一】概算定额和概算指标的编制★

概算定额	概算指标
作用： 1．概算定额是在初步设计阶段编制设计概算或技术设计阶段编制修正概算的依据，是确定建设工程项目投资额的依据 2．概算定额可用于进行设计方案的技术经济比较 3．概算定额也是编制概算指标的基础	定义： 概算指标是以每 $100m^2$ 建筑面积、每 $1000m^3$ 建筑体积或每座构筑物为计量单位，规定人工、材料、机械及造价的定额指标 作用： 在设计深度不够的情况下，往往用概算指标来编制初步设计概算
注意事项： 1．概算定额水平的确定应与基础定额、预算定额的水平基本一致 2．概算定额手册内容基本上是由文字说明、定额项目表和附录三个部分组成	注意事项： 概算指标的组成内容一般分为文字说明、指标列表和附录等几部分

■ 经典题目

1．（2011 年真题・多选题）关于概算定额的说法，正确的有（ ）。

A．概算定额是人工、材料、机械台班消耗量的数量标准
B．概算定额和预算定额的项目划分相同
C．概算定额是在概算指标的基础上综合而成的
D．概算定额是在初步设计阶段确定投资额的依据
E．概算定额水平的确定应与预算定额的水平基本一致

大立名师说

本考点为常识性考点，简单了解即可。

1Z103040 建设工程项目设计概算

【知识点导图】

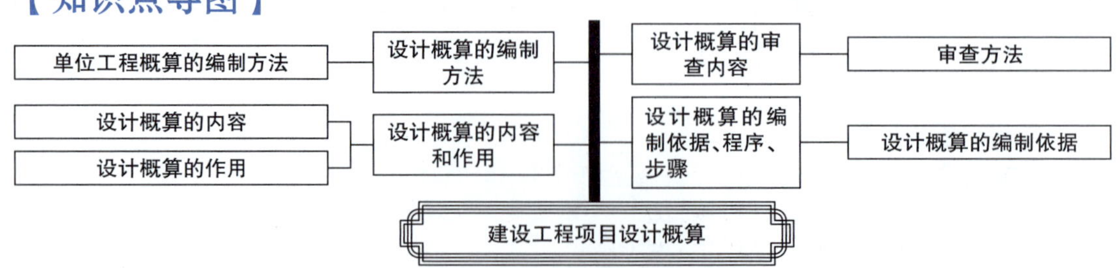

1Z103041 设计概算的内容和作用

【考点一】设计概算概念★★

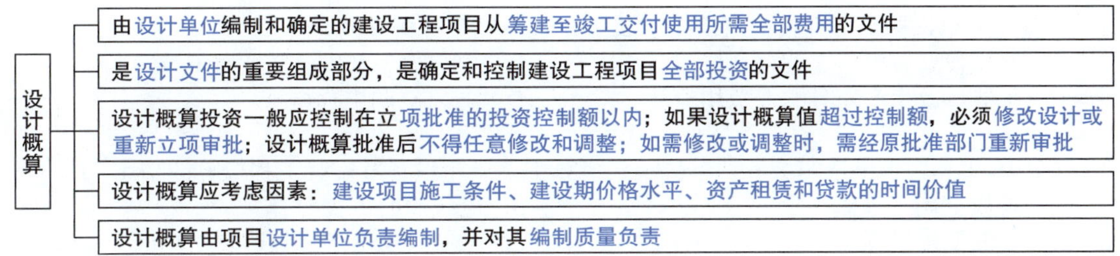

■ 经典题目

1. （2014 年真题·单选题）关于设计概算的说法，错误的是（ ）。
   A. 设计概算是确定和控制建设工程项目全部投资的文件
   B. 编制设计概算无须考虑建设项目施工条件对投资的影响
   C. 如果设计概算值超过投资控制额，必须修改设计或重新立项审批
   D. 设计概算由项目设计单位负责编制，并对其编制质量负责

大立名师说

本考点为常规考点，出题方向考核设计概算的基本知识，知识点相对简单。

【考点二】设计概算的内容★★

设计概算可分为 单位工程概算、 单项工程综合概算 和建设工程项目总概算三级。

单位工程概算：单位工程概算只包括单位工程的工程费用，由人、料、机费用和企业管理费、利润、规费、税金组成。

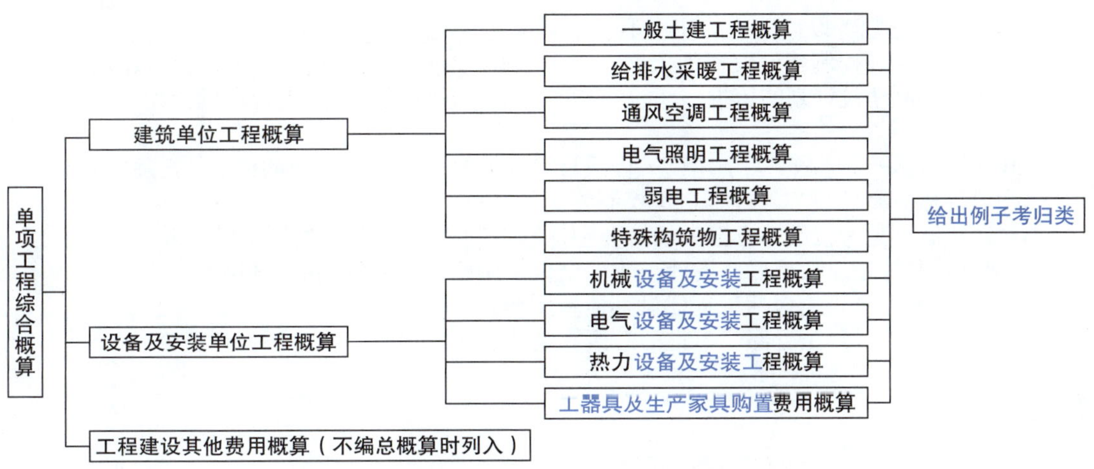

■ 经典题目

1. （2013 年真题·单选题）设计概算的“三级概算”是指（ ）。
   A. 建设工程概算、安装工程概算、设备及工器具购置费概算

B．建设投资概算、建设期利息概算、铺底流动资金概算
C．主要工程项目概算、辅助和服务性工程项目概算、室内外工程项目概算
D．单位工程概算、单项工程综合概算、建设工程项目总概算

2．（例题·单选题）下列投资概算中，属于建筑单位工程概算的是（　）。
A．机械设备及安装工程概算　　B．电气设备及安装工程概算
C．工器具及生产家具购置费用概算　　D．通风空调工程概算

3．（2016 年真题·单选题）下列单位工程概算中，属于设备及安装工程概算的是（　）。
A．通风空调工程概算　　B．电气照明工程概算
C．弱电工程概算　　D．工器具及生产家具购置费用概算

大立名师说

本考点为常规考点，出题方向有两个，一是考核设计概算的分类；二是考核各级概算的内容；总概算可以参考总投资的组成来记忆，单项工程的两类区分按照知识点解析总结出来的规律解析即可。

【考点三】设计概算的作用★★★

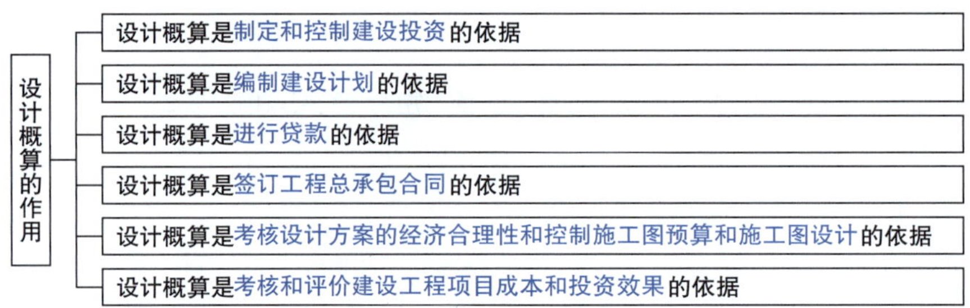

经典题目

1．（例题·单选题）设计概算的作用不包括（　）。
A．国家制定和控制建设投资的依据　　B．对项目的规划、规模起参考作用
C．作为编制建设计划的依据　　D．签订工程总承包合同的依据

2．（2016 年真题·多选题）关于建设工程项目设计概算的内容与作业的说法，正确的有（　）。
A．设计概算是项目实施过程造价控制管理的依据
B．设计概算是考核设计方案的经济合理性和控制施工图预算的依据
C. 项目总概算是反映项目从设计至竣工交付使用所需全部费用的文件
D. 单位工程概算中应包括工程建设其他费用概算
E. 政府投资项目经主管部门审批的总概算是总造价的最高限额，不得任意突破

大立名师说

本考点为常规考点，出题方向考核设计概算的作用。

1Z103042 设计概算编制依据、程序和步骤

【考点一】设计概算的编制依据★

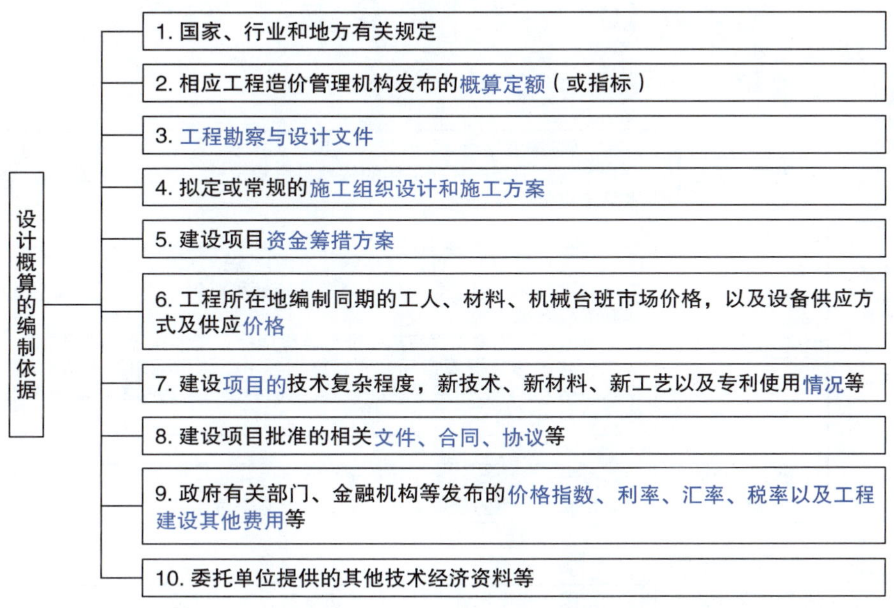

经典题目

1. （例题·多选题）下列属于设计概算编制依据的是（ ）。

A. 合同　　B. 建设项目的复杂程度

C. 工程勘察与设计文件　　D. 项目的资金筹措方案　　E. 企业有关规定

大立名师说

本考点内容多，掌握几个关键词即可。

【考点二】设计概算的编制步骤★

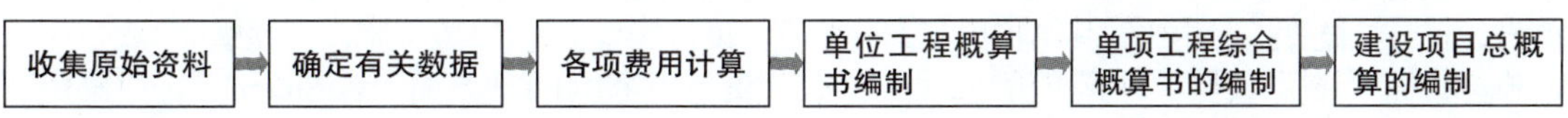

经典题目

1. （例题·单选题）编制设计概算需要进行以下工作：（1）确定有关数据；（2）单位工程概算书编制；（3）各项费用计算；（4）收集原始资料；（5）单项工程综合概算书的编制。正确的编制顺序是（ ）。

A. （1）（2）（3）（4）（5）　　B. （4）（1）（3）（2）（5）

C. （4）（1）（2）（3）（5）　　D. （2）（1）（4）（3）（5）

大立名师说

本考点为常识性考点，出题方向考核设计概算的步骤。

1Z103043 设计概算编制方法

【考点一】单位工程概算的编制方法★★★

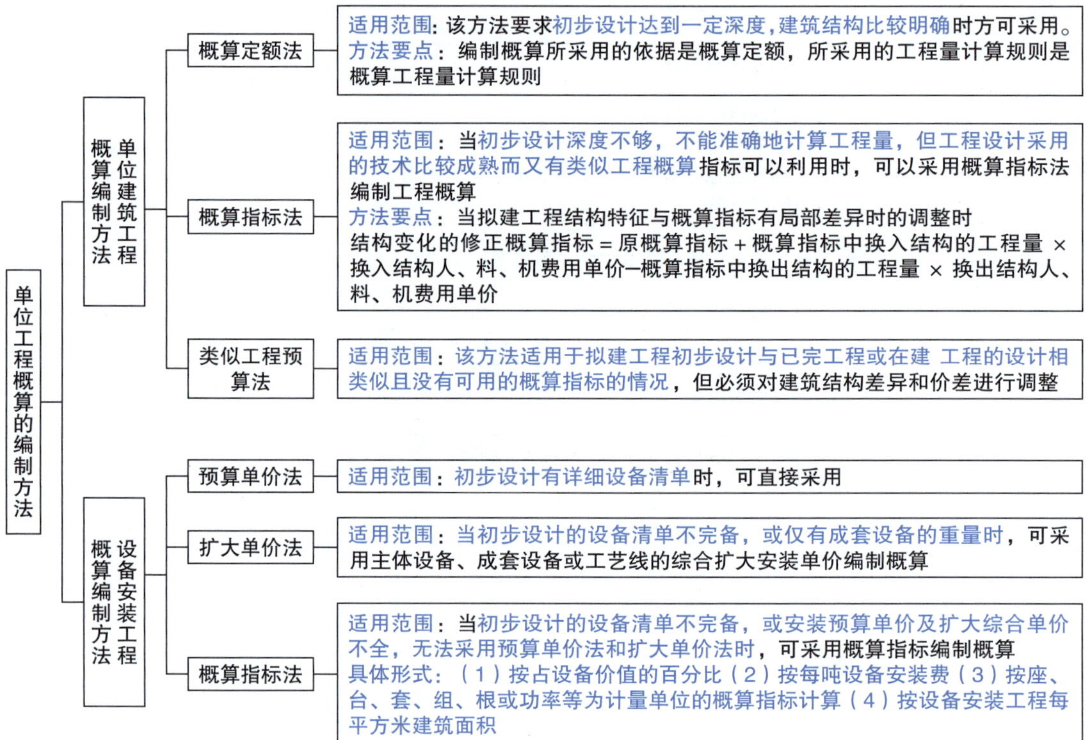

经典题目

1. （2015年真题·单选题）某新建项目建筑面积5000㎡，按概算指标和地区材料预算单价等算出一般土建工程单位造价为1200元（其中，人、材、机费用1000元，综合费率20%）。但新建项目的设计资料与概算指标相比，其结构中有部分变更：设计资料中外墙1砖半厚，预算单价200元/㎡，而概算指标中外墙1砖厚，预算单价182元/㎡，设计资料中每100㎡建筑面积含外墙62㎡，而概算指标中含47㎡。其余条件均不考虑，则调整后的一般土建工程概算单价为（ ）元/㎡。

A．1152.72　　B．1203.60　　C．1487.28　　D．1247.28

2. （2015 年真题·单选题）某单位建筑工程初步设计深度不够，不能准确地计算工程量，但工程采用的技术比较成熟而又有类似指标可以利用时，编制该工程设计概算宜采用的方法是（ ）。

A．扩大单价法　　B．类似工程换算法　　C．生产能力指数法　　D．概算指标法

3. （例题·单选题）当初步设计有详细设备清单时，编制设备及安装工程概算宜采用的编制方法是（ ）。

A．扩大单价法　　B．概算指标法　　C．预算单价法　　D．类似工程预算法

4. （例题·单选题）下列设备安装工程概算计算式中，属于概算指标法的有（ ）。
   A. 设备安装费＝设备安装工程量 × 预算单价
   B. 设备安装费＝设备原价 × 设备安装费率
   C. 设备安装费＝设备吨数 × 每吨设备安装费
   D. 设备安装费＝设备台数 × 每台设备安装费
   E. 设备安装费＝建筑面积 × 单位面积安装费

5.(2016 年真题·单选题) 某建设工程项目拟订购 5 台国产设备，订货价格为 50 万元 / 台，设备运杂费率为 8%，设备安装费率为 20%，采用概算指标确定该项目的设备安装费为（ ）。
   A.50　　B.54　　C.24　　D.20

大立名师说

本考点为核心考点，出题方向两个，一是考核设计概算编制的各方法的概念；二是考核设计概算编制的各方法的适用范围。

【考点二】建设工程项目总概算的编制方法★★★

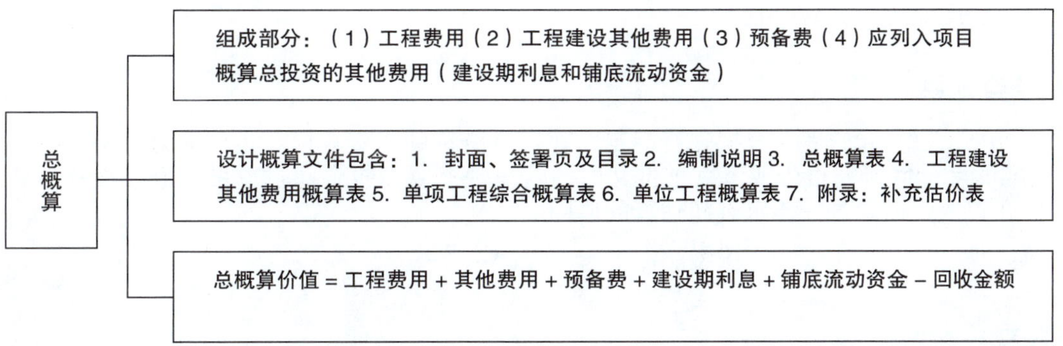

■ 经典题目

1.（2015 年真题·多选题）建设项目总概算书的内容有编制说明和（ ）。
   A. 单位工程概算表　　B. 分部分项工程概算表　　C. 单项工程综合概算表
   D. 工程建设其他费用概算表　　E. 总概算表

大立名师说

本考点出题方向有两个，一是考核总概算的组成；二是考核总概算价值的计算，题目不难，可结合 [3010] 总投资的内容来理解。

1Z103044 设计概算的审查内容

【考点一】设计概算的审查内容★

1. 审查设计概算的编制依据

（1）合法性审查　（2）时效性审查　（3）适用范围审查

2. 单位工程设计概算构成的审查

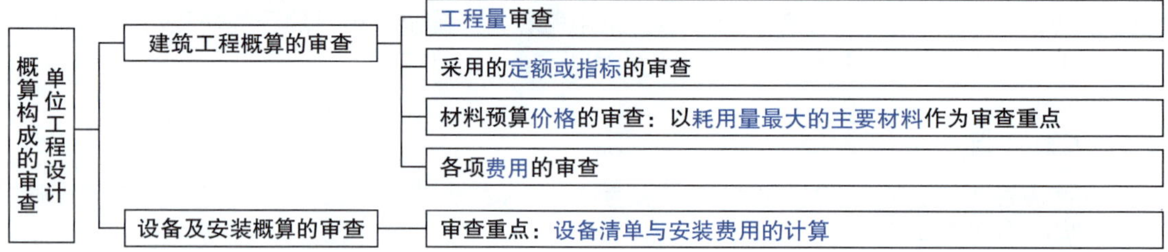

3. 综合概算和总概算的审查

概算总投资超过原批准投资估算 10% 以上，应进一步审查超估算的原因。

4. 财政部对设计概算的评审要求

项目概算应由项目建设单位提供。

经典题目

1. （2015 真题・单选题）根据现行规定，在审查概算的投资规模、生产能力等是否符合原批准的可行性研究报告或者立项批文时，若发现概算总投资超过原批准概算投资估算的（　）以上，需要进一步审查超估算的原因。

A. 5%　　B. 10%　　C. 3%　　D. 8%

大立名师说

本考点为常识性考点，出题方向考核设计概算的审查内容以及审查情况的处理。有些小考点不需要死记硬背，如单位工程设计概算的审查可以和单位工程造价的形成合并记忆。

【考点二】设计概算审查的方法★★

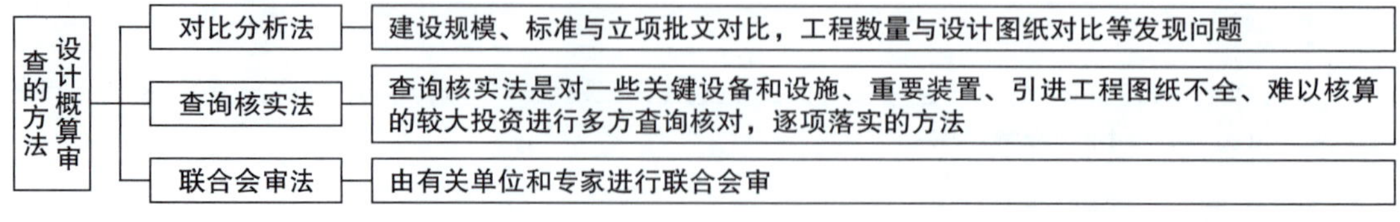

■ 经典题目

1.（2015 年真题·单选题）设计概算审查时，对图纸不全的复杂建筑安装工程投资，通过向同类工程的建设施工企业征求意见判断其合理性。这种审查方法属于（ ）。

A．对比分析法　　B．专家意见法　　C．查询核实法　　D．联合会审法

大立名师说

本考点为常规考点，考核方向考核设计概算的审查方法，出题形式可以是直接考核设计概算审查方法的概念，也可以是给出例子让考生判断用了哪种方法。

1Z103050 建设工程项目施工图预算

【知识点导图】

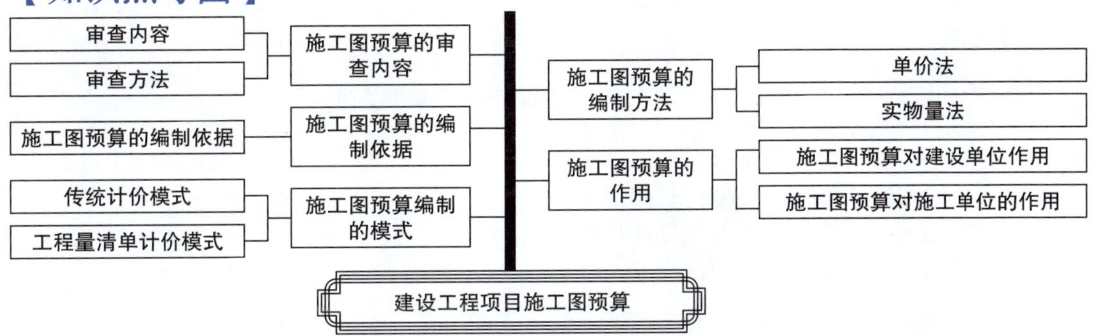

1Z103051 施工图预算编制的模式

【考点一】施工图预算编制的模式★

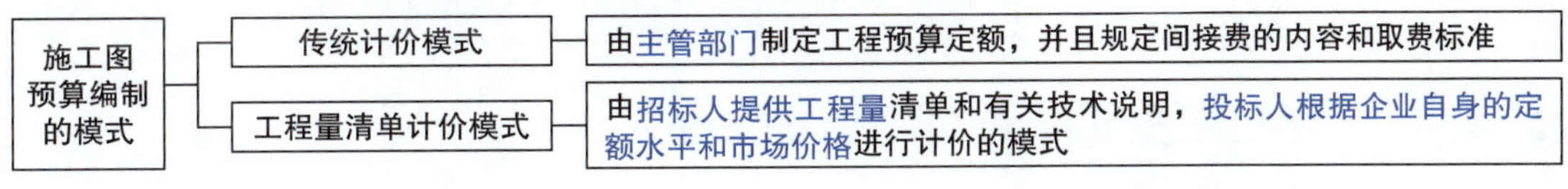

■ 经典题目

1.（例题·单选题）在传统计价模式下，投标人投标报价中的工程预算定额是由（ ）。

A．国家法律规定的　　B．招标人事先限定的

C．主管部门规定的　　D．企业经营部门测定的

大立名师说

本考点为常识性考点，出题次数较少，考生掌握住两种施工图模式的区别即可。

1Z103052 施工图预算的作用

【考点一】施工图预算的作用★★

1. 施工图预算对建设单位的作用

（1）施工图预算是施工图设计阶段确定建设工程项目造价的依据，是设计文件的组成部分。
（2）施工图预算是建设单位在施工期间安排建设资金计划和使用建设资金的依据。
（3）施工图预算是招投标的重要基础，既是工程量清单的编制依据，也是标底编制的依据。
（4）施工图预算是拨付进度款及办理结算的依据。

2. 施工图预算对施工单位的作用

（1）施工图预算是确定投标报价的依据。
（2）施工图预算是施工单位进行施工准备的依据。
（3）施工图预算是控制施工成本的依据。

经典题目

1. （例题·多选题）关于施工图预算的作用的说法，正确的有（ ）。
A. 施工图预算是建设单位编制标底的依据
B. 施工图预算是建设单位拨付进度款依据
C. 施工图预算是报审项目投资额的依据
D. 施工图预算是监督检查执行定额标准的依据
E. 施工图预算是办理结算的依据

大立名师说

本考点为常规考点，出题方向考核施工图预算的作用，尤其是对施工单位的作用。

1Z103053 施工图预算的编制依据

【考点一】施工图预算的编制依据★★

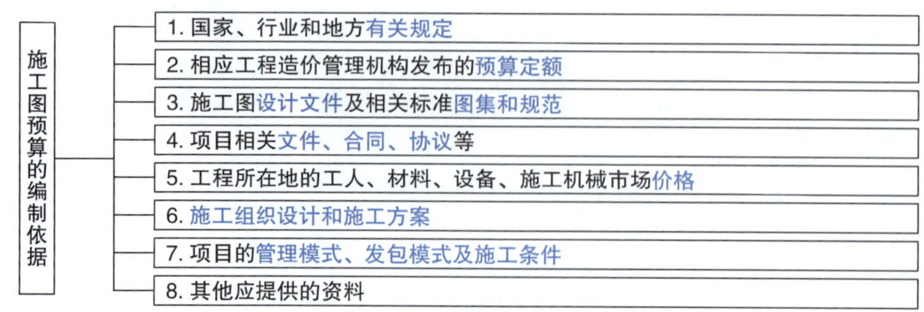

经典题目

1. （例题·多选题）施工图预算的编制依据有（ ）。
A. 建设单位的资金到位情况　　B. 施工投标单位的资质等级

C．企业规定　　D．项目的管理模式、发包模式

E．项目相关文件、合同、协议

大立名师说

本考点为常规考点，出题方向考核施工图预算的编制依据。内容很多，记忆困难，可以把握两个原则来选择：一是“依法（法规有关的）、履约（合同有关的）、按图（图纸有关的）”；二是和设计概算编制依据对比起来记忆，更容易区分掌握。

1Z103054 施工图预算的编制方法

【考点一】施工图预算的编制方法★★★

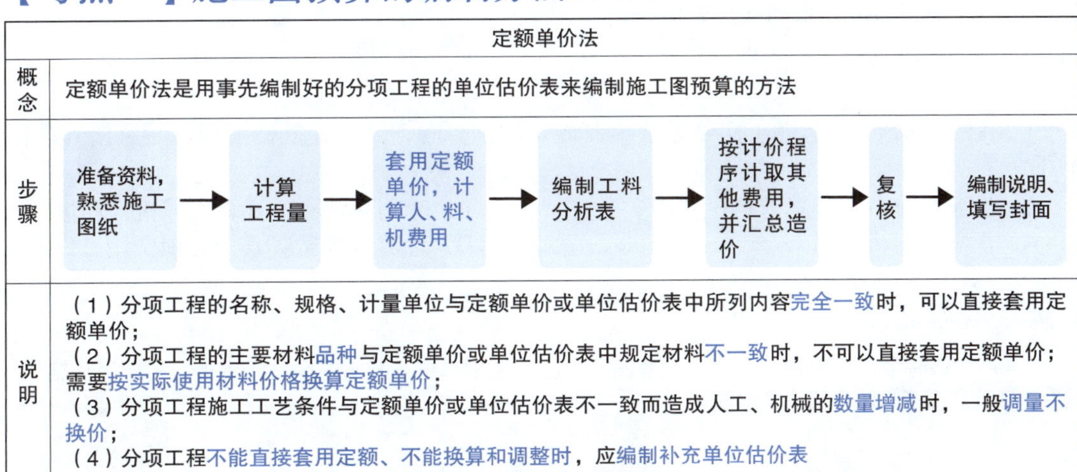

定额单价法	
概念	定额单价法是用事先编制好的分项工程的单位估价表来编制施工图预算的方法
步骤	准备资料，熟悉施工图纸 → 计算工程量 → 套用定额单价，计算人、料、机费用 → 编制工料分析表 → 按计价程序计取其他费用，并汇总造价 → 复核 → 编制说明、填写封面
说明	（1）分项工程的名称、规格、计量单位与定额单价或单位估价表中所列内容完全一致时，可以直接套用定额单价； （2）分项工程的主要材料品种与定额单价或单位估价表中规定材料不一致时，不可以直接套用定额单价；需要按实际使用材料价格换算定额单价； （3）分项工程施工工艺条件与定额单价或单位估价表不一致而造成人工、机械的数量增减时，一般调量不换价； （4）分项工程不能直接套用定额、不能换算和调整时，应编制补充单位估价表

实物量法	
概念	实物量法是依据施工图纸和预算定额的项目划分及工程量计算规则，先计算出分部分项工程量，然后套用预算定额（实物量定额）来编制施工图预算的方法
步骤	准备资料，熟悉施工图纸 → 计算工程量 → 套用消耗定额，计算人、机消耗量 → 计算并汇总人、材、机费用 → 计算其他费用，汇总造价 → 复核 → 编制说明、填写封面
说明	1. 实物量法编制施工图预算的步骤与定额单价法基本相似，但在具体计算人工费、材料费和机械使用费及汇总三种费用之和方面有一定区别。 2. 实物量法编制施工图预算所用人工、材料和机械台班的单价都是当时当地的实际价格。 优点：实物量法误差较小，适用于市场经济条件波动较大的情况。 缺点：需要搜集相应的实际价格，工作量较大、计算过程烦琐

工程量清单计价	
概念	根据国家统一的工程量计算规则计算工程量，采用综合单价的形式计算工程造价的方法。
说明	综合单价＝人工费＋材料费＋机械费＋企业管理费＋利润＋一定的风险费

■ 经典题目

1. （2015 年真题 · 单选题）实物量法编制施工图预算所用的材料单价应采用（ ）。

A. 网上咨询厂家的报价　　B. 编制预算定额时采用的单价
C. 当时当地的实际价格　　D. 预算定额中采用的单价加上运杂费

2. （2015 年真题 · 单选题）采用定额单价法编制施工的预算时，如果分项工程的某一主要材料品种与定额单价中规定的材料品种不完全一致，该分项工程单价的确定方法是（ ）。

A. 按实际使用材料价格换算定额单价　　B. 直接套用同类材料的定额单价
C. 调整工程量而不换算定额单价　　D. 编制补充定额单价

3. （例题 · 单选题）定额单价法编制施工图预算的过程包括：①计算工程量；②套用定额单价，计算直接工程费；③按计价程序计取其他费用，并汇总造价；④编制工料分析表；⑤准备资料，熟悉施工图纸。正确的排列顺序是（ ）。

A. ④⑤②①③　　B. ④⑤①②③　　C. ⑤①②④③　　D. ⑤②①③④

4. （2011 年真题 · 单选题）实物量法编制施工图预算时，计算并复核工程量后紧接着进行的工作是（ ）。

A. 套定额单价，计算人料机费用　　B. 套消耗定额，计算人料机消耗量
C. 汇总人料机费用　　D. 计算管理费等其他各项费用

大立名师说

考点为核心考点，出题方向：一是考核三种施工图预算编制方法的原理和步骤；二是考核施工图预算各方法核心环节的注意事项。

1Z103055 施工图预算的审查内容

【考点一】施工图预算的审查内容及方法★★★

施工图预算审查的重点：工程量计算是否准确，定额套用、各项取费标准是否符合现行规定或单价计算是否合理			
审查方法	方法基本要点	特点	备注
全面审查法	对各项工程细目逐项全面详细审查的方法	优点：全面、细致，审查质量高、效果好 缺点：工作量大，时间较长	适用于一些工程量较小、工艺比较简单的工程
标准预算审查法	先集中力量编制标准预算，以标准预算为标准审查	优点：时间短、效果好、易定案 缺点：适用范围小	仅适用于采用标准图纸的工程
分组计算审查法	把预算中有关项目按类别划分若干组，利用同组中的一组数据审查分项工程量	优点：审查速度快、工作量小	例子：一般的建筑工程中将底层建筑面积可编为一组。先计算底层建筑面积或楼（地）面面积，从而得知楼面找平层、天棚抹灰的工程量等
对比审查法	当工程条件相同时，用已完工程的预算或未完但已经过审查修正的工程预算对比审查拟建工程的同类工程预算		

筛选审查法	将单位建筑面积指标变化不大的分部分项工程加以汇集、优选，找出其单位建筑面积工程量、单价、用工的基本数值，归纳为工程量、价格、用工三个单方基本指标，并注明基本指标的适用范围。这些基本指标用来筛选各分部分项工程	优点：简单易懂，便于掌握，审查速度快，便于发现问题。 缺点：问题出现的原因尚需继续审查	适用于审查住宅工程或不具备全面审查条件的工程
重点审查法	抓住施工图预算中的重点进行审核的方法	优点：是突出重点，审查时间短、效果好	审查的重点一般是工程量大或者造价较高的各种工程、补充定额、计取的各项费用（计费基础、取费标准）等

■ 经典题目

1. （例题・单选题）具有审查全面、细致、审查效果好等优点，但只适宜于规模较小、工艺较简单的工程预算审查的方法是（ ）。

A．分组计算审查法 B．对比审查法 C．逐项审查法 D．标准预算审查法

2. （例题・单选题）施工图预算审查时，将分部分项工程的单位建筑面积指标总结归纳为工程量、价格、用工三个单方基本指标，然后利用这些基本指标对拟建项目分部分项工程预算进行审查的方法称为（ ）。

A．筛选审查法 B．对比审查法 C．分组计算审查法 D．逐项审查法

3. （2014 年真题・单选题）施工图预算审查时，利用房屋建筑工程标准层建筑面积数对楼面找平层，天棚抹灰等工程量进行审查的方法，属于（ ）。

A．分组计算审查法 B．重点审查法 C．筛选审查法 D．对比审查法

4. (2016 年真题・单选题）当拟建工程与已完工程的建设条件和工程设计相同时，用已完工程的预算审查拟建工程的同类工程预算的方法是（ ）。

A. 对比审查法 B. 标准预算审查法 C. 分组审查法 D. 重点审查法

大立名师说

本考点为核心考点，出题方向是考核各种施工图预算审查方法的特点，可以直接考核施工图预算各方法的概念，也可以给出例子让考生根据各方法的主要特征去判断。

1Z103060 工程量清单编制

【知识点导图】

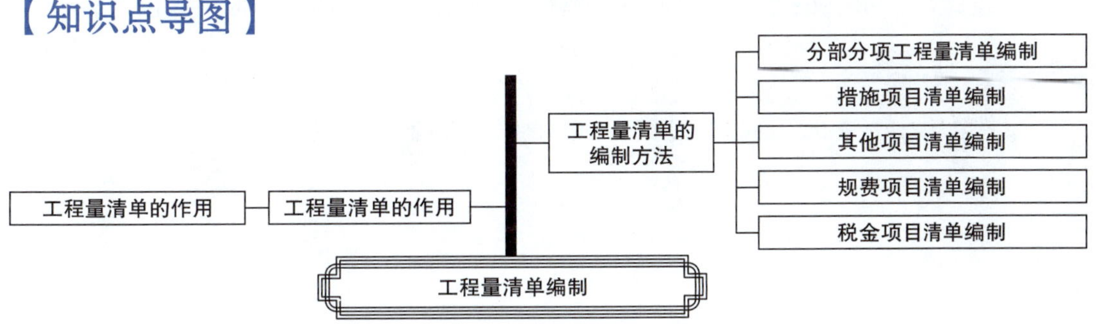

1Z103061 工程量清单的作用

【考点一】工程量清单的作用★

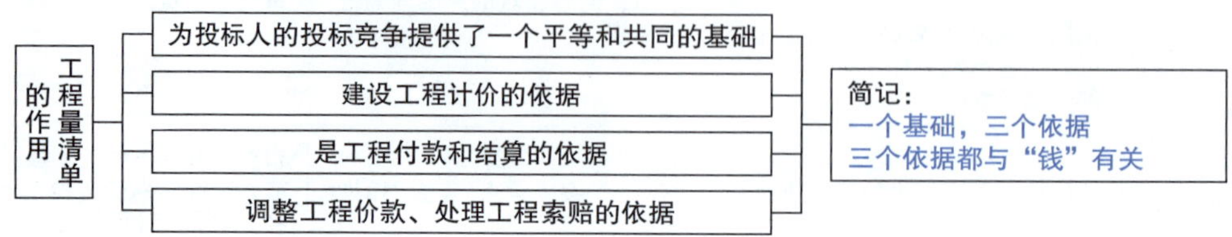

■ 经典题目

1. （例题·多选题）工程量清单是（　）的依据。

A. 进行工程索赔　　B. 编制项目投资估算　　C. 编制招标控制价

D. 支付工程进度款　　E. 办理竣工结算

大立名师说

本考点为常识性考点，简单了解即可。

1Z103062 工程量清单编制的方法

【考点一】工程量清单基本知识★★

1. 招标工程量清单必须作为招标文件的组成部分，由招标人提供，招标人对其准确性和完整性负责。

2. 招标工程量清单由具有编制能力的招标人或受其委托、具有相应资质的工程造价咨询人进行编制。

3. 招标工程量清单应以单位（项）工程为单位编制，应由分部分项工程量清单、措施项目清单、其他项目清单、规费和税金项目清单组成。

■ 经典题目

1. （2014 年真题·单选题）根据《建设工程工程量清单计价规范》（GB 50500—2013），招标工程量清单的准确性的完整性应由（　）负责。

A. 投标人　　B. 招标人指定的招标代理机构　　C. 招标人的上级部门　　D. 招标人

大立名师说

本考点为常识性考点，虽简单但很重要，尤其是招标工程量的编制主体。

【考点二】分部分项工程项目清单的编制★★★

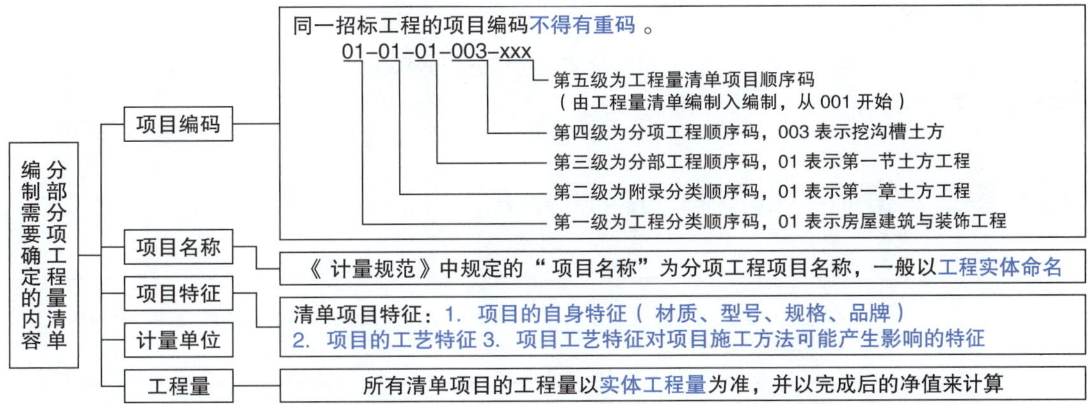

补充项目：如果出现《计量规范》附录中未包括的项目，编制人应做补充，并报省级或行业工程造价管理机构备案。补充项目的编码由对应计量规范的代码X（即01～09）与B和三位阿拉伯数字组成，并应从XB001起顺序编制，同一招标工程的项目不得有重码。

■ 经典题目

1．（2015年真题・单选题）招标人编制工程量清单时，对各专业工程现行《计量规范》中未包括的项目应作补充，则关于该补充项目及其编码的说法，正确的是（ ）。

A．该项目编码应由对应（计量规范）的代码和三位阿拉伯数字组成

B．清单编制人应将补充项目报省级或行业工程造价管理机构备案

C．清单编制人在最后一个清单项目后面自行补充该项目，无须编码

D．该项目按《计量规范》中相近或相似的清单项目编码

2．（2015年真题・单选题）根据《建设工程工程量清单计价规范》GB 50500—2013编制分部分项清单时，编制人员须确定项目名称、项目编码、计量单位、工程数量和（ ）。

A．填表须知　B．项目特征　C．项目总说明　D．项目工程内容

3．（例题・单选题）根据《建设工程量清单计价规范》编制的工程量清单中，某分部分项工程的项目编码010302004005，则"01"的含义是（ ）。

A．分项工程顺序码　B．分部工程顺序码　C．专业工程顺序码　D．工程分类顺序码

4.(2016年真题・单选题)根据《建筑工程工程量清单计价规范》（GB 50500—2013），关于分部分项工程量清单中项目名称的说法，正确的是（ ）。

A．《计量规范》中的项目名称是分项工程名称，以工程主要材料命名

B．编制清单时，项目名称应根据《计量规范》的项目名称综合拟建工程实际确定

C.《计量工程》中的项目名称是分部工程名称，以工程实体命名

D．编制清单时，《计量工程》中的项目名称不能变化，但应补充项目规格、材质

5.(2016年真题・单选)根据《建筑工程工程量清单计价规范》（GB50500—2013），关于分部分项工程量清单中工程量计算的方法，正确的是（ ）。

A．实际施工中的各种损耗应列入措施项目费中

B．所以招标清单项目工程量按实际施工工程量计算

C．采用工程量清单计算规则计算时，工程实体的工程量是唯一的

D．计算综合单价时需考虑施工方案增加的工程量，但不考虑施工中的材料损耗

大立名师说

本考点为核心考点，出题方向：一是从整体上考核分部分项工程量清单需确定的内容；二是考核分部分项工程量清单编制各项的具体内容。

【考点三】措施项目清单的编制★★

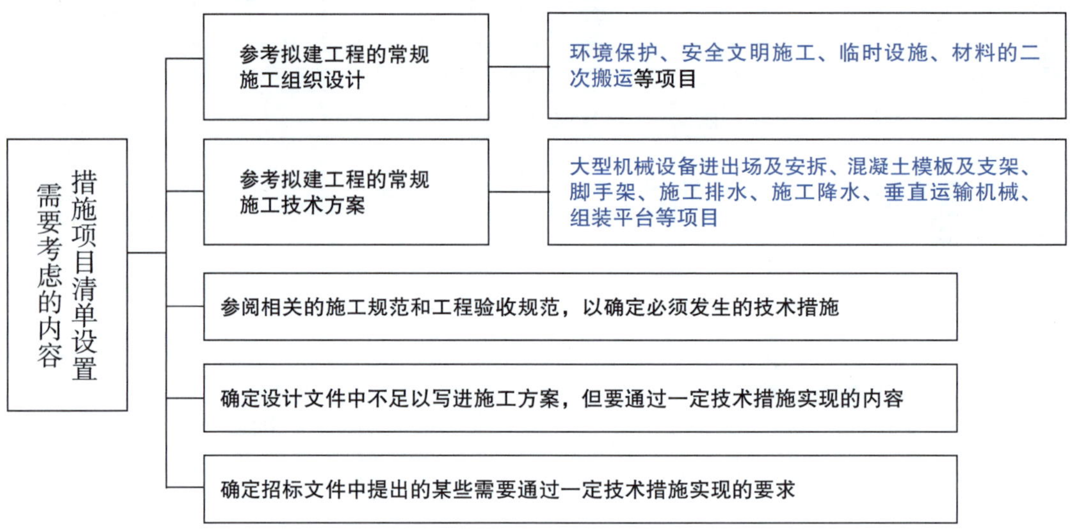

注：措施项目清单应根据拟建工程的实际情况列项。

经典题目

1．（例题·单选题）根据《建设工程工程量清单计价规范》，垂直运输机械费应列在（ ）中。

A．分部分项工程量清单与计价表　　B．措施项目清单与计价表

C．其他项目清单与计价汇总表　　D．专业工程暂估价表

2．（2016年真题·多选题）根据《建设工程工程量计价规定》（GB50500-2013）编制措施清单项目时，措施项目设置的依据有（ ）。

A．拟建工程的常规施工组织设计

B．授标企业的资质等级与规模

C．拟建工程的常规施工技术方案

D．招标文件中需要通过一定技术措施才能实现的要求

E．实施中因变更可能产生的零星工作

大立名师说

本考点为较难考点，结合工程实际，出题方向考核措施项目费的设置。

【考点四】其他项目清单编制★★★

工程建设标准的高低、工程的复杂程度、工程的工期长短、工程的组成内容、发包人对工程管理的要求等都直接影响其他项目清单的具体内容。

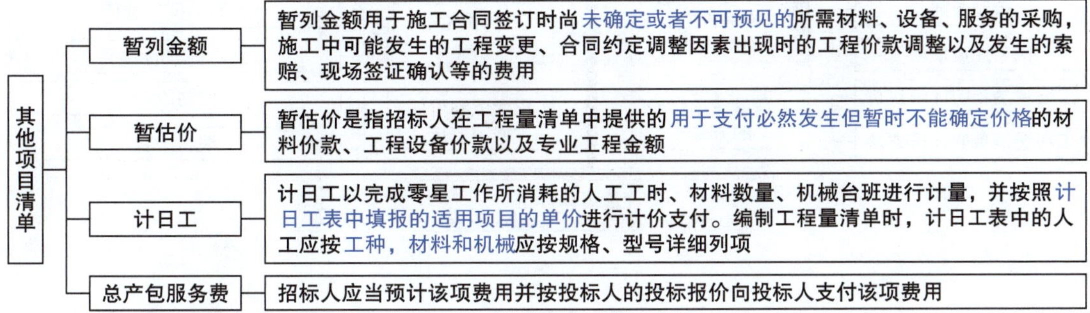

■ 经典题目

1．（2015 年真题·单选题）根据《建设工程工程量清单计价规范》（GB 50500—2013），编制工程量清单时，计日工表中的人工应按（ ）列项。

A．工种　　B．职称　　C．职务　　D．技术等级

2．（2015 年真题·多选题）建筑安装工程费用项目组成中，暂列金额主要用于（ ）。

A．施工合同签订时尚未确定的材料设备采购费用
B．施工图纸以外的零星项目所需的费用
C．隐藏工程二次检验的费用
D．施工中可能发生的工程变更价款调整的费用
E．项目施工现场签证确认的费用

3．（2016 年真题·单选题）根据《建设工程量清单计价规范》(GB 50500—2013)，不能列入其他项目清单的是（ ）。

A. 专业工程暂估价　B. 总承包人自行分包管理费　C. 计日工　D. 总承包服务费

4.（2016 年真题·单选题）根据《建设工程工程量清单计价规范》(GB50500—2013)，下列费用可用暂列金额支付的是（ ）。

A. 业主提出设计变更增加的费用
B. 业主提供了暂估价的材料采购费用
C. 因承包人原因导致隐蔽工程质量不合格的返工费用
D. 固定总价合同中材料价格上涨费用

大立名师说

本考点为核心考点，主要是考核其他项目清单的内容，尤其是暂列金额和暂估价对比掌握。

1Z103070 工程量清单计价

【知识点导图】

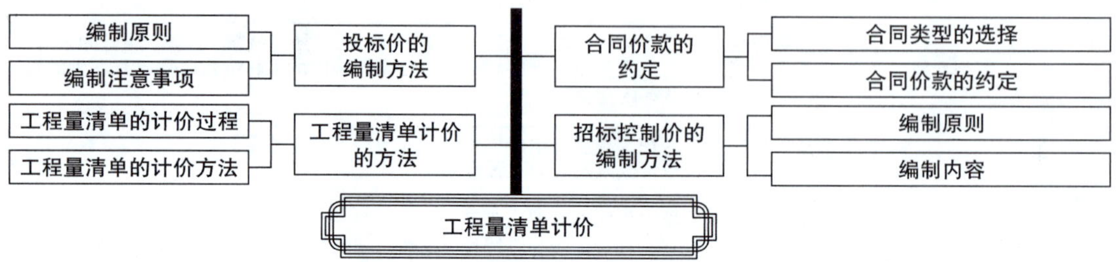

1Z103071 工程量清单计价的方法

【考点一】工程量清单计价的方法及分部分项工程费的计算★★★

工程量清单计价过程可以分为两个阶段：工程量清单编制和工程量清单应用

工程造价的计算

（1）分部分项工程费 = ∑分部分项工程量 × 分部分项工程综合单价

（2）措施项目费 = ∑措施项目工程量 × 措施项目综合单价 + ∑单项项目费

（3）其他项目费 = 暂列金额 + 暂估价 + 计日工 + 总承包服务费 + 其他

（4）单位工程报价 = 分部分项工程费 + 措施项目费 + 其他项目费 + 规费 + 税金

（5）单项工程报价 = ∑单位工程报价

（6）总造价 = ∑单项工程报价

注：1. 公式（1）中分部分项工程综合单价 = 人工费 + 材料费 + 施工机具使用费 + 管理费 + 利润

2. 工程量清单计价主要有三种形式：①工料单价 ②综合单价 ③全费用综合单价

工料单价 = 人工费 + 材料费 + 施工机具使用费

综合单价 = 人工费 + 材料费 + 施工机具使用费 + 管理费 + 利润

全费用综合单价 = 人工费 + 材料费 + 施工机具使用费 + 管理费 + 利润 + 规费 + 税金

最高投标限价、投标报价的单价应采用全费用综合单价

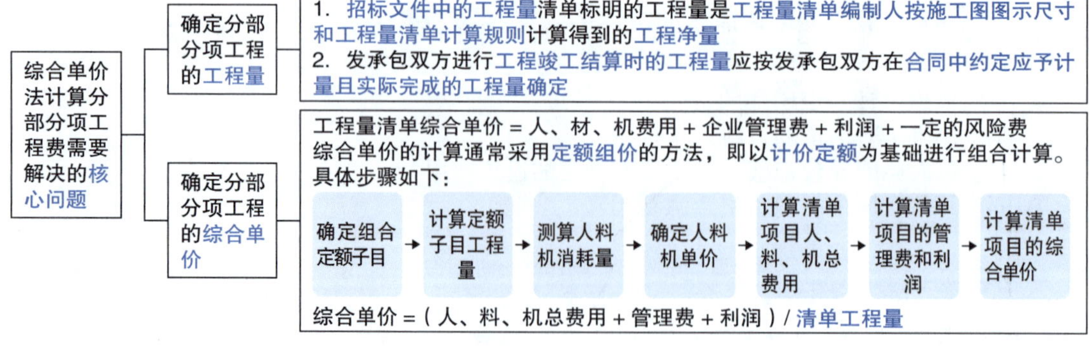

■ 经典题目

1．（2015 年真题·单选题）某工程项目土方工程采用人挖土方、人工运输和机械运输，招标工程量清单中挖土方数量为 2 000m³，投标人计算的施工挖土方数量为 3 800m³，取土外运，投标人计算的人工挖土费用为 42 000 元，人工运土费用为 15 000 元，机械运土费用为 38000 元，管理费用为人材机之和的 14%，利润取人料机和管理费之和的 8%，根据《建设工程工程量清单计价规范》，不考虑其他因素，投标人报价的挖土方综合单价为（　）元 /m³。

A．33.41　　B．58.48　　C．61.56　　D．73.10

2．（例题·单选题）工程量清单计价模式下，分部分项工程量的确定方法是（　）。

A．按施工图图示尺寸计算工程净量　　B．按施工图图示尺寸加允许误差计算工程量
C．按施工方案计算工程总量　　D．按施工方案加允许误差计算工程量

3.（2016 年真题·单选）根据《建设工程工程量清单计价规范》(GB50500—2013)，施工企业综合单价的计算有以下工作：①确定组合定额子目并计算各子目工程量；②确定人、料、机单价；③测算人、料、机的数量；④计算清单项目的综合单价；⑤计算清单项目的管理费和利润；⑥计算清单项目的人、料、机总费用。正确的步骤是（　）。

A. ②③①⑤⑥④　　B. ③①②⑥⑤④
C. ①③②④⑥⑤　　D. ①③②⑥⑤④

大立名师说

本考点为核心考点，出题方向：一是考核工程量清单计价模式下造价形成；二是考核分部分项工程费的计算。这个考点的重要性在于两个方面，一是本身考核频率高，二是本考点对于全书第三部分起到一个提纲挈领的作用，例如学会了造价形成，就很容易理解建安工程费的组成、施工图预算的编制方法的步骤、工程量清单编制等知识点。

【考点二】措施项目费、其他项目费、规费、税金风险费等计算★★★

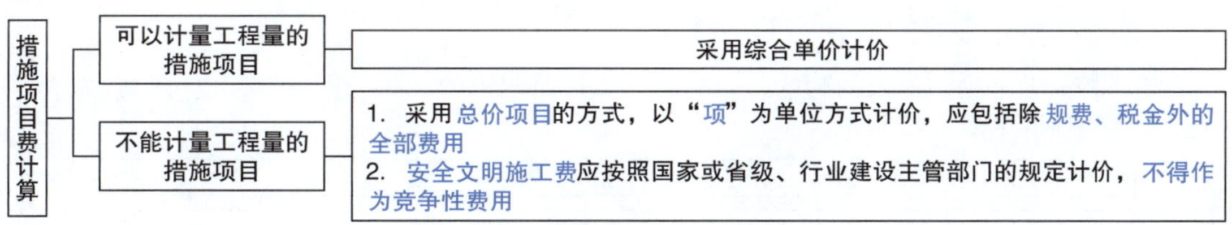

措施项目费计算方法	
方法名称	方法掌握要点
综合单价法	适用于可以计算工程量的措施项目，主要是指一些与工程实体有紧密联系的项目，如混凝土模板、脚手架、垂直运输等
参数法计价	主要适用于施工过程中必须发生，但在投标时很难具体分项预测，又无法单独列出项目内容的措施项目。如夜间施工费、二次搬运费、冬雨期施工的计价均可以采用该方法
分包法计价	在分包价格的基础上增加投标人的管理费及风险费进行计价的方法，这种方法适合可以分包的独立项目，如室内空气污染测试等

<table>
<tr><th colspan="2">其他项目费计算方法</th><th>规费和税金的计算</th><th>风险费用的确定</th></tr>
<tr><td>暂列金额</td><td rowspan="2">由招标人按估算金额确定</td><td rowspan="4">不得作为竞争性费用、按国家规定计算</td><td rowspan="4">建设工程发承包，必须在招标文件、合同中明确计价中的风险内容及其范围</td></tr>
<tr><td>暂估价</td></tr>
<tr><td>计日工</td><td rowspan="2">由承包人根据招标人提出的要求，按估算的费用确定</td></tr>
<tr><td>总承包服务费</td></tr>
</table>

经典题目

1. （2015 年真题 · 多选题）适宜用参数法计价的措施项目费有（　）。

A．二次搬运费　　B．混凝土模板费　　C．安全文明施工费

D．已完工程及设备保护费　　E．垂直运输费

2. （例题 · 单选题）根据《建设工程工程量清单计价规范》（GB 50500 — 2013），关于工程量清单编制的说法，正确的是（　）。

A．同一招标工程的项目编码不能重复　　B．措施项目都应该以“项”为计量单位

C．所有清单项目的工程量都以实际施工的工程量为准

D．暂估价是用于施工中可能发生工程变更时的工程价款调整的费用

3.（2016 年真题 · 单选题）根据《建设工程量清单计价规范》(GB50500—2013)，适宜采用综合单价法计价的措施项目费是（　）。

A. 脚手架工程费　　B. 夜间施工增加费　　C. 冬雨季施工增加费　　D. 二次搬运费

大立名师说

本考点为核心考点，系统的对措施项目费、其他项目费、规费和税金的计价进行了介绍，这个考点的重要性和分部分项工程费的计算考点一样，在于两个方面：一是本身考核频率高；二是本考点对于全书第三部分起到一个提纲挈领的作用。出题方向：考核措施费、其他项目费、规费、税金的计价规定。

1Z103072 招标控制价的编制方法

【考点一】招标控制价的概念★★

招标控制价是由招标人编制的，对招标工程项目限定的最高工程造价，也可称其为拦标价、预算控制价或最高报价等。

招标控制价
- 国有资金投资的建设工程招标，招标人必须编制招标控制价
- 招标控制价超过批准的概算时，招标人应将其报原概算审批部门审核
- 投标人的投标报价高于招标控制价的，其投标应予以拒绝
- 招标控制价应由具有编制能力的招标人或受其委托具有相应资质的工程造价咨询人编制和复核
- 招标控制价应在招标文件中公布，不应上调或下浮

经典题目

1. （2013 年真题 · 多选题）下列关于招标控制价的说法，正确的是（　）。

A．国有资金投资的工程建设项目实行工程量清单招标，必须编制招标控制价

B．投标人的投标报价高于招标控制价的，其投标应予以拒绝

C．招标控制价应在招标文件中公布，但可以上调或下浮

D．招标控制价和投标报价可以由同一造价咨询单位编制

E. 招标控制价超过批准的概算时，招标人可自行调整

大立名师说

本考点为常规考点，出题方向考核对招标控制价的理解。

【考点二】招标控制价的其他项目费的编制要求★★

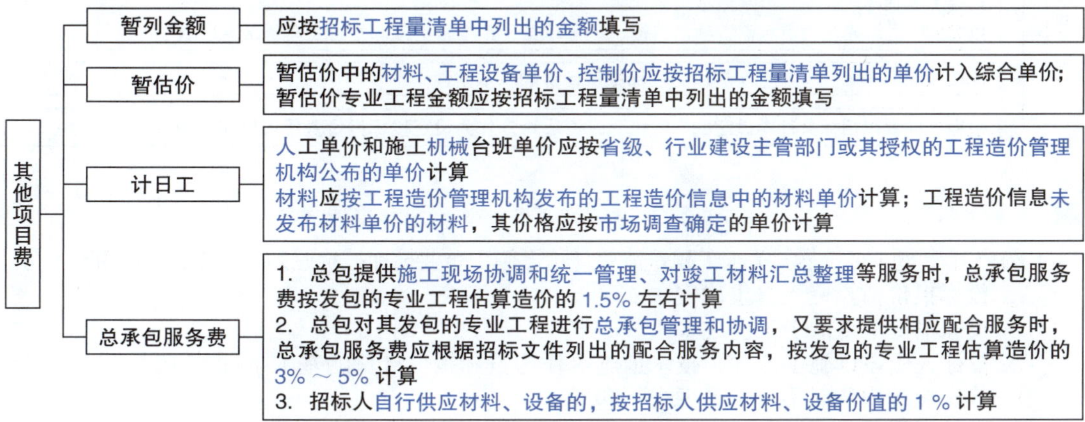

投诉与处理

1. 投标人经复核认为招标人公布的招标控制价未按照《建设工程工程量清单计价规范》（GB 50500—2013）的规定进行编制的，应在招标控制价公布后5天内向招投标监督机构和工程造价管理机构投诉
2. 工程造价管理机构在接到投诉书后应在 2 个工作日内进行审查
3. 工程造价管理机构应当在受理投诉的 10 天内完成复查
4. 当招标控制价复查结论与原公布的招标控制价误差 > ±3 % 的，应当责成招标人改正

■ 经典题目

1. （例题·单选题）投标人经复核认为招标人公布的招标控制价未按照《建设工程工程量清单计价规范》（GB 50500 — 2013）的规定进行编制的，应在招标控制价公布后（　）天内向招投标监督机构和工程造价管理机构投诉。

A. 7　　B. 2　　C. 10　　D. 5

大立名师说

本考点为常规考点，出题方向：一是考核招标控制价中其他项目清单的编写要求，主要是暂列金额和暂估价。二是考核招标控制价的投诉与处理，主要关注几个时间结点。

1Z103073 投标报价的编制方法

【考点一】投标价的编制原则★★★

投标价编制原则：

- 投标报价由投标人自主确定，但必须执行13规范的强制性规定。投标价应由投标人或受其委托具有相应资质的工程造价咨询人编制
- 投标人的投标报价不得低于工程成本，以低于成本报价竞标，其投标应作为废标处理
- 投标人必须按招标工程量清单填报价格
填写的项目编码、项目名称、项目特征、计量单位、工程量必须与招标工程量清单一致
- 应该以施工方案、技术措施等作为投标报价计算的基本条件
- 投标文件要以招标文件中设定的承发包双方责任划分作为设定投标报价费用项目和费用计算的基础

经典题目

1.（2015年真题·多选题）关于工程量清单计价下施工企业投标报价原则的说法，正确的有（ ）。

A．投标报价由投标人自主确定

B．投标报价不得低于工程成本

C．投标人应该以施工方案、技术措施等作为投标报价计算的基本条件

D．确定投标报价时不需要考虑发承包模式

E．投标报价要以招标文件中设定的发承包双方责任划分作为基础

大立名师说

本考点为核心考点，出题方向：投标价的编制原则。

【考点二】投标价的编制与审核★★★

在编制投标报价之前，需要先对清单工程量进行复核
工程量的多少影响：选择施工方法、安排人力和机械、准备材料、分项工程单价

投标报价中工程量清单特征描述不符		
序号	出现情形	对策（原则：哪个后发生以哪个为准）
1	若出现工程量清单特征描述与设计图纸不符	以招标工程量清单的项目特征描述为准确定综合单价；
2	若施工中施工图纸或设计变更与招标工程量清单项目特征描述不一致	以实际施工的项目特征依据合同约定重新确定综合单价

投标报价其他项目费：

- 暂列金额应按照招标工程量清单中列出的金额填写，不得变动
- 暂估价中的材料、工程设备必须按照暂估单价计入综合单价；
专业工程暂估价必须按照招标工程量清单中列出的金额填写。
- 自主确定
- 自主确定

注意：1. 规费和税金不得作为竞争性费用。

2. 投标报价时，不能进行投标总价优惠（或降价、让利），投标人对投标报价的任何优惠（或降价、让利）均应反映在相应清单项目的综合单价中。

经典题目

1. （2015 年真题 · 单选题）关于工程量清单招标方式下投标人报价的说法，正确的是（　）。
   A. 专业工程暂估价中的专业工程应由投标人自主确定价格并计入报价
   B. 暂估价中的材料应按暂估单价计入综合单价
   C. 措施项目中的总价项目应包括规费和税金
   D. 投标人投标报价可以给予一定幅度的总价优惠

2. （2015 年真题 · 单选题）根据《建设工程工程量清单计价规范》GB 50500 — 2013，建设工程投标报价中，不得作为竞争性费用的是（　）。
   A. 总承包服务费　B. 夜间施工增加费　C. 分部分项工程费　D. 规费

3. （例题 · 单选题）根据“13 规范”，如果分部分项工程清单项目特征描述与设计图纸不符，投标人应以（　）为准，确定投标报价的综合单价。
   A. 分部分项工程清单的项目特征描述　B. 设计图纸的项目特征描述
   C. 设计变更的项目特征描述　D. 实际施工的项目特征描述

4. （2016 年真题 · 多选题）工程量清单招标时，投标人编制投标报价前应认真复核工程量清单中的分部分项目量，因为该工程量会影响（　）
   A. 施工方法选择　B. 投标总价的计算　C. 劳动力和机具的选择
   D. 结算工程量的确定　E. 投标综合单价报价

大立名师说

本考点为核心考点，出题方向两个：一是考核投标价的编写要求，二是考核投标报价过程中遇到项目特征描述不符的解决办法。

1Z103074 合同价款的约定

【考点一】合同形式的选择★★★

<table>
<tr><td colspan="2">合同形式选择影响因素：设计图纸深度、工期长短、工程规模和复杂程度</td></tr>
<tr><td>适用情况</td><td>合同选择结果</td></tr>
<tr><td>实行工程量清单计价的工程</td><td>采用单价合同</td></tr>
<tr><td>建设规模较小，技术难度较低，工期较短，且施工图设计已审查批准的建设工程</td><td>采用总价合同</td></tr>
<tr><td>紧急抢险、救灾以及施工技术特别复杂的建设工程</td><td>采用成本加酬金合同</td></tr>
<tr><td colspan="2">单价合同和总价合同均可以采用工程量清单计价，区别在于工程量清单中所填写的工程量的合同约束力。具体如下：单价合同（量可调）；总价合同（量不可调）</td></tr>
</table>

经典题目

1. （2015 年真题 · 单选题）对建设规模较小、技术难度较低、施工工期较短、施工图设计已经审查批准的工程，从有利于业主方控制投资的角度，适宜采用的合同类型是（　）。
   A. 固定单价合同　B. 固定总价合同　C. 成本加酬金合同　D. 可调单价合同

2. （例题·单选题）建设工程项目采用何种合同计价形式，主要依据不包括（ ）。
A．设计图纸深度　B．工期长短　C．工程规模　D．付款额度的大小

大立名师说

本考点为核心考点，出题方式：一是考核合同选择的影响因素；二是考核合同类型的选择，考生要把握住每种合同形式的典型特点才能加以区分。

【考点二】合同价款的约定★

1．合同价款的约定

（1）实行招标的工程合同价款应在中标通知书发出之日起 30 天内，由发承包双方依据招标文件和中标人的投标文件在书面合同中约定

（2）文件与中标人投标文件不一致的地方应以投标文件为准

2．承发包双方在合同条款中约定的事项

（1）预付工程款的数额、支付时间及抵扣方式
（2）安全文明施工费
（3）工程计量与支付工程进度款的方式、数额及时间
（4）工程价款的调整因素、方法、程序、支付及时间
（5）施工索赔与现场签证的程序、金额确定与支付时间
（6）承担计价风险的内容、范围以及超出约定内容、范围的调整办法
（7）工程竣工价款结算编制与核对、支付及时间
（8）工程质量保证金的数额、预留方式及时间
（9）违约责任以及发生合同价款争议的解决方法及时间
（10）与履行合同、支付价款有关的其他事项等

■ 经典题目

1．（2015 年真题·多选）根据《建设工程价款结算暂行办法》（财建 [2004] 369 号），发承包双方在施工合同中约定的合同价款事项有（ ）。
A．投标保证金的数额、支付方式及时间
B．工程价款的调整因素、方法、程序、支付方式及时间
C．承担计价风险的内容、范围以及超出约定内容、范围的调整方法
D．工程竣工价款结算编制与核对、支付方式及时间
E．违约责任以及发生合同价款争议的解决方法及时间

大立名师说

本考点为常识性考点，出题方向考核合同价款的约定时间、约定事项。

1Z103080 计量与支付

【知识点导图】

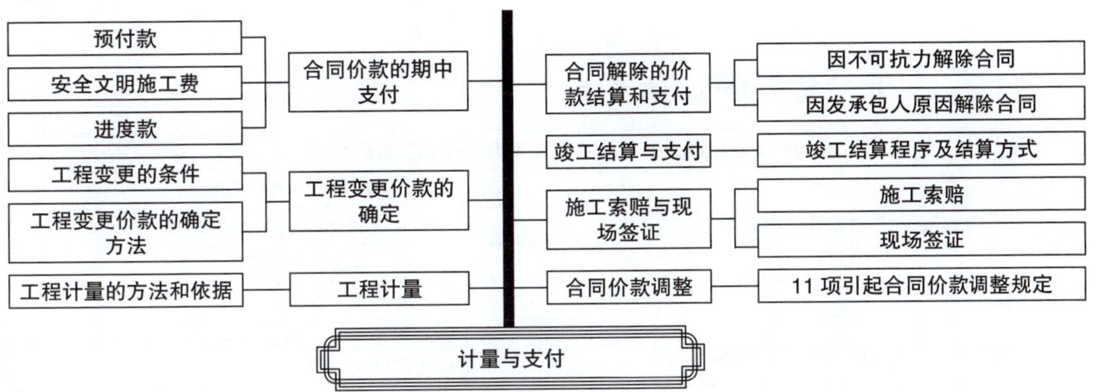

1Z103081 工程计量

【考点一】工程计量的原则和依据★★★

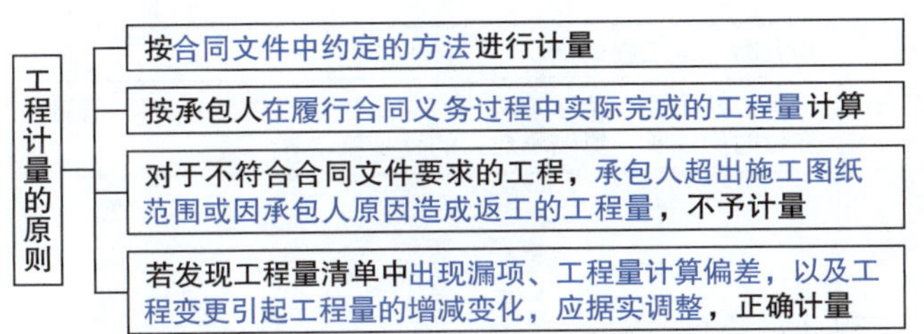

工程计量的依据

1. 质量合格证书（履约）
2. 《计量规范》和技术规范（依法）
3. 设计图纸（按图）

■ 经典题目

1. （2015 年真题 · 单选题）某灌注桩计量支付条款约定工程量以米计量，若设计长度为 20 米的灌注桩，承包人做了 21 米，监理工程师未对施工质量表示异议，则发包人应该按（　）米支付价款。

A. 19　　B. 20　　C. 21　　D. 22

2. （例题 · 单选题）关于单价合同中工程量的说法，正确的是（　）。

A. 单位合同应予计量的工程量是承包人实际施工的工程量
B. 承包人因自身原因造成返工的工程量应予计量
C. 工程计量应以设计图纸为依据
D. 承包人为保证工程质量超过图纸要求的工程量应予计量

3. （2016 年真题 · 多选题）施工过程中，可以作为工程量计量依据的资料有（　）

A. 质量合格证书　　B. 计量规范　　C. 技术规范
D. 招标工程清单　　E. 设计图纸

大立名师说

本考点为核心考点，出题方向考核工程计量的原则和依据，考核形式多样，可以直接考核，也可以通过例子考核。

【考点二】单价合同的计量★★

<table>
<tr><td colspan="4">单价合同计量程序时间结点：7 天　　现场计量核实时间结点：24 小时</td></tr>
<tr><td colspan="3" rowspan="3">监理工程师计量的工程项目</td><td>工程量清单中的全部项目</td></tr>
<tr><td>合同文件中规定的项目</td></tr>
<tr><td>工程变更项目</td></tr>
<tr><td rowspan="7">工程计量的方法</td><td>方法名称</td><td>方法要点</td><td>举例</td></tr>
<tr><td>均摊法</td><td>按合同工期平均计量</td><td>如：为监理工程师提供宿舍，保养测量设备，保养气象记录设备，维护工地清洁和整洁等</td></tr>
<tr><td>凭据法</td><td>按照承包人提供的凭据进行计量支付</td><td>如建筑工程险保险费、第三方责任险保险费、履约保证金</td></tr>
<tr><td>估价法</td><td>根据监理工程师估算的已完成工程价值支付</td><td>如为监理工程师提供办公设施和生活设施，为监理工程师提供用车，为监理工程师提供测量设备、天气记录设备、通信设备</td></tr>
<tr><td>断面法</td><td>主要用于取土坑或填筑路堤土方的计量</td><td></td></tr>
<tr><td>图纸法</td><td>按设计图纸所示尺寸进行计量</td><td>如混凝土构筑物的体积，钻孔桩的桩长</td></tr>
<tr><td>分解计量法</td><td>根据工序或部位分解为若干子项，对各子项进行计量</td><td>这种方法主要是为了解决一些包干项目或较大的工程项目的支付时间过长，影响承包人的资金流动等问题</td></tr>
</table>

经典题目

1. （例题·单选题）监理工程师进行工程计量项目一般不包括（　）。
   A．工程量清单中的全部项目　　B．合同文件中规定的项目
   C．超出设计图纸范围的工作　　D．工程变更项目

2. （2016 年真题·单选题）根据《建设工程工程量清单计价规范》(GB50500—2013)，关于单价合同计量的说法，正确的是（　）。
   A. 承包人为保证施工质量超出施工图纸范围实施的工程量，应予以计量
   B. 承包人收到计量的通知后不派人参加计量，则发包人的计量结果无效
   C. 发包人应在计量前 24 小时通知承包人，无论承包人是否参加，计量结果有效
   D. 发包人可以在任何方便的时候计量，计量结果有效

大立名师说

本考点为核心考点，出题方向：一是考核工程计量的程序；二是考核工程计量的方法。

【考点三】总价合同的计量★★★

总价合同形式	工程量计算方法
采用工程量清单方式招标形成的总价合同	工程量的计算应按照单价合同的计量规定计算
采用经审定批准的施工图纸及其预算方式发包形成的总价合同	总价合同各项目的工程量应为承包人用于结算的最终工程量
总价合同约定的项目计量应以合同工程经审定批准的施工图纸为依据，发承包双方应在合同中约定工程计量的形象进度或事件节点进行计量	
总价合同计量时间结点：7 天	

■ 经典题目

1. （例题・单选题）根据《建设工程工程量清单计价规范》（GB 50500 — 2013），关于工程计量的说法，正确的是（ ）。

A．发包人应在收到承包人已完成工程量报告后 14 天核实

B．总价合同的工程量必须以原始的施工图纸为依据计量

C．所有工程内容必须按月计量

D．单价合同的工程量必须以承包人完成合同工程应予计量的工程量确定

2. （2016 年真题・单选题）根据《建设工程工程量清单计价规范》（GB 50500—2013），关于施工中工程计量的说法，正确的是（ ）。

A．发包人应在收到承包人已完工程量报告后 14 天内核实工程量

B．单价合同的工程量必须以承包人完成合同工程应予计量的工程量确定

C．总价合同结算时工程量必须按实际工程计量

D．对质量不合格的工程，承包人承诺返工的工程量给予计量

大立名师说

本考点为核心考点，出题方向考核不同类型总价合同对应的工程量计算方法。

1Z103082 合同价款调整

【考点一】法规法规、项目特征、项目清单等变化引起合同价款调整的规定★★★

1．合同价款调整的程序——14 天

合同价款调整的程序时间结点：14 天

2．法律法规变化导致合同价款调整的规定——28 天

（1）招标工程以投标截止日前 28 天，非招标工程以合同签订前 28 天为基准日，其后引起工程造价增减变化的，按照省级或行业建设主管部门或其授权的工程造价管理机构据此发布的规定调整合同价款。

（2）因承包人原因导致工期延误的，在合同工程原定竣工时间之后，合同价款调增的不予调整，合同价款调减的予以调整。

3．项目特征不符导致合同价款调整的规定——哪个后发生以哪个为准

在合同履行期间出现设计图纸（含设计变更）与招标工程量清单任一项目的特征描述不符，应按照实际施工的项目特征，按规范中工程变更相关条款的规定合同价款

4．工程量清单缺项导致合同价款调整的规定——谁要钱谁提出

（1）导致工程量清单缺项的原因：一是设计变更；二是施工条件改变；三是工程量清单编制错误

（2）由于招标工程量清单缺项导致合同价款具体规定如下：

①新增分部分项工程量清单项目的，应按照工程变更调整

②新增分部分项工程量清单项目后，引起措施项目发生变化的，承包人提交实施方案被发包人批准后调整合同价款。

③招标工程量清单中措施项目缺项，承包人提交实施方案、发包人批准后调整

经典题目

1．（2015 年真题・单选题）施工合同履行过程中，不是导致工程量清单缺项并应调整合同价款的原因有（　）。

A．设计变更　B．施工条件改变　C．承包人投标露项　D．工程量清单编制错误

2．（2016 年真题・单选题）根据《建设工程工程量清单计价规范》(GB50500—2013)，在合同履行期间，由于招标工程量清单缺项，新增了分部分项工程量清单项目，关于其合同价款确定的说法，正确的是（　）。

A. 新增清单项目的综合单价应当由监理工程师提出

B. 新增清单项目导致新增措施项目的，承包人应将新增措施项目施工方案提交发包人批准

C. 新增清单项目的综合单价应由承包人提出，但相关措施项目费不能再做调整

D. 新增清单项目应按额外工程处理，承包人可选择做或者不做

大立名师说

本考点为核心考点，出题方向考核合同价款调整的规定。

【考点二】工程量偏差引起价款调整规定★★★

法律条文规定

1. 工程量偏差超过15%时，合同可进行调整。当工程量增加15%以上时，增加部分的工程量的综合单价应予调低；当工程量减少15%以上时，减少后剩余部分的工程量的综合单价应予调高

2. 如果工程量出现超过15%的变化，且引起措施项目发生变化时，工程量增加的措施项目费调增，工程量减少的措施项目费调减

合同有约定的按合同约定执行

解题思路

首先判断工程量偏差的范围，然后再套用相应公式

1. 当工程量增加15%以上时

$$S=1.15Q\times P_0+(Q_1-1.15Q_0)\times P_1$$

2. 当工程量减少15%以上时

$$S=Q_1\times P_1$$

S ——工程结算价
Q_1 —— 最终完成工程量
Q_0 —— 清单工程量
P_1 —— 调整后的综合单价
P_0 —— 清单综合单价

套用公式需要解决的核心问题，就是调整后综合价格的确定

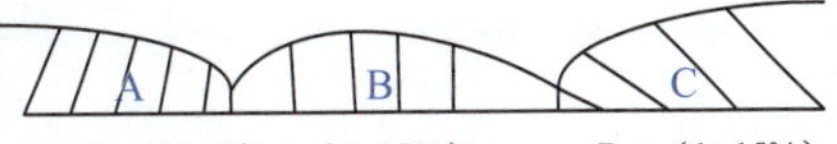

$P_2\times(1-L)\times(1-15\%)$　　$P_2\times(1+15\%)$

P_0 如果在A区域，$P_1=P_2\times(1-L)\times(1-15\%)$
P_0 如果在B区域，P_0 不调整
P_0 如果在C区域，$P_1=P_2\times(1+15\%)$
其中：P_0—— 清单综合单价　P_2—— 招标控制价
L —— 报价浮动率

合同有约定的按合同约定执行

■ 经典题目

1. （例题·单选题）某独立土方工程按《建设工程工程量清单计价规范》计价，招标文件中预计工程量10万立方米，合同中规定：土方工程单价30元/m³，当实际工程量超过估计工程量10%时，超出部分价格调整为25元/m³。工程完成后实际工程量12万m³，则该土方工程的结算工程款为（　）万元。

A．355　　B．350　　C．325　　D．300

2. （例题·单选题）采用清单计价的某分部分项工程，招标控制价的综合单价为320元，投标报价的综合单价为265元，该工程投标报价下浮率为5%，结算时，该分部分项工程工程量比清单量增加了18%，且合同未确定综合单价调整方法，则综合单价的处理方式是（　）。

A．上浮18%　　B．下调5%　　C．调整为292.5元　　D．可不调整

3.（2016年真题·单选题）某独立土方工程，根据《建设工程工程量清单规范》(GB50500—2013)，签订了固定单价合同，招标工程量为3000㎡，承包人标书中土方工程报价为55元/㎡。合同约定：当实际工程量超过估计工程量15%时，超过部分工程量单价调整为50元/㎡。工程结束时实际完成并经监理确认的土方工程为4500m³，则土方工程总价为（　）元。

A.242250　　B.240000　　C.247500　　D.225000

大立名师说

本考点为核心考点，系统介绍工程量偏差导致合同价款调整，出题方向：一是当合同没有约定时，工程量偏差引起合同价款的调整；二是考核当合同有约定时，工程量偏差引起合同价款的调整；三是考核工程量发生偏差，合同单价的调整。

【考点三】计日工、暂估价、提前竣工、暂列金额、不可抗力等发生变化引起合同价款调整的规定★★★

1. 计日工

（1）任一计日工项目持续进行时，承包人应在该项工作实施结束后的24小时内向发包人提交有计日工记录汇总的现场签证报告一式三份

（2）发包人在收到承包人提交现场签证报告后的2天内予以确认并将其中一份返还给承包人，作为计日工计价和支付的依据

（3）发包人逾期未确认也未提出修改意见的，应视为承包人提交的现场签证报告已被发包人认可

（4）任一计日工项目实施结束后，应根据核实的工程数量和承包人已标价工程量清单中的计日工单价计算，提出应付价款；已标价工程量清单中没有该类计日工单价的，由发承包双方按工程变更的相关规定商定计日工单价计算

2. 暂估价

（1）发包人在招标工程量清单中给定暂估价的材料、工程设备属于依法必须招标的，由发承包双方以招标的方式选择供应商确定价格，取代暂估价

（2）发包人在招标工程量清单中给定暂估价的材料、工程设备不属于依法必须招标的，应由承包人按照合同约定采购，经发包人确认单价后取代暂估价

（3）暂估材料或工程设备的单价确定后，在综合单价中只应取代原暂估单价，不应再在综合单价中涉及企业管理费或利润等其他费的变动

3. 提前竣工

（1）压缩的工期天数不得超过定额工期的20%，将其量化。超过者，应在招标文件中明示增加赶工费用

（2）发包人要求合同工程提前竣工的，发包人应承担承包人由此增加的提前竣工（赶工补偿）费用

4. 暂列金额

已签约合同价中的暂列金额由发包人掌握使用。发包人按照合同的规定作出支付后，如有剩余，则暂列金额余额归发包人所有

5. 不可抗力

合同价款调整原则：各扫门前雪

■ 经典题目

1. （2015年真题·单选题）根据《建设工程工程量清单计价规范》（GB 50500—2013），施工过程中发生的计日工，应按照（　）计价。

A. 已标价工程量清单中的计日工单价
B. 计日工发生时承包人提出的综合单价
C. 计日工发生当月市场人工工资单价
D. 计日工发生当月造价管理部门发布的人工指导价

2. （2015年真题·单选题）根据《建设工程工程量清单计价规范》（GB 50500—2013），签约合同中的暂估材料在确定单价以后，其相应项目综合单价的处理方式是（　）。

A. 在综合单价中用确定单价代替原暂估价，并调整企业管理费，不调整利润
B. 在综合单价中用确定单价代替原暂估价，并调整企业管理费和利润
C. 综合单价不做调整
D. 在综合单价中用确定单价代替原暂估价，不再调整企业管理费和利润

3. （2015 年真题·单选题）根据建设工程量清单计价规范，工程发包时，招标人要求索赔的工期天数超过定额工期（　）时，应当在招标文件中明示增加赶工费用。

A．5%　　B．10%　　C．15%　　D．20%

4. （例题·单选题）因不可抗力事件导致的人员伤亡、财产损失及其费用增加，发承包双方分别承担并调整合同价款和工期应遵循的原则错误的是（　）。

A．发包人、承包人人员伤亡由其所在单位负责，并应承担相应费用

B．承包人停工导致的人工窝工和机械窝工损失，应由发包人承担

C．停工期间，承包人应发包人要求留在施工场地的必要的管理人员及保卫人员的费用，应由发包人承担

D．工程所需清理、修复费用，应由发包人承担

5. （2016 年真题·单选题）根据《建设工程工程量清单计价规范》(GB 50500—2013)，关于合同工期的说法，正确的是（　）。

A. 发包人要求合同工程提前竣工的，应承担承包人由此增加的提前竣工费用

B. 招标人压缩的工期天数不得超过定额工期的 30%

C. 招标人压缩的工期天数超过定额工期的 20% 但不超过 30% 时，不额外支付赶工费用

D. 工程实施过程中，发包人要求合同工程提前竣工的，承包人必须采取加快工程进度的措施

大立名师说

本考点为核心考点，出题方向为计日工等变化引起合同价款调整的规定。

【考点四】物价变化引起合同价款调整的规定★★★

调整范围	调整原则（偏向非责任者）
承包人采购材料和工程设备的，应在合同中约定主要材料、工程设备价格变化的范围或幅度；当没有约定，且材料、工程设备单价变化超过 5% 时，超过部分的价格应按照价格指数调整法或造价信息差额调整法计算调整材料、工程设备费	（1）因非承包人原因导致工期延误的，计划进度日期后续工程的价格，应采用计划进度日期与实际进度日期两者的较高者 （2）因承包人原因导致工期延误的，计划进度日期后续工程的价格，应采用计划进度日期与实际进度日期两者的较低者

物价变化引起价格调整方法		
方法名称	方法要点	特殊说明
价格指数法	$\Delta P=P_0[A+(B_1\times\frac{F_{t1}}{F_{01}}+B_2\times\frac{F_{t2}}{F_{02}}+B_3\times\frac{F_{t3}}{F_{03}}+\cdots\cdots B_n\times\frac{F_{tn}}{F_{0n}})-1]$ ΔP — 需调整的价格差额 A — 定值权重 $B_1, B_2, \cdots; B_n$ —— 各可调因子的变值权重 $F_{t1}, F_{t2}, \cdots; F_{tn}$ —— 各可调因子的现行价格指数 $F_{01}, F_{02}, \cdots; F_{0n}$ —— 各可调因子的基本价格指数	P_0: 约定的付款证书中承包人应得到的已完成工程量的金额；此项金额应不包括价格调整、不计质量保证金的扣留和支付、预付款的支付和扣回；约定的变更及其他金额已按现行价格计价的也不计在内
造价信息调整法	1. 人工、机械使用费按工程造价管理机构发布的人、机费用系数进行调整 2. 材料、工程设备价格变化引起的价款调整：涨高跌低（投标价低于基准单价，所以基准单价是两者的高者，符合规律“涨高”） 举例：承包人投标报价中材料单价低于基准单价：施工期间材料单价涨幅以基准单价为基础超过合同约定的风险幅度值，或材料单价跌幅以投标报价为基础超过合同约定的风险幅度值时，其超过部分按实调整	

■ 经典题目

1. （2015年真题·单选题）根据《建设工程施工合同（建设工程施工合同示范文本）》（GF-2013—0201）承包人采购材料和工程设备的，应在合同中约定主要材料、工程设备价格变化的范围或幅度；当没有约定，且材料、工程设备单价变化超过（ ）时，超过部分的价格应按价格指数调整法或造价信息差额调整法调整材料、工程设备费。

A．10%　　B．5%　　C．4%　　D．3%

2. （例题·单选题）某工程合同价为500万元，合同价的60%为可调部分。可调部分中，人工费占35%，材料费占55%，其余占10%。结算时，人工费价格指数增长了10%，材料费价格指数增长了20%，其余未发生变化。按调值公式法计算，该工程的结算工程价款为（ ）万元。

A．610.00　　B．543.50　　C．511.25　　D．500.00

3. （例题·单选题）某工程采用的预拌混凝土由承包人提供，混凝土基准单价310元/m³，投标单价308元/m³，风险系数约定为5%，在施工期间，在采购混凝土时，单价为327元/m³，则合同约定的材料单价应该调整为（ ）/m³。

A．308　　B．310　　C．309.4　　D．310.5

4. （2016年真题·单选）根据《建设工程工程量清单计价规范》(GB50500—2013)，由于承包人原因未在约定的工期内竣工的，则对原约定竣工日期后继续施工的工程，在使用价格调整公式进行价格调整时，应使用的现行价格指数都是（ ）。

A. 原约定竣工日期的价格指数
B. 原约定竣工日期与实际竣工日期的两个价格指数中较低者
C. 实际竣工日期的价格指数
D. 原约定竣工日期与实际竣工日期的两个价格指数中较高者

大立名师说

本考点为核心考点，也是难点考点，出题方向：一是考核物价变化合同价款调整的原则；二是考核价格指数法和造价信息调整法的应用。

1Z103083 工程变更价款的确定

【考点一】工程变更★★

1. 工程变更程序

发包人对原设计进行变更	承包人对原设计进行变更
1. 应提前14天以书面形式向承包人发出变更通知 2. 承包人对于发包人的变更通知没有拒绝的权利 3. 变更超过原设计标准或批准的建设规模时，发包人应报规划管理部门和其他有关部门重新审查批准，并由原设计单位提供变更的相应图纸和说明 4. 承包人按照监理工程师发出的变更通知及有关要求变更	1. 承包人提出的合理化建议涉及设计变更，须经监理工程师同意 2. 监理工程师同意变更后，也须经原规划管理部门和其他有关部门审查批准，并由原设计单位提供变更的相应图纸和说明 3. 未经监理工程师同意承包人擅自更改或换用，承包人应承担由此发生的费用，并赔偿发包人的有关损失，延误的工期不予顺延

2. 已标价工程量清单项目或其工程数量发生变化的调整办法

情况	解决办法
已标价工程量清单中有适用于变更工程项目的	直接采用
已标价工程量清单中没有适用但有类似于变更工程项目的	在合理范围内参照
已标价工程量清单中没有适用也没有类似于变更工程项目的	承包人提出变更项目的单价报发包人确认后调整。 招标工程： 承包人报价浮动率 $L=(1-\frac{中标价}{招标控制价})\times100\%$ 非招标工程： 承包人报价浮动率 $L=(1-\frac{报价值}{施工图预算})\times100\%$
已标价工程量清单中没有适用也没有类似于变更工程项目，且工程造价管理机构发布的信息价格缺价的	承包人提出变更项目的单价报发包人确认后调整

3. 措施项目费的调整

（1）工程变更引起措施项目发生变化时，承包人应事先将拟实施的方案提交发包人确认

（2）如果承包人未事先将拟实施的方案提交给发包人确认，则视为工程变更不引起措施项目费的调整或承包人放弃调整措施项目费的权利

（3）安全文明施工费应按照实际发生变化的措施项目调整，不得浮动

■ 经典题目

1. （2015 年真题 · 单选题）根据《建设工程工程量清单计价规范》GB（50500—2013），工程变更引起施工方案改变并使措施项目发生变化时，承包人提出调整措施项目费用的，应事先将（ ）提交发包人确认。

A. 拟实施的施工方案　　B. 索赔意向通知
C. 拟申请增加的费用明细　　D. 工程变更的内容

2. （2015 年真题 · 多选题）根据《建设工程工程量清单计价规范》GB（50500—2013）已标价工程量清单中没有适用也没有类似于变更工程项目的变更工程项目单价应由（ ）提出。

A. 承包人　B. 监理人　C. 发包人　D. 设计人

3. （2015 年真题 · 单选题）根据《建设工程工程量清单计价规范》GB （50500—2013）工程变更引起施工方案改变并使措施项目发生变化时，关于措施项目费调整的说法，正确的有（ ）。

A. 安全文明施工费按实际发生的措施项目，考虑承包人报价浮动因素进行调整
B. 安全文明施工费按实际发生变化的措施项目调整，不得浮动
C. 对单价计算的措施项目费，按实际发生变化的措施项目和已标价工程量清单项目确定单价
D. 对总价计算的措施项目费一般不能进行调整
E. 对总价计算的措施项目费，按实际发生变化的措施项目并考虑承包人报价浮动因素进行调整

大立名师说

本考点为核心考点，出题方向：一是考核工程变更的程序；二是考核工程变更价款的调整方法。

1Z103084 施工索赔与现场签证

【考点一】施工索赔★

<table>
<tr><td>索赔成立条件</td><td colspan="2">三要素：正当的索赔理由；有效的索赔证据；在合同约定的时间内提出</td></tr>
<tr><td>索赔证据要求</td><td colspan="2">六要求：真实性；全面性；关联性；及时性并具有法律证明效力</td></tr>
<tr><td>索赔程序</td><td colspan="2">时间结点总结：28 天</td></tr>
<tr><td rowspan="3">索赔费用组成</td><td>人</td><td>增加工作内容的人工费应按照计日工费计算，而停工损失费和工作效率降低的损失费按窝工费计算</td></tr>
<tr><td>设备</td><td>当工作内容增加引起设备费索赔时，设备费的标准按照机械台班费计算。因窝工引起的设备费索赔，当施工机械属于施工企业自有时，按照机械折旧费计算索赔费用；当施工机械是施工企业从外部租赁时，按照设备租赁费计算索赔费</td></tr>
<tr><td>材</td><td>包括索赔事件引起的材料用量增加、材料价格大幅度上涨、非承包人原因造成的工期延误而引起的材料价格上涨和材料超期存储费用</td></tr>
<tr><td rowspan="3">索赔费用的计算方法</td><td>实际费用法</td><td>最常用的索赔方法，注意不要遗漏费用项目</td></tr>
<tr><td>总费用法</td><td>对业主不利，总费用中可能承包人的施工组织不合理因素</td></tr>
<tr><td>修正总费用法</td><td>合理</td></tr>
</table>

■ 经典题目

1. （例题·单选题）索赔费用的组成中的人工费，包括增加工作内容的人工费、停工损失费和工作效率降低的损失费等累计，其中增加工作内容的人工费计算应按照（ ）。

A. 计日工费　　B. 平均日工费　　C. 窝工费　　D. 平均窝工费

2. （2016 年真题·单选题）某建设工程施工过程中，由发包人供应的材料没有及时到货，导致承包人的工人窝工 5 个工作日，每个工日单价为 200 元；承包人租赁的一台挖土机窝工 5 个台班，台班租赁费为 500 元；承包人自有的一台卸汽车窝工 2 个台班，该自卸汽车折旧费每台 300 元，工作时燃油动力费每台班 80 元。则承包人可以索赔的费用是（ ）元。

A.2500　　B.3500　　C.4260　　D.4100

大立名师说

本考点为常识性考点，简单掌握即可。与《项目管理》这门课程索赔内容相同。

【考点二】《标准施工招标文件》中合同条款规定的可以合理补偿承包人索赔的条款★★

序号	条款号	主要内容	可补偿内容		
			工期	费用	利润
1	1.10.1	施工过程发现文物、古迹以及其他遗迹、化石、钱币或物品	√	√	
2	4.11.2	承包人遇到不利物质条件	√	√	
3	5.2.4	发包人要求向承包人提前交付材料和工程设备		√	
4	5.2.6	发包人提供的材料和工程设备不符合合同要求	√	√	√
5	8.3	发包人提供资料错误导致承包人的返工或造成工程损失	√	√	√
6	11.3	发包人的原因造成工期延误	√	√	√
7	11.4	异常恶劣的气候条件	√		

8	11.6	发包人要求承包人提前竣工		√	
9	12.2	发包人原因引起的暂停施工	√	√	√
10	12.4.2	发包人原因引起造成暂停施工后无法按时复工	√	√	√
11	13.1.3	发包人原因造成工程质量达不到合同约定验收标准的	√	√	√
12	13.5.3	监理人对隐蔽工程重新检查，经检验证明工程质量符合合同要求的	√	√	√
13	16.2	法律变化引起的价格调整		√	
14	18.4.2	发包人在全部工程竣工前，使用已接收的单位工程导致承包费用增加的	√	√	√
15	18.6.2	发包人的原因导致试运行失败的		√	√
16	19.2	发包人原因导致的工程缺陷和损失		√	√
17	21.3.1	不可抗力	√		

注：序号 1、2、3、7、8、13、15、16、17 项特殊，其余均可索赔工期、费用、利润。

经典题目

1. （例题·单选题）当工程在施工过程遭遇异常恶劣的气候条件时，承包人可索赔（ ）。

A．工期　　B．工期、利润　　C．工期、费用　　D．工期、费用、利润

2. （例题·单选题）根据《标准施工招标文件》，在施工过程中遭遇不可抗力，承包人可以要求合理补偿（ ）。

A．费用　　B．利润　　C．成本　　D．工期

大立名师说

本考点为难点考点，出题方向：给出例子判断承包人可以索赔的项目。

【考点三】现场签证★★★

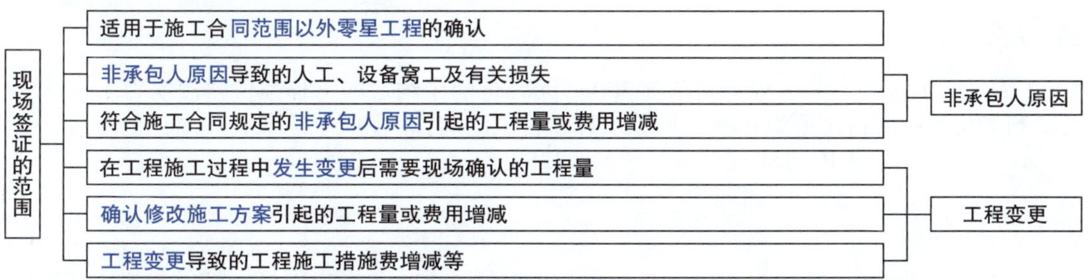

1．现场签证的程序

（1）承包人应在接受发包人要求的 7 天内向发包人提出签证，发包人签证后施工

（2）若发包人未签证同意，承包人施工后发生争议的，责任由承包人自负

（3）发包人应在收到承包人的签证报告 48 小时内给予确认或提出修改意见，否则视为该签证报告已经认可

2．现场签证费用的计算

第一种是完成合同以外的零星工作时，按计日工作单价计算

第二种是完成其他非承包人责任引起的事件，应按合同中的约定计算

进行现场签证时，关注的问题：时效性、重复计量、掌握标书对计日工的规定等

经典题目

1．（例题·多选题）现场签证是指发、承包双方现场代表（或其委托人）就施工过程中涉及的责任事件所作的签认证明。现场签证的范围一般包括（　）。

A．适用于施工合同范围以内零星工程的确认

B．承包人原因导致的人工、设备窝工及有关损失

C．在工程施工过程中发生变更后需要现场确认的工程量

D．符合施工合同规定的承包人原因引起的工程量或费用增减

E．确认修改施工方案引起的工程量或费用增减，以及工程变更导致的工程施工措施费增减

大立名师说

本考点为核心考点，出题方向考核现场签证的内容和程序。

1Z103085 合同价款期中支付

【考点一】工程预付款★★★

工程预付款的额度	包工包料的工程原则上预付比例不低于合同金额（扣除暂列金额）的10%，不高于合同金额（扣除暂列金额）的30% 对重大工程项目，按年度工程计划逐年预付
工程预付款的支付时间	在具备施工条件的前提下，发包人应在双方签订合同后的一个月内或约定的开工日期前的7天内预付工程款。若发包人未按合同约定预付工程款，承包人应在预付时间到期后10天内向发包人发出要求预付的通知，发包人收到通知后仍不按要求预付，承包人可在发出通知14天后停止施工
工程预付款的抵扣	起扣点计算：$T=P-\frac{M}{N}$ T——起扣点 P——承包工程合同总额 M——工程预付款数额 N——主要材料及构件所占比重

经典题目

1．（例题·单选题）某工程合同总额300万元，合同中约定的工程预付款额度为15%，主要材料和构配件所占比重为60%，则该工程预付款的起扣点为（　）万元。

A．135　　B．180　　C．225　　D．255

大立名师说

本考点为核心考点，出题方向：一是考核工程预付款的额度；二是考核工程预付款的起扣点的计算。

【考点二】安全文明施工费、进度款★

1．安全文明施工费

（1）发包人应在工程开工后的28天内预付不低于当年施工进度计划的安全文明施工费总额的60%，其余部分应按照提前安排的原则进行分解，并应与进度款同期支付

（2）发包人没有按时支付安全文明施工费的，承包人可催告发包人支付；发包人在付款期满后的7天内仍未支付的，若发生安全事故，发包人应承担相应责任

2. 进度款

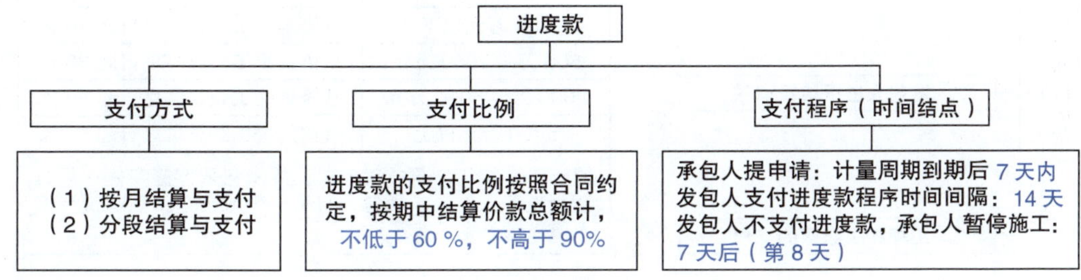

■ 经典题目

1. （2015 年真题 · 单选题）某工程项目预付款 120 万元，合同约定：每月进度款按结算价的 80% 支付；每月支付安全文明施工费 20 万元；预付款从开工的第 4 个月起分 3 个月等额扣回，开工后前 6 个月结算价如下表，则第 5 个月应支付的款项为（ ）万元。

月份	1	2	3	4	5	6
结算价（万元）	200	210	220	220	220	220

A. 136　　B. 160　　C. 156　　D. 152

2.（2016 年真题 · 多选）根据《企业安全生产费用提取和使用管理方法》（财企 [2012]16 号），关于安全文明施工费的说法，正确的有（ ）。

A. 发包人应在开工后 28 天内预付不低于当年施工进度计划的安全文明施工费总额的 60%

B. 承包人对安全文明施工费应专款专用，不得挪作他用

C. 承包人应将安全文明施工费在账务账目中单独列项备查

D. 发包人没有按时支付安全文明施工费的，承包人可以直接停工

E. 发包人在付款期满后 7 天内仍未支付安全文明施工费的，若发生安全事故，发包人承担全部责任

大立名师说

本考点为常规考点，出题方向：一是考核安全文明施工费预付规定；二是进度款支付规定。

1Z103086 竣工结算与支付

【考点一】竣工结算程序★★

工程竣工结算应由承包人或受其委托具有相应资质的工程造价咨询人编制，并应由发包人或受其委托具有相应资质的工程造价咨询人核对。

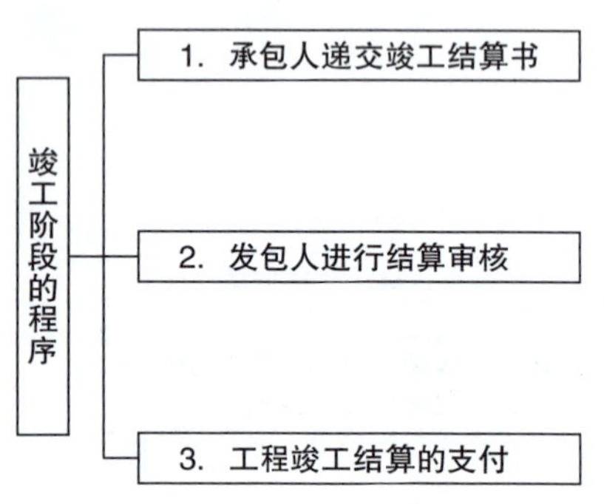

发包人工程竣工结算核对时间表

工程竣工结算书金额	核对时间
500 万元以下	从接到竣工结算书之日起 20 天
500 万 ~ 2000 万元	从接到竣工结算书之日起 30 天
2000 万 ~ 5000 万元	从接到竣工结算书之日起 45 天
5000 万元以上	从接到竣工结算书之日起 60 天
同一工程竣工结算核对完成，发承包双方签字确认后，禁止发包人又要求承包人与另一个或多个工程造价咨询人重复核对竣工结算	

■ 经典题目

1. （2012 年真题・单选题）工程竣工结算书编制与核对的责任分工是（　）。

A. 发包人编制，承包人核对　　B. 监理机构编制，发包人核对

C. 承包人编制，发包人核对　　D. 造价咨询人编制，承包人核对

大立名师说

本考点为常规考点，一是考核竣工结算的主体，二是考核竣工结算的审核时间。

【考点二】竣工结算款支付、最终结清时间结点★

1. 竣工结算款支付

（1）发包人在竣工结算款支付申请后 7 天内予以核实，向承包人签发竣工结算支付证书，并在签发证书后的 14 天内，支付结算款

（2）发包人在收到支付申请后 7 天内不予核实视为认可

（3）发包人在竣工结算支付证书签发后或者在收到承包人提交的竣工结算款支付申请 7 天后的 56 天内仍未支付的，承包人可与发包人协商将该工程折价，也可直接向人民法院申请将该工程依法拍卖。承包人应就该工程折价或拍卖的价款优先受偿

2. 最终结清

（1）发包人应在收到最终结清支付申请后的 14 天内予以核实，并应向承包人签发最终结清支付证书

（2）发包人应在签发最终结清支付证书后的 14 天内，按照最终结清支付证书列明的金额向承包人支付最终结清款

■ 经典题目

1. （例题・单选题）发包人在竣工结算款支付申请后（　）天内予以核实，向承包人签发竣工结算支付证书。

A. 7　　B. 14　　C. 28　　D. 5

大立名师说

本考点为常规考点，对于竣工结算和最终结清程序和时间节点有所了解即可。

1Z103087 合同解除的价款结算和支付

【考点一】合同解除的价款结算和支付★

因不可抗力解除合同发包人需支付的费用	发包人应向承包人支付合同解除之日前已完工程但尚未支付的合同条款
	《建设工程工程量清单计价规范》中提前竣工相关条款中规定的应由发包人承担的费用
	已实施或部分实施的措施项目应付价款
	承包人为合同工程合理订购且已交付的材料和工程设备货款
	承包人撤离现场所需的合理费用，包括员工遣送费和临时工程拆除、施工设备运离现场的费用
	承包人为完成合同工程而预期开支的任何合理费用，且该项费用未包括在本款其他各项支付之内
因承包人违约解除合同，价款支付原则	发包人应暂停向承包人支付任何价款
	发包人应在合同解除后 28 天内核实合同解除时承包人已完成的全部合同价款以及按施工进度计划已运至现场的材料和工程设备货款，按合同约定核算承包人应支付的违约金以及造成损失的索赔金额，并将结果通知承包人
	发承包双方应在 28 天内予以确认或提出意见，并办理结算合同价款。如果发包人应扣除的金额超过了应支付的金额，则承包人应在合同解除后的 56 天内将其差额退还给发包人

■ 经典题目

1.（例题·单选题）由于不可抗力导致合同无法履行解除合同的，发包人应向承包人支付的金额不包括（ ）。

A. 合同解除日前的已完成工程但尚未支付的合同价款

B. 承包人清理现场所需的合理费用

C. 已实施或部分实施的措施项目应付价款

D. 承包人未完成合同工程而预期开支的任何合理费用

大立名师说

本考点为常规考点，考核合同价款解除的支付。

1Z103090 国际工程投标价

【知识点导图】

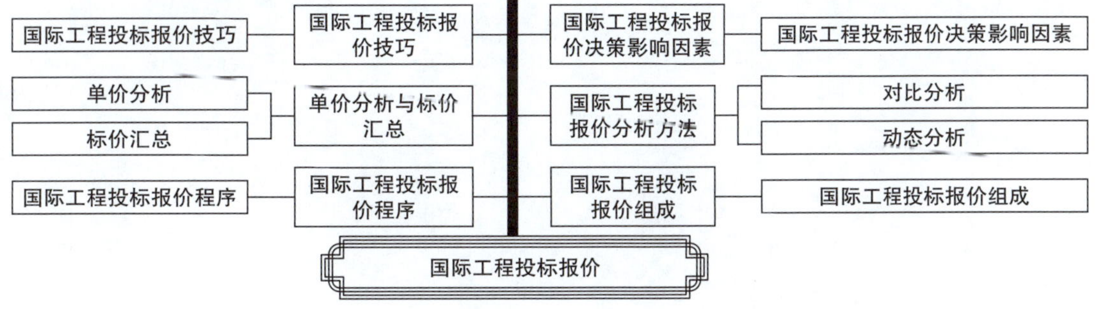

1Z103091 国际工程投标报价的程序

【考点一】国际工程投标报价的程序★

组织投标报价班子 → 研究招标文件 → 进行各项调查研究 → 标前会议与现场勘察 → 工程量复核 → 生产要素与分包工程询价

工程量复核：投标人至少也应重点核算那些工程量大和影响较大的子项。当发现遗漏或相差较大时，投标人不能随便改动工程量，仍应按招标文件的要求填报自己的报价，但可另在投标函中适当予以说明

生产要素与分包工程询价：国际工程项目的价格中，材料部分占 30% ~ 50% 的比重

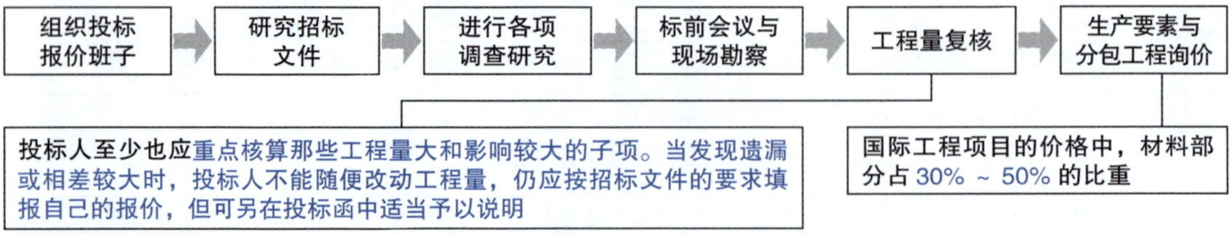

■ 经典题目

1.（例题·单选题）某国际工程投标过程中，投标人员在复核工程量时发现土方部分的工程量计算存在较大误差，其应采取的正确做法是（ ）。

A. 按自己核算的正确的工程量计算报价，并在投标函中予以说明

B. 按孰有利的原则选择招标文件的工程量或自己核算的工程量报价

C. 按招标文件的工程量填报自己的报价，并在投标函中予以说明

D. 按招标文件的工程量和自己核算的工程量分别报价并加以说明

2.（2011 年真题·单选题）国际工程投标报价程序中，为了便于准备计算投标报价，并为今后在施工中测量每项工程量提供依据，投标人应当进行的工作是（ ）。

A. 分包工程询价　　B. 工程量复核

C. 出席标前会议　　D. 对工程项目业主进行调查

3.（2014 年真题·单选题）按照国际工程投标报价的程序，投标人在标前会议之前应该进行的工作是（ ）。

A. 分包工程询价　　B. 人工、材料、机械基础单价计算

C. 生产要素询价　　D. 进行各项调查研究

大立名师说

本考点为常规考点，出题方向：一是考核国际工程投标报价程序；二是考核投标报价程序中工程量复核的有关规定。

1Z103092 国际工程投标报价的组成

【考点一】国际工程投标报价的组成★★★

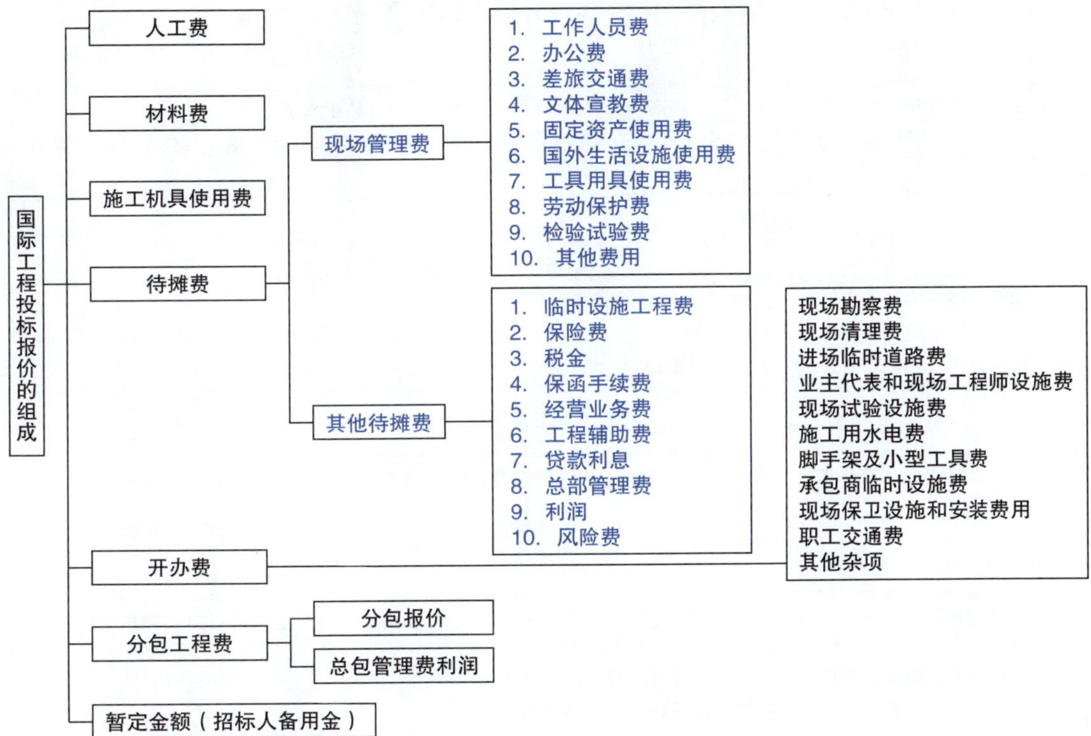

注：1. 开办费：开办费究竟是单列还是摊入工程量其他分项价格中，应根据招标文件的规定计算。

2. 待摊费用项目不在工程量清单上出现，而是作为报价项目的价格组成因素隐含在每项综合单价之内。

■ 经典题目

1. （例题·多选题）国际工程投标报价中，下列属于待摊费用的是（ ）。

A. 现场勘察费　　B. 工具用具使用费　　C. 施工用水电费

D. 劳动保护费　　E. 风险费

2. （2014 年真题·多选题）国际工程投标总报价组成中，应计入现场管理费的有（ ）。

A. 差旅交通费　　B. 临时设施工程费　　C. 工程辅助费

D. 劳动保护费　　E. 检验试验费

3. （2016 年真题·单选题）国际工程投标报价时，对于预计施工现场发生的办公费，正确的做法是（ ）。

A. 作为待摊费用摊入到工程量表的各计价分项价格中

B. 作为待摊费单列并计入投标总标价

C. 作为开办费单列并计入投标总报价

D. 按照其费用性质分别计入相应分项工程的人工费、材料费或机票费

大立名师说

本考点为核心考点，出题方向考核国际工程投标报价的组成，尤其是对待摊费用的考核。

【考点二】国际工程投标报价的计算规定★★

1. 人工工日基价

工日基价是指国内派出的工人和在工程所在国招募的工人，每个工作日的平均工资

计算方法：计算这两类工人的工资单价后，再考虑功效和其他一些有关因素以及人数，加权平均即可算出工日工资基价

2. 材料、半成品和设备预算价格的计算

应按当地采购、国内供应和从第三国采购分别确定

当地采购：预算价格为施工现场交货价格

预算价格 = 市场价 + 运输费 + 采购保管损耗

3. 施工机具使用费的计算

施工机械使用费由基本折旧费、场外运输费、安装拆卸费、燃料动力费、机上人工费、维修保养费以及保险费等组成

4. 暂定金额

1. 暂定金额是业主在招标文件中明确规定了数额的一笔资金，标明用于工程施工，或供应货物与材料，或提供服务，或以应付意外情况，亦称待定金额或备用金

2. 承包商无权做主使用暂定金额，这些费用将按照业主工程师的指示与决定，全部或部分使用

3. 每个承包商在投标报价时将暂定金额计入工程总报价

经典题目

1. （2015 年真题・单选题）关于国标工程投标报价的说法，错误的是（　）。

A. 施工企业现场管理费应作为待摊费用分摊在各项综合单价中

B. 现场试验设施费作为开办费应依赖招标文件决定是否单列

C. 暂列金额由业主工程师决定是否全部或部分使用

D. 人工费工日基价应按在工程所在国招募工人的平均日工资单价计算

2. （2014 年真题・单选题）关于国际工程投标报价中暂定金额的说法，错误的是（　）。

A. 暂定金额是业主在招标文件中明确规定了数额的一笔资金

B. 承包商在投标报价时应将暂定金额计入工程总报价

C. 暂定金额等同于暂估价

D. 承包商无权做主使用暂定金额

大立名师说

本考点为常规考点，出题方向考核国际工程投标报价组成部分的具体细节规定。

1Z103093 单价分析和标价汇总的方法

【考点一】分项工程的单价分析和标价汇总★

计算分项工程的单位工程量人、料、机费用 → 求整个工程项目的人、料、机费用 → 求整个工程项目的待摊费用$\sum B$ → 计算分摊系数β和本分项工程分摊费B → 计算本分项工程的单价U和合价S

分项工程人、料、机费用常用的估价方法有定额估价法、作业估价法和匡算估价法等

标价汇总：总标价 = 分项工程合价 + 分包工程总价 + 暂定金额。

■ 经典题目

1. （例题 · 多选题）国外投标报价中，分项工程直接常用的计算方法包括（　）。

A. 定额估价法　　B. 综合估价法　　C. 个别估价法

D. 作业估价法　　E. 匡算估价法

大立名师说

本考点为常规考点，出题方向单价分析的步骤以及标价汇总公式。

1Z103094 国际工程投标报价的分析方法

【考点一】国际工程投标报价的分析方法★

国际工程投标报价的对比分析	国际工程投标报价的动态分析
1. 分项统计计算书中的汇总数据，并计算其占标价的比例指标。 2. 从宏观上分析标价结构的合理性 3. 探讨上述平均人月产值和人年产值的合理性和实现的可能性 4. 参照同类工程的经验，扣除不可比因素后，分析单位工程价格及用工、用料量的合理性 5. 从上述宏观分析得出初步印象后，对明显不合理的标价构成部分进行微观方面的分析检查。重点是在提高工效、改变施工方案、降低材料设备价格和节约管理费用等方面提出可行措施，并修正初步计算标价	1. 工期延误的影响 2. 物价和工资上涨的影响 3. 汇率、贷款利率的变化、政策法规的变化

■ 经典题目

1. （例题 · 多选题）国际工程投标报价前，对估价人员算出的暂时标价进行动态分析时要考虑的因素有（　）。

A. 工期延误的影响　　B. 分项工程量变化的影响　　C. 地质勘察资料错误的影响

D. 物价和工资上涨的影响　　E. 汇率，货款利率变化的影响

大立名师说

本考点为常识性考点，出题方向国际工程投标报价的分析方法。

1Z103095 国际工程投标报价的技巧

【考点一】国际工程投标报价的技巧★★★

1. 根据招标项目的不同特点采用不同报价

报价可高一些的工程	报价可低一些的项目
（1）施工条件差的工程 （2）专业要求高的技术密集型工程，而本公司在这方面有专长，声望也较高 （3）总价低的小型工程以及自己不愿做、又不方便不投标的工程 （4）特殊的工程，如港口码头、地下开挖工程等 （5）工期要求急的工程 （6）竞争对手少的工程 （7）支付条件不理想的工程	（1）施工条件好的工程 （2）工作简单、工程量大而一般公司都可以做的工程 （3）本公司目前急于打入某一市场、某一地区，或在该地区面临工程结束，机械设备等无工地转移时 （4）本公司在附近有工程，而本项目又可利用该工地的设备、劳务，或有条件短期内突击完成的工程 （5）竞争对手多，竞争激烈的工程 （6）非急需工程 （7）支付条件好的工程

2. 适当运用不平衡报价法

（1）能够早日结账收款的项目（如开办费、土石方工程、基础工程等）可以报得高一些，后期工程项目（如机电设备安装工程，装饰工程等）可适当降低

（2）预计今后工程量会增加的项目，单价适当提高，工程量可能减少的项目单价降低

（3）设计图纸不明确，估计修改后工程量要增加的，可以提高单价，而工程内容说明不清的，则可降低一些单价

3. 注意对计日工的报价

（1）如果是单纯对计日工报价，可以报高一些

（2）如果招标文件中有一个假定的“名义工程量”时，则需要具体分析是否报高价，以免提高总报价

4. 适当运用多方案报价法

举例：先按原招标文件报一个价，然后再提出：“如某条款作某些变动，报价可降低多少……”，报一个较低的价。这样可以降低总价，吸引业主。或是对某些部分工程提出按“成本补偿合同”方式 处理。其余部分报一个总价

5. 适当运用“建议方案”报价

注意事项：增加建议方案时，不要将方案写得太具体，保留方案的技术关键，防止业主将此方案交给其他承包商，同时要强调的是，建议方案一定要比较成熟，或过去有这方面的实践经验。因为投标时间不长，如果仅为中标而匆忙提出一些没有把握的建议方案，可能引起很多后患

6. 适当运用突然降价报价

先按一般情况报价或表现出自己对该工程兴趣不大，而到快投标截止时，再突然降价

7. 适当运用先亏后盈法

（1）采取一种不惜代价，只求中标的低价报价方案

（2）应用这种方法的承包商必须有较好的资信条件，并且提出的施工方案也先进可行，同时要加强对公司情况的宣传

8. 合理运用无利润算标法

适用情况：①有可能在得标后，将大部分工程分包给索价较低的一些分包商；②对于分期建设的项目，先以低价获得首期工程，尔后赢得机会创造第二期工程中的竞争优势，并在以后的实施中赚得利润；③较长时期内，承包商没有在建的工程项目，如果再不得标，就难以维持生存。

9. 暂定工程量的报价

暂定工程量情况	报价策略
业主规定了暂定工程量的分项内容和暂定总价款，并规定所有投标人都必须在总报价中加入这笔固定金额，但由于分项工程量不很准确，允许将来按投标人所报单价和实际完成的工程量付款	投标时应当对暂定工程量的单价适当提高。
业主列出了暂定工程量的项目和数量，但并没有限制这些工程量的估价总价款，要求投标人既列出单价，也应按暂定项目的数量计算总价，当将来结算付款时可按实际完成的工程量和所报单价支付	投标人必须慎重考虑。一般来说，采用正常价格。如果承包商估计今后实际工程量肯定会增大，则可适当提高单价，使将来可增加额外收益
只有暂定工程的一笔固定总金额，将来这笔金额做什么用，由业主确定。	按招标文件要求将规定的暂定款列入总报价即可

经典题目

1. （2011 年真题 · 多选题）国际工程投标报价时，企业根据自身的优劣势和招标项目的特点来确定报价策略，通常情况下报价可以适当高一些的工程有（ ）。

A. 施工条件差的工程　B. 工期要求特别急的工程　C. 支付条件不理想的工程
D. 竞争对手很少的工程　E. 技术含量不高且一般公司都可以做的工程

2. （2013 年真题 · 单选题）国际工程项目招标中，如果业主规定了暂定工程量的分项内容和暂定总价款，且规定所有投标人都必须在总报价中加入这笔固定金额，则投标人对该暂定工程的报价策略是（ ）。

A. 单价可适当降低　B. 总价应适当降低　C. 总价可适当提高　D. 单价可适当提高

3. （例题 · 单选题）关于工程量清单招标中计日工程报价技巧的说法，正确的是（ ）。

A. 单纯对计日工程报价应报低价
B. 招标文件中有名义工程量的计日工程报高价
C. 单纯对计日工程报价应报高价
D. 招标文件中有名义工程量的计日工应报低价

大立名师说

本考点为核心考点，出题方向考核各种报价技巧，出题形式灵活，可以直接考核技巧特点，也可以给出例子让考生判断。

1Z103096 国际工程投标报价决策的影响因素

【考点】国际投标报价决策的影响因素★★★

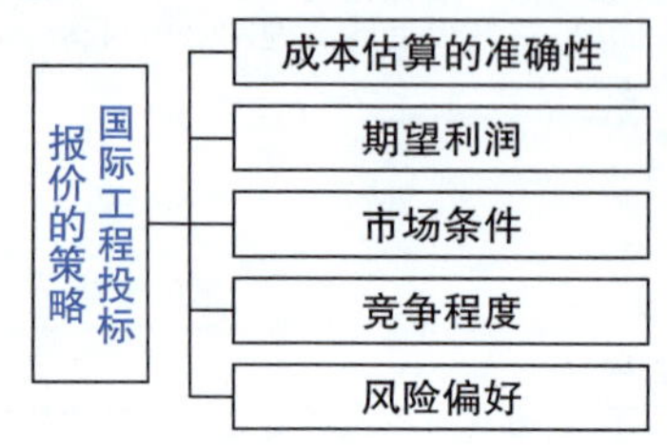

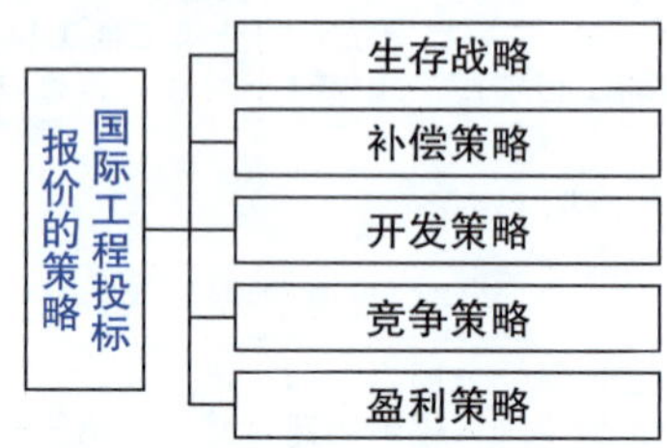

■ 经典题目

1. （2013 年真题 · 多选题）影响国际工程投标报价决策的因素主要有（ ）。
   A. 评标人员组成　　B. 成本估算的准确性　　C. 竞争程度
   D. 市场条件　　E. 期望利润

大立名师说

本考点为常规考点，出题方向考核国际投标报价决策的影响因素。

1Z103000 建设工程估价

1Z103011 建设工程总投资的组成

【考点一】建设工程项目总投资的组成★★

1. BCE【大立解析】本题考核的是建设投资的组成。静态投资包括工程费用、工程建设其他费用、基本预备费。

2.A【大立解析】本题考核的是总投资的组成。
总投资 = 工程费用 + 工程建设其他费用 + 预备费 + 建设期贷款利息 + 铺底流动资金，
所以总投资 =6800+1200+500+370+710=9580 万元。

3.A【大立解析】本题考核的是建设投资的组成。动态投资包括涨价预备费、建设期利息。

1Z103012 设备及工器具购置费的组成

【考点一】设备购置费的组成和计算★

1.D【大立解析】本题考核的是设备运杂费。设备由设备成套公司供应，成套公司的服务费也应计入设备运杂费中。

2.BC【大立解析】本题考核的是设备原价。设备原价分国产标准设备原价和国产非标准设备原价，国产标准设备原价一般是指出厂价，如果设备由成套公司供应，则以订货合同价为设备原价。BC 正确。国产非标准设备原价有多种计算方法，但都应该接近出厂价，所以 A 错。

【考点二】FOB 买卖双方的权利和义务★

1. ADE【大立解析】本题考核的是 FOB 买卖双方的权利义务，主要把握一个点：双方的权利义务以装运港船舷为界。

【考点三】抵岸价的组成和计算★★★

1.D【大立解析】本题考核的是抵岸价的组成和计算。
抵岸价 = 到岸价 + 两费 + 三税，其中，本题两费已经给出，消费税不考虑。
需要计算增值税为：（1050 ＋ 70）× 17% ＝ 190.4 万元
抵岸价为：1050 ＋ 5 ＋ 15 ＋ 70 ＋ 190.4 ＝ 1330.4 万元。

2.C【大立解析】本题考核的是外贸手续费的计算。
掌握顺口溜：货银离、外关到，所以外贸手续费 =5500×3%=165 万元。

【考点四】设备运杂费的组成和计算★★★

1. A【大立解析】本题考核的是设备运杂费的组成。设备运杂费通常由下列各项构成：（1）运费和装卸费。（2）在设备出厂价格中没有包含的设备包装和包装材料器具费。（3）供销部门的手续费。（4）建设单位（或工程承包公司）的采购与仓库保管费。

2. A【大立解析】本题考核的是设备运杂费的组成。设备运杂费通常由下列各项构成：（1）运费和装卸费。国产标准设备由设备制造厂交货地点起至工地仓库（或施工组织设计指定的需要安装设备的堆放地点）止所发生的运费和装卸费。（2）在设备出厂价格中没有包含的设备包装和包装材料器具费（3）供销部门的手续费（4）建设单位（或工程承包公司）的采购与仓库保管费。所以 A 正确，BD 不正确。关于运杂费率的规定，一般来讲，沿海和交通便利的地区，设备运杂费率相对低一些；内地和交通不很便利的地区就要相对高一些，边远省份则要更高一些。所以 C 错。

1Z103013 工程建设其他费的组成

【考点一】工程建设其他费用的组成★★

1.ACE【大立解析】本题考核的是与未来企业生产经营有关的费用。与未来企业生产经营有关的其他费用包括联合试运转费、生产准备费、办公和生活家具购置费。生产家具购置费属于工器具购置费的一部分。建设单位管理费属于与项目建设有关的费用。

【参考答案】

【考点二】土地使用费★

1. ADE【大立解析】本题考核的是土地使用费的组成。BC 属于农用地补偿费。

【考点三】与项目建设有关的其他费用★★★

1.ADE【大立解析】本题考核的是建设单位管理费的组成。建设单位管理费是指建设单位发生的管理性质的开支。包括：工作人员工资、工资性补贴、施工现场津贴、职工福利费、住房基金、基本养老保险费、基本医疗保险费、失业保险费、工伤保险费、办公费、差旅交通费、劳动保护费、工具用具使用费、固定资产使用费、必要的办公及生活用品购置费、必要的通信设备及交通工具购置费、零星固定资产购置费、招募生产工人费、技术图书资料费、业务招待费、设计审查费、工程招标费、合同契约公证费、法律顾问费、咨询费、完工清理费、竣工验收费、印花税和其他管理性质开支。

2.BE【大立解析】本题考核的是建设管理费的内容。建设管理费包括建设单位管理费、工程监理费、工程质量监督费。

3.DE【大立解析】本题考核的是研究试验费的相关内容。研究试验费不包括以下项目：①应由科技三项费用开支的项目；②应在建筑安装费用中列支的施工企业对建筑材料、构件和建筑物进行一般鉴定、检查所发生的费用及技术革新的研究试验费。

4.D【大立解析】本题考核的劳动安全卫生评价费的概念。劳动安全卫生评价费是为预测和分析建设项目存在的职业危险、危害因素种类及危害程度，并提出合理应对措施而产生的费用。

5.BD【大立解析】本题考核的是场地准备及临时设施费的内容。建设工程项目为达到工程开工条件所发生的场地平整和对建设场地遗留的有碍于施工建设的设施进行拆除清理的费用。所以 BD 正确，A 错误。建设单位临时设施费属于临时设施费，但是施工单位临时设施费属于建安工程费。所以 E 错误。C 选项属于工程建设其他费用的一种。

【考点四】与未来企业生产经营有关的其他费用★★★

1.C【大立解析】本题考核的是联合试运转费的相关知识。联合试运转费是指新建项目或新增加生产能力的项目进行整个生产线或装置的负荷联合试运转或局部联动试车所发生的费用净支出（试运转支出大于收入的差额部分费用）。所以 C 正确。联合试运转费不包括应由设备安装工程费用开支的调试及试车费用，以及在试运转中暴露出来的因施工原因或设备缺陷等发生的处理费用。所以 AB 错误。试运转支出包括试运转所需人、材、机的费用。所以 D 错。

2.AE【大立解析】本题考核的是生产准备费的相关知识。生产准备费的内容：（1）生产职工培训费。（2）生产单位提前进厂参加施工、设备安装、调试等以及熟悉工艺流程及设备性能等人员的工资、工资性补贴、职工福利费、差旅交通费、劳动保护费等。

3.C【大立解析】本题考核的是生产准备费的计算。新建按设计定员为基数计算，改扩建按新增设计定员为基数计算。

1Z103014 预备费的组成

【考点一】预备费的组成★★★

1. C【大立解析】本题考核的基本预备费的概念。基本预备费主要是应对工程量变化而预留的费用；涨价预备费主要是应对价格变化预留的费用。

2.B【大立解析】本题考核的是基本预备费的计算和静态投资的概念。

基本预备费 =（7000+400）×10%=740（万元），静态投资 =7000+400+740=8140（万元）

3.C【大立解析】本题考核的是涨价预备费的计算。

具体计算过程：第一年：2000×[（1+0.05）−1]=100（万元）

第二年：3000×[（1+0.05）^{2}−1]=307.5（万元）

项目的涨价预备费 =100+307.5=407.5（万元）。

1Z103015 建设期利息的计算

【考点一】建设期利息的计算★★★

1.C【大立解析】本题考核的是建设期利息的计算。计算把握一个关键点：当年借款年中支付，利息只计一半。600/2×10%+（600+800/2+600/2×10%）×10%=133 万元。

1Z103021 按费用构成要素划分的建筑安装工程费用项目组成

【考点一】按费用构成要素划分的建筑安装工程费用项目组成★★★

1.A【大立解析】本题考核的是按费用构成要素划分建安工程费组成。按照费用构成要素划分，建筑安装工程费由人工费、材料（包含工程设备，下同）费、施工机具使用费、企业管理费、利润、规费和税金组成。

2.B【大立解析】本题考核的是机械使用费的组成。机械使用费的组成：（顺口溜）折人二修安燃税，这里的人工费就是指机上司机和其他操作人员的工资。

3.C【大立解析】本题考核的是企业管理费用的内容。对建筑材料、构件和建筑安装物进行一般鉴定和检查所发生的费用属于检验试验费。

4.B【大立解析】本题考核的是企业管理费用的组成。管理费用顺口溜：管办差固二工，二劳检其职财税。所以劳动保险费属于企业管理费用。

5.A【大立解析】本题考核的建安工程费施工机具使用费的组成。施工机具使用费包括施工机械使用费和仪器仪表使用费两项。

6.D【大立解析】本题考核的建安工程费的组成。津贴补贴属于人工费。

1Z103022 按造价形成划分的建筑安装工程费用项目组成

【考点一】按造价形成划分的建筑安装工程费用项目组成★★★

1.CDE【大立解析】本题考核的是措施费的组成。措施费顺口溜：大脚二特工，冬夜已安全。工程排污费属于规费，检验试验费属于企业管理费。

2.B【大立解析】本题考核的是规费的组成。规费顺口溜：五险一金 + 工程排污费。

3.C【大立解析】本题考核的是安全文明施工的概念。施工现场设立的安全警示标志、现场围挡等所需的费用属于安全文明施工的费用，安全文明施工费属于措施项目费。

4.D【大立解析】本题考核的是措施项目费的内容。施工测量放线和复测工作发生的费用属于工程定位复测费，按照顺口溜：大脚二特工，冬夜已安全，判断得出属于措施项目费。

1Z103023 建筑安装工程费用计算方法

【考点一】各费用构成要素的计算方法★★

■ 经典题目

1.D【大立解析】本题考核的材料单价的计算。

材料单价 =（190+40）×（1+1%）×（1+3%）=239.27（元/吨）

2. C【大立解析】本题考核的是企业管理费费率的计算。企业管理费以人工费为计算基础，具体计算过程如下：

$$企业管理费费率（\%）=\frac{生产工人年平均管理费}{年有效施工天数\times人工单价}\times100\% =12000/（240\times300）=16.67\%$$

3.B【大立解析】本题考核的是台班折旧费的计算。这和 2020 里面固定资产折旧中的工作量法计提折旧一致。台班折旧费 =1200000×（1−3%）/（250×6）=776（元）。

4.ABCE【大立解析】本题考核的是规费的计算方法。五险一金以人工费为计费基础。、

【考点二】建筑安装工程计价公式★★★

1.B【大立解析】本题考核的是措施项目费的计算。可以计量量的措施项目：措施项目费 = Σ（措施项目工程量 × 综合单价），不可以计量的措施项目，措施项目费 = Σ（计算基数 × 相应费率）。

1Z103024 建筑安装工程计价程序

【考点一】建筑安装工程计价程序★

1. B【大立解析】本题考核的是招标控制价计价程序。
招标控制价 = 分部分项工程 + 措施项目费 + 其他项目费 + 规费 + 税金。
分部分项工程费 =（2300+1200+1000）×90000 = 40500（万元）；
措施项目费 = 40500×（1%+1.5%）=1012.5（万元）；
其他项目费：800（万元），
规费 =40500×15%×8% = 486（万元）；
税金 =（40500+1012.5+800+486）×11% = 4707.835（万元）。
所以招标控制价：40500+1012.5+800+486+1459.43 = 47506.335（万元）。

1Z103031 建设工程定额的分类

【考点一】建设工程定额的分类★★★

■ 经典题目

1.B【大立解析】本题考核的是建设工程施工定额的相关知识。建设工程施工定额的研究对象是工序。

2. CDE【大立解析】本题考核的是建设工程定额分类的相关知识。按照反映的生产要素消耗内容，可将建设工程定额分为人、材、机定额。

3.C【大立解析】本题考核的是按投资费用性质划分定额。建筑工程定额是建筑工程的施工定额、预算定额、概算定额、概算指标的统称。

4.C【大立解析】本题考核的是施工定额的作用。施工定额用来编制施工作业计划、签发施工任务单、签发限额领料单以及结算计件工资或计量奖励工资等。

1Z103032 人工定额的编制

【考点一】人工定额的编制★★★

1.ACDE【大立解析】本题考核的是定额时间的内容。工人工作时间里面可以计入定额有：必须消耗的时间、偶然时间以及非施工本身造成的停工时间。

2.C【大立解析】本题考核的人工定额的编制工作。编制人工定额主要包括拟定正常的施工条件及拟定定额时间两项工作。

3.ABDE【大立解析】本题考核的是拟订施工的正常条件。拟订施工的正常条件包括：拟订施工作业的内容；拟订施工作业的方法；拟订施工作业地点的组织；拟订施工作业人员的组织等。

4.C【大立解析】本题考核的是工人工作时间分类。基本工作结束后整理劳动工具时间属于准备与结束工作时间，属于有效工作时间。

5.BDE【大立解析】本题考核的是工人工作时间分类。工人必须消耗的时间包括有效工作时间、休息时间、不可避免的中断时间。有效工作时间包括基本工作时间、准备与结束工作时间、辅助工作时间，所以 BCE 正确。

【考点二】人工定额的形式及编制方法★★

1.A【大立解析】本题考核的人工定额的编制方法。对于同类型产品规格多、工序复杂、工作量小的施工过程，若已有部分产品施工的人工定额，则其他同类型产品施工人工定额的制定适宜采用的方法是比较类推法。

2.D【大立解析】本题考核的人工定额的编制方法。技术测定法是根据生产技术和施工组织条件，对施工过程中各工序采用测时法、写实记录法、工作日写实法，测出各工序的工时消耗等资料，再对所获得的资料进行科学的分析，制定出人工定额的方法。

3.C【大立解析】本题考核的人工定额的编制方法。企业有 5 年的同类工程的施工工时消耗资料，所以可以用统计分析法。

1Z103033 材料消耗定额的编制

【考点一】材料消耗定额的编制★★★

1.D【大立解析】本题考核的是材料消耗指标。编制材料消耗定额，主要包括确定直接使用在工程上的材料净用量和在施工现场内运输及操作过程中的不可避免的废料和损耗。

2.B【大立解析】本题考核的是损耗率的计算。损耗率 = 损耗量 / 净用量 ×100%

3.BCDE【大立解析】本题考核的是周转性材料消耗。周转性材料消耗影响因素：（1）第一次制造时的材料消耗（一次使用量）；（2）每周转使用一次材料的损耗（第二次使用时需要补充）；（3）周转使用次数；（4）周转材料的最终回收及其回收折价。

4.ABDE【大立解析】本题考核的是材料净用量的确定方法。方法有四个：理论计算法、图纸计算法、测定法、经验法

5.B【大立解析】本题考核的是周转使用量的计算。周转使用量 = 一次使用量 ×{1+（周转次数—1）× 补损率）/ 周转次数；一次使用量 = 净用量 ×（1+ 操作损耗率）。代入数据，木模板周转使用量 =200×（1+2%）【1+（5–1）×5%】/5=48.96。

1Z103034 施工机械台班使用定额的编制

【考点一】施工机械台班使用定额的形式★

1.A【大立解析】本题考核的施工机械台班使用定额的计算。人工时间定额 2/4.96=0.402；机械时间定额 1/4.96=0.201。

【考点二】机械台班使用定额的编制★★★

■ 经典题目

1.ABCE【大立解析】本题考核的是机械工作时间的分类。机械损失时间包括多余工作时间、停工时间、违背劳动纪律时间、低负荷下工作时间，D 为必须消耗时间。

2.D【大立解析】本题考核时间分类。工人装料数量不足引起的机械不能满负荷工作的时间属于低负荷下的工作时间

3.B【大立解析】本题考核的是机械台班使用定额的时间分类。A 属于低负荷下的工作时间；C 属于施工本身造成的停工时间；D 属于非施工本身造成的停工时间。

1Z103035 施工定额和企业定额的编制

【考点一】施工定额的编制★★

1.ABCD【大立解析】本题考核的是施工定额的作用。E 选项不是施工定额的作用，另外 E 的描述本身不正确，施工定额是编制预算定额的基础。

【考点二】企业定额的作用及编制方法★★

1.B【大立解析】本题考核的是企业定额的作用。A 企业定额反映的是本企业的平均技术水平；C 依据企业定额可以计算出施工企业拟完成投标工程的计划成本；D 企业定额可以直接反映本企业的施工技术水平。

1Z103036 预算定额与单位估价表的编制

【考点一】人工消耗量指标的确定★★

1.D【大立解析】本题考核的是人工消耗指标的组成。ABC 都属于人工幅度差用工。

2.A【大立解析】本题考核人工消耗指标的计算。人工工日消耗量 = 基本用工 + 辅助用工 + 超运距用工 + 人工幅度差用工 =2.8+0.7+0.9+（2.8+0.7+0.9）×10%=4.84（工日）。

【考点二】机械台班消耗指标的确定★

1.D【大立解析】本题考核的是机械幅度差内容。机械幅度差的例子很多，可以参考概念来判断即可。

1Z103037 概算定额与概算指标的编制

【考点一】概算定额和概算指标的编制★

1.ADE【大立解析】本题考核的是概算定额的作用和要求。B 中，概算定额项目简化、合并了预算定额中的一些次要项目；C 中，概算定额是在预算定额的基础上综合而成的，可以用咱们前面所学的定额分类中的规则，前面定额是后面定额的基础和依据来判断。

1Z103041 设计概算的内容和作用

【考点一】设计概算概念★★

1.B【大立解析】本题考核的是设计概算的基本知识。设计概算应考虑这些因素：建设项目施工条件、建设期价格水平、资产租赁和贷款的时间价值，所以 B 错。

【考点二】设计概算的内容★★

1.D【大立解析】本题考核的是设计概算的“三级概算”。设计概算可分为单位工程概算、单项工程综合概算和建设工程项目总概算三级。

2.D【大立解析】本题考核的是单项工程综合概算的分类。ABC 属于设备及安装单位工程概算。

3.D【大立解析】本题考核的是单项工程综合概算的分类。ABC 属于建筑单位工程概算。

【考点三】设计概算的作用★★★

1.B【大立解析】本题考核的是设计概算的作用。

2.ABE【大立解析】本题考核的是设计概算的内容。项目总概算是反映项目从筹建至竣工交付使用所需全部费用的文件，所以 C 错；单位工程概算只包括单位工程的工程费用，由人、料、机费用和企业管理费、利润、规费、税金组成。所以 D 错。

1Z103042 设计概算编制依据、程序和步骤

【考点一】设计概算的编制依据★

1. ABCD【大立解析】本题考核的是设计概算的编制依据。设计概算的编制依据有：（1）国家、行业和地方有关规定；（2）相应工程造价管理机构发布的概算定额（或指标）（3）工程勘察与设计文件；（4）拟定或常规的施工组织设计和施工方案；（5）建设项目资金筹措方案；（6）工程所在地编制同期的工人、材料、机械台班市场价格，以及设备供应方式及供应价格；（7）建设项目的技术复杂程度，新技术、新材料、新工艺以及专利使用情况等；（8）建设项目批准的相关文件、合同、协议等；（9）政府有关部门、金融机构等发布的价格指数、利率、汇率、税率以及工程建设其他费用等；（10）委托单位提供的其他技术经济资料等。

【考点二】设计概算的编制步骤★

1.B【大立解析】本题考核的是设计概算的编制顺序。编制顺序如下：收集原始资料、确定有关数据、各项费用计算、单位工程概算书编制、单项工程综合概算书的编制、建设项目总概算书的编制。

1Z103043 设计概算编制方法

【考点一】单位工程概算的编制方法★★★ ×

1.D【大立解析】本题考核的是概算指标法。
结构变化的修正概算指标 = 原概算指标 + 概算指标中换入结构的工程量 × 换入结构人、料、机费用单价 − 概算指标中换出结构的工程量 × 换出结构人、料、机费用单价，所以（1000+200×62/100−182×47/100）×（1+20%）=1247.28（元/m^2）。

2.【大立解析】本题考核的是概算指标法的适用情况。当建筑工程初步设计深度不够，不能准确地计算工程量，但工程采用的技术比较成熟而又有类似指标可以利用时，可以

采用概算指标法编制该工程设计概算。

3.C【大立解析】本题考核的是预算单价法的适用范围。当初步设计详细，达到一定深度，编制设备及安装工程概算宜采用的方法是预算单价法。

4.BCDE【大立解析】本题考核的是设备安装工程概算指标法的具体内容。概算指标法具体形式：（1）按占设备价值的百分比；（2）按每吨设备安装费；（3）按座、台、套、组、根或功率等为计量单位的概算指标计算；（4）按设备安装工程每平方米建筑面积。

5.A【大立解析】本题考核概算指标法。题目给出了设备安装费率，所以按占设备价值的百分比来计算设备安装费，设备安装费 = 设备原价 × 设备安装费率 =50×20%×5=50

【考点二】建设工程项目总概算的编制方法★★★

1.ACDE【大立解析】本题考核的是总概算书的内容。总概算书的内容：封面、签署页及目录、编制说明、总概算表、工程建设其他费用概算表、单项工程综合概算表、单位工程概算表、附录：补充估价表

1Z103044 设计概算的审查内容

【考点一】设计概算的审查内容★

1. B【大立解析】本题考核的是设计概算审查的内容。发现概算总投资超过原批准概算投资估算的 10% 以上，需要进一步审查超估算的原因。

【考点二】设计概算审查的方法★★

1. C【大立解析】本题考核的是设计概算的审查方法。查询核实法是对一些关键设备和设施、重要装置、引进工程图纸不全、难以核算的较大投资进行多方查询核对，逐项落实的方法。复杂的建安工程向同类工程的建设、承包、施工单位征求意见；深度不够或不清楚的问题直接向原概算编制人员、设计者询问。

1Z103051 施工图预算编制的模式

【考点一】施工图预算编制的模式★

1.C【大立解析】本题考核的是施工图预算的编制模式。传统计价模式下，由主管部门制定工程预算定额，并且规定间接费的内容和取费标准。

1Z103052 施工图预算的作用

【考点一】施工图预算的作用★★

1.ABDE【大立解析】本题考核的是施工图预算的作用。

1Z103053 施工图预算的编制依据

【考点一】施工图预算的编制依据★★

1.DE

【大立解析】本题考核的是施工图预算的编制依据。编制依据：（1）国家、行业和地方有关规定；（2）相应工程造价管理机构发布的预算定额；（3）施工图设计文件及相关标准图集和规范；（4）项目相关文件、合同、协议等；（5）工程所在地的工人、材料、设备、施工机械市场价格；（6）施工组织设计和施工方案；（7）项目的管理模式、发包模式及施工条件；（8）其他应提供的资料。

1Z103054 施工图预算的编制方法

【考点一】施工图预算的编制方法★★★

1.C【大立解析】本题考核的是实物量法编制施工图预算。实物量法编制施工图预算所用人工、材料和机械台班的单价都是当时当地的实际价格，编制出的预算可较准确地反映实际水平，误差较小，适用于市场经济条件波动较大的情况。

2. A【大立解析】本题考核的是定额单价法计算人、料、机费用的规定。如果分项工程的某一主要材料品种与定额单价中规定的材料品种不完全一致，按实际使用材料价格换算定额单价。

3.C【大立解析】本题考核的是定额单价法的步骤。

4.B【大立解析】本题考核的是实物量法的步骤。

1Z103055 施工图预算的审查内容

【考点一】施工图预算的审查内容及方法★★★

1.C【大立解析】本题考核的是逐项审查法的特点和适用范围。

2.A【大立解析】本题考核的是筛选审查法。

3.A【大立解析】本题考核的是分组计算审查法。

4.A【大立解析】本题考核的是施工图预算的审查方法。对比审查法是当工程条件相同时，用已完工程的预算或未完但已经过审查修正的工程预算对比审查拟建工程的同类工程预算的方法。

1Z103061 工程量清单的作用

【考点一】工程量清单的作用★

1.ACDE【大立解析】本题考核的是工程量清单的作用。作用：“一个基础，三个依据”。

1Z103062 工程量清单编制的方法

【考点一】工程量清单基本知识★★

1.D【大立解析】本题考核的是招标工程量清单的编制主体。招标工程量清单必须作为招标文件的组成部分，由招标人提供，招标人对其准确性和完整性负责。

【考点二】分部分项工程项目清单的编制★★★

1.B【大立解析】本题考核的是分部分项工程量清单的内容。招标人编制工程量清单时，对各专业工程现行《计量规范》中未包括的项目应作补充，项目编码应由对应（计量规范）的代码、B 和三位阿拉伯数字组成，清单编制人应将补充项目报省级或行业工程造价管理机构备案。

2. B【大立解析】本题考核的是分部分项工程项目清单的编制。编制分部分项清单时，编制人员须确定项目名称、项目编码、计量单位、工程数量和项目特征。

3.D【大立解析】本题考核的是分部分项工程的项目编码。各级编码含义：（1）第一级为工程分类顺序码（分二位）；（2）第二级为附录分类顺序码（分二位）；（3）第三级为分部工程顺序码（分二位）；（4）第四级为分项工程项目顺序码（分三位）；（5）第五级为工程量清单项目顺序码（分三位）。

4.B【大立解析】本题考核的是项目名称的确定。项目名称应根据《计量规范》的项目名称综合拟建工程实际确定，《计量规范》中的项目名称是分项工程名称，以工程实体命名。所以 A、C 错误。编制清单时，应以附录中的项目名称为基础，考虑项目规格、型号等，结合实际情况可进行适当的调整或细化，所以 D 错。

5.C【大立解析】本题考核的是分部分项工程量清单的内容。所有清单项目的工程量以实体工程量为准，并以完成后的净值来计算。因此在计算综合单价时应考虑施工中的各种损耗和需要增加的工程量，或在措施费清单中列入相应的措施费用。所以 AD 错。B 选项中实际施工的工程量不等同于实体工程量，所以 B 错。

【考点三】措施项目清单的编制★★

1.B【大立解析】本题考核的是措施项目清单的编制。

2.ACD【大立解析】本题考核的是措施项目的设置要求。措施项目的设置，需要（1）参考拟建工程的常规施工组织设计；（2）参考拟建工程的常规施工技术方案；（3）参阅相关的施工规范与工程验收规范：（4）确定设计文件中不足以写进施工方案：（5）招标文件中需要通过一定技术措施才能实现的要求。

【考点四】其他项目清单编制★★★

1.A【大立解析】本题考核的是其他项目清单的编制。计日工以完成零星工作所消耗的人工工时、材料数量、机械台班进行计量，并按照计日工表中填报的适用项目的单价进行计价支付。编制工程量清单时，计日工表中的人工应按工种，材料和机械应按规格、型号详细列项。

2.ADE【大立解析】本题考核的是暂列金额的概念。暂列金额用于施工合同签订时尚未确定或者不可预见的所需材料、设备、服务的采购，施工中可能发生的工程变更、合同约定调整因素出现时的工程价款调整以及发生的索赔、现场签证确认等的费用。

3.B【大立解析】 本题考核的是其他项目清单内容。其他项目清单一般包括暂列金额、暂估价、计日工、总承包服务费。

4.A【大立解析】本题考核的是暂列金额的概念。

1Z103071 工程量清单计价的方法

【考点一】工程量清单计价的方法及分部分项工程费的计算★★★

1.B【大立解析】本题考核的是综合单价的确定。

综合单价 =（人、材、机、企管、利）费用 / 清单工程量

=（42000+15000+38000）×（1+14%）×（1+8%）/2000=58.48（元 /m³）

2,A【大立解析】本题考核的分部分项工程量的确定。工程量清单计价模式下，分部分项工程量的确定方法是按施工图图示尺寸计算的工程净量。

3.D【大立解析】本题考核的是综合单价的编制程序。综合单价的编制：①确定综合定额子目②计算定额子目工程量③测算人、料、机的数量④确定人、料、机单价⑤计算清单项目的人、料、机总费用⑥计算清单项目的管理费和利润⑦计算清单项目的综合单价。

【考点二】措施项目费、其他项目费、规费、税金风险费等计算★★★

1. ACD【大立解析】本题考核的是措施项目费的计算方法。适用于参数法计价：顺口溜“二冬夜已完”+安全文明施工费。混凝土模板费、垂直运输费用综合单价法。

2.A【大立解析】本题考核的是工程量清单编制要求。措施项目费可以计量工程量的用综合单价法，不可以计量工程量的，以“项”为单位报总价。所以B错。单价合同清单项目的工程量以按合同约定完成的实体工程量。所以C错。 暂估价是指招标人在工程量清单中提供的用于支付必然发生但暂时不能确定价格的材料价款、工程设备价款以及专业工程金额。所以D错。

3.A【大立解析】本题考核的是措施项目费的计算方法。可以计量量的措施项目用综合单价法，如脚手架、混凝土模板、垂直运输等。BCD采用参数法计价。

1Z103072 招标控制价的编制方法

【考点一】招标控制价的概念★★

1.AB【大立解析】本题考核的是招标控制价的相关要求。招标控制价应在招标文件中公布，不应上调或下浮，所以C错。工程造价咨询人不得同时接受招标人和投标人对同一工程的招标控制价和投标报价的编制。所以D错。招标控制价超过批准的概算时，招标人应将其报原概算审批部门审核。所以E错。

【考点二】招标控制价的其他项目费的编制要求★★

1.D【大立解析】本题考核的是招标控制价的投诉与处理。投标人经复核认为招标人公布的招标控制价未按照《建设工程工程量清单计价规范》（GB 50500—2013）的规定进行编制的，应在招标控制价公布后5天内向招投标监督机构和工程造价管理机构投诉。

1Z103073 投标报价的编制方法

【考点一】投标价的编制原则★★★

1.BCE【大立解析】本题考核的是投标价的编制原则。投标报价由投标人自主确定，但必须执行《建设工程工程量清单计价规范》（GB 50500—2013）的强制性规定。所以 A 错。确定投标报价时需要考虑发承包模式。所以 D 错。

【考点二】投标价的编制与审核★★★

1.B【大立解析】本题考核的是投标人报价。A 专业工程暂估价中的专业工程必须按照招标工程量清单中列出的金额填写。C 措施项目中的总价项目包括除了规费和税金以外的所有项目。D 投标人投标报价不能进行总价优惠，任何优惠均应反映在相应清单项目的综合单价中。

2.D【大立解析】本题考核的是投标报价的规定。规费和税金不能作为竞争费用。

3.A【大立解析】本题考核的是项目特征描述不符的解决办法。根据原则："哪个后发生以哪个为准"去判断。

4.ACE【大立解析】本题考核的是投标价的编制与审核。投标人编制投标报价前应认真复核清单工程量，工量的多少是选择施工方法、安排人力、机械、准备材料必须考虑的因素，也会影响分项工程的单价。

1Z103074 合同价款的约定

【考点一】合同形式的选择★★★

1.B【大立解析】本题考核的是合同类型的选择。对建设规模较小、技术难度较低、施工工期较短、施工图设计已经审查批准的工程，从有利于业主方控制投资的角度，适宜采用的合同类型是固定总价合同。

2.D【大立解析】本题考核的是合同形式选择的影响因素。合同形式选择影响因素：设计图纸深度、工期长短、工程规模和复杂程度。

【考点二】合同价款的约定★

1.BCDE【大立解析】本题考核的合同价款约定内容。约定合同价款内容：（1）预付工程款的数额、支付时间及抵扣方式；（2）安全文明施工费；（3）工程计量与支付工程进度款的方式、数额及时间；（4）工程价款的调整因素、方法、程序、支付及时间；（5）

施工索赔与现场签证的程序、金额确定与支付时间；（6）承担计价风险的内容、范围以及超出约定内容、范围的调整办法；（7）工程竣工价款结算编制与核对、支付及时间；（8）工程质量保证金的数额、预留方式及时间；（9）违约责任以及发生合同价款争议的解决方法及时间；（10）与履行合同、支付价款有关的其他事项等。

1Z103081 工程计量

【考点一】工程计量的原则和依据★★★

1.B【大立解析】本题考核的是工程计量。工程计量应按合同文件中约定的方法进行计量，对于不符合合同文件要求的工程，承包人超出施工图纸范围或因承包人原因造成返工的工程量，不予计量。

2.C【大立解析】本题考核的是工程计量的原则和依据。工程计量按承包人在履行合同义务过程中实际完成的工程量计算，所以 A 错；对于不符合合同文件要求的工程，承包人超出施工图纸范围或因承包人原因造成返工的工程量，不予计量，所以 BD 错。

3.ABCE【大立解析】本题考核的是工程计量的依据。工程计量依据：质量合格证书、《计量规范》和技术规范、设计图纸。

【考点二】单价合同的计量★★

1. C【大立解析】本题考核的是单价合同工程计量中监理工程师计量项目。监理工程师进行工程计量项目包括：工程量清单中的全部项目、合同文件中规定的项目、工程变更项目。

2.C

【大立解析】本题考核的是工程计量的原则。对于不符合合同文件要求的工程，承包人超出施工图纸范围或因承包人原因造成返工的工程量，不予计量，所以 A 错。需要现场计量核实时，发包人应在计量前 24 小时通知承包人，承包人应提供便利并派人参加，承包人收到计量的

通知后不派人参加计量，则视同认可发包人的计量结果。所以 B 错。发包人不按约定时间通知承包人，计量结果无效，所以 D 错。

【考点三】总价合同的计量★★★

1.D【大立解析】本题考核的是工程计量。工程计量时间结点都是 7 天，所以 A 错。总价合同约定的项目计量应以合同工程经审定批准的施工图纸为依据，发承包双方应在合同中约定工程计量的形象进度或事件节点进行计量。所以 B、C 错。

2.B【大立解析】本题考核的是工程计量。工程计量时间结点都是 7 天，所以 A 错。不同

类型的总价合同，合同结算时工程量确定方式就不同，总价合同约定的项目计量，发承包双方应在合同中约定工程计量的形象进度或事件节点进行计量。所以 C 错。承包人原因返工的工程量不予计量，所以 D 错。

IZ103082 合同价款调整

【考点一】法规法规、项目特征、项目清单等变化引起合同价款调整的规定★★★

1.C【大立解析】本题考核的是工程量清单项目缺项导致合同价款调整的原因。原因有三个：一是设计变更，二是施工条件改变，三是工程量清单编制错误。

2.B【大立解析】本题考核的是工程量清单缺项的相关规定。新增分部分项工程量清单项目的，按工程变更条款确定单价，并调整合同价款；新增分部分项工程量清单项目引起措施项目变化的，承包人提方案，发包人批准后调整。

【考点二】工程量偏差引起价款调整规定★★★

1.A【大立解析】本题考核的是工程量偏差引起价款调整。该题目合同中有约定，工程量超过 10% 时调整单价，如果没有约定，超过 15%，单价调整，这点要注意。30×10×（1+10%）+（12−11）×25=355 万元。

2. D【大立解析】本题考核的工程量偏差导致单价的调整。

计算出比较节点，320×（1−15%）×（1−5%）=258.4 元，258.4 元 < 265 元，所以不调整。

3.A【大立解析】本题考核的是工程量偏差引起价格调整。题目中合同约定：当实际工程量超过估计工程量 15% 时，价格调整，所以合同范围内土方工程款 3000×（1+15%）×55=189750 元，超过 15% 部分工程款为：（4500−3000×1.15）×50=52500 元，土方工程总价为：189750+52500=242250 元。

【考点三】计日工、暂估价、提前竣工、暂列金额、不可抗力等发生变化引起合同价款调整的规定★★★

1.A【大立解析】本题考核的是计日工引起价款调整的规定。施工过程中发生的计日工，应按照已标价工程量清单中的计日工单价计价。

2.D【大立解析】本题考核的是暂估价引起合同价款调整的规定。暂估材料或工程设备的单价确定后，在综合单价中只应取代原暂估单价，不应再在综合单价中涉及企业管理费或利润等其他费的变动。

3.D【大立解析】本题考核的是提前竣工调整合同价款的规定。工程发包时，招标人要求索赔的工期天数超过定额工期 20% 时，应当在招标文件中明示增加赶工费用。

4.B【大立解析】本题考核的发生不可抗力合同价款的调整。把握住原则："各扫门前雪"。C 选项中，承包人停工导致的人工窝工和机械窝工损失，应由承包人承担。

5.A【大立解析】本题考核的提前竣工的内容。招标人压缩的工期天数不得超过定额工期的 20%，超过者，应在招标文件中明示增加赶工费用。所以 B、C 错误；发包人要求合同工程提前竣工的，应征得承包人同意后与承包人商定采取加快工程进度的措施。所以 D 错。

【考点四】物价变化引起合同价款调整的规定★★★

1.B【大立解析】本题考核的是物价变化对工程价款的影响。承包人采购材料和工程设备的，应在合同中约定主要材料、工程设备价格变化的范围或幅度；当没有约定，且材料、工程设备单价变化超过 5% 时，超过部分的价格应按价格指数调整法或造价信息差额调整法调整材料、工程设备费。

2.B【大立解析】本题考核的是调值公式。

$500 \times [0.4+0.6 \times 0.35 \times (1+10\%)+0.6 \times 0.55 \times (1+20\%)+0.6 \times 0.1]=543.5$ 万元

3.C【大立解析】本题考核的是材料价格发生变化合同价款的调整。
掌握总体原则"涨高跌低"，混凝土价格在施工期间上涨了，所以我们选择已知基准单价和投标单价中高者为调整基数。327/310−1=5.45%。上涨率超过约定的风险系数，单价需要调整，调整结果：$308+310 \times 0.45\%=309.4$ 元 /m^3。

4.B【大立解析】本题考核的是合同价款的调整。记住原则：偏向非责任者，此题承包人原因，所以选择有利于发包人的价格。即原约定竣工日期与实际竣工日期的两个价格指数中较低者。

1Z103083 工程变更价款的确定

【考点一】工程变更★★

1.A【大立解析】本题考核的是措施项目费的调整。工程变更引起施工方案改变并使措施项目发生变化时，承包人提出调整措施项目费用的，应事先将拟实施的施工方案提交发包人确认。

2. A【大立解析】本题考核的是工程变更价款的确定。已标价工程量清单中没有适用也没有类似于变更工程项目的变更工程项目单价应由承包人提出、发包人确认后调整。

3.BCE【大立解析】本题考核的是工程变更引起措施项目费的调整。安全文明施工费按实际发生变化的措施项目调整，不得浮动。所以 A 错，B 正确。采用单价计算的措施项目费，应按照实际发生变化的措施项目按照前述已标价工程量清单项目的规定确定单价。所以 C 正确。按总价（或系数）计算的措施项目费，按照实际发生变化的措施项目调整，但应考虑承包人报价浮动因素。所以 D 错误，E 正确。

1Z103084 施工索赔与现场签证

【考点一】施工索赔★

1.A【大立解析】本题考核的是索赔费用的组成。增加工作内容的按计日工，停工损失按窝工费。

2.D【大立解析】本题考核的是索赔相关规定。工人窝工按窝工费，因窝工引起的设备费索赔，当施工机械属于自有时，按机械折旧费计算索赔费，当施工机械属于租赁时，按租赁费计算索赔费。所以索赔费用 5×200+5×500+2×300=4100 元。

【考点二】《标准施工招标文件》中合同条款规定的可以合理补偿承包人索赔的条款★★

1.A【大立解析】本题考核的是承包商索赔规定。遭遇异常恶劣的气候条件时，承包人可索赔工期。

2.D【大立解析】本题考核的是承包商索赔规定。遭遇不可抗力时，承包人可索赔工期。

【考点三】现场签证★★★

1.CE【大立解析】本题考核的是现场签证的内容。现场签证内容归纳为三大类：施工合同以外的零星工程、非承包人原因造成的、工程变更。

1Z103085 合同价款期中支付

【考点一】工程预付款★★★

1.D【大立解析】本题考核的起扣点计算。起扣点 =300−300×15%/60%=225 万元。

【考点二】安全文明施工费、进度款★

1.C【大立解析】本题考核的是合同价款的支付。
第 5 个月支付的款项 = 当月进度款 + 安全文明施工费 − 预付款扣回
= 220×80%+20−40=156 万元

2.ABC【大立解析】本题考核的是安全文明施工费。发包人没有按时支付安全文明施工费的，承包人可以催告发包人支付，所以 D 错；发包人在付款期满后 7 天内仍未支付安全文明施工费的，若发生安全事故，发包人应承担相应责任，而不是全部责任，所以 E 错。

1Z103086 竣工结算与支付

【考点一】竣工结算程序★★

1.C【大立解析】本题考核的是工程竣工结算。竣工结算书承包人编制，发包人核对。

【考点二】竣工结算款支付、最终结清时间结点★

1. A【大立解析】本题考核的是工程竣工结算。发包人在竣工结算款支付申请后 7 天内予以核实，向承包人签发竣工结算支付证书。

1Z103087 合同解除的价款结算和支付

【考点一】合同解除的价款结算和支付★

1. B【大立解析】本题考核的是合同解除价款的支付。由于不可抗力致使合同无法履行解除合同的，发包人应向承包人支付合同解除之曰前已完成工程但尚未支付的合同价款。此外，还应支付下列金额：（1）《建设工程工程量清单计价规范》中提前竣工相关条款中规定的应由发包人承担的费用；（2）已实施或部分实施的措施项目应付价款；（3）承包人为合同工程合理订购且已交付的材料和工程设备货款；（4）承包人撤离现场所需的合理费用，包括员工遣送费和临时工程拆除、施工设备运离现场的费用；（5）承包人为完成合同工程而预期开支的任何合理费用，且该项费用未包括在本款其他各项支付之内。

1Z103091 国际工程投标报价的程序

【考点一】国际工程投标报价的程序★

1. C【大立解析】本题考核的投标报价程序中工程量复核。投标人员在复核工程量时发现土方部分的工程量计算存在较大误差，按招标文件的工程量填报自己的报价，并在投标函中予以说明。

2.B【大立解析】本题考核的是工程量的复核。

3.D【大立解析】本题考核的是国际工程投标报价程序。国际工程投标报价的程序依次是：组织投标报价班子、研究招标文件、进行各项调查研究、参加标前会议和现场勘察、工程量复核、生产要素与分包工程询价等环节。

1Z103092 国际工程投标报价的组成

【考点一】国际工程投标报价的组成★★★

1.BDE【大立解析】本题考核的是待摊费用的组成。

2.ADE【大立解析】本题考核的是待摊费用中现场管理费的组成。现场管理费是指由于组织施工与管理工作而发生的各种费用，主要包括工作人员费、办公费、差旅交通费、文体宣教费、固定资产使用费、国外生活设施使用费、工具用具使用费、劳动保护费、检验试验费、其他费用等内容；B、C 属于其他待摊费用。

3.A【大立解析】本题考核的是待摊费用的计价规定。现场办公费属于待摊费用，待摊费用应分摊到工程量清单的各个报价分项中去。

【考点二】国际工程投标报价的计算规定★★

1.D【大立解析】本题考核的是国际工程投标报价的规定。工日基价是指国内派出的工人和在工程所在国招募的工人，每个工作日的平均工资。一般来说，在分别计算这两类工人的工资单价后加权平均即可算出工日工资基价。

2.C【大立解析】本题考核的是暂定金额的规定。国际上暂定金额跟国内的暂列金额类似。

1Z103093 单价分析和标价汇总的方法

【考点一】分项工程的单价分析和标价汇总★

ADE【大立解析】本题考核的是单价分析。分项工程人、料、机费用常用的估价方法有定额估价法、作业估价法和匡算估价法等。

1Z103094 国际工程投标报价的分析方法

【考点一】国际工程投标报价的分析方法★

经典题目

1. ADE【大立解析】本题考核的是暂时标价动态分析影响因素。影响因素：（1）工期延误的影响；（2）物价和工资上涨的影响；（3）汇率、贷款利率的变化、政策法规的变化。

1Z103095 国际工程投标报价的技巧

【考点一】国际工程投标报价的技巧★★★

1.ABCD【大立解析】本题考核的是报价技巧。

2.D【大立解析】本题考核的是报价技巧。

3. C【大立解析】本题考核的是报价技巧。招标文件中有名义工程量，需具体分析是否报高价。

1Z103096 国际工程投标报价决策的影响因素

【考点】国际投标报价决策的影响因素★★★

1. BCDE【大立解析】本题考核的是国际工程投标报价决策的影响因素。

计算题常用公式一览表

序号	公式	备注
1	F=P+P×i×n **（单利）** F=P(1+i)^n **（复利）** P 本金；i 计息周期利率；n 计息周期数；F n 期后本利和	P4
2	$F = A\frac{(1+i)^n - 1}{i}$ $P = A\frac{(1+i)^n - 1}{i(1+i)^n}$ P 现值（资金“现在”的价值） i 计息期复利率 F 终值（资金 n 年后本利和） n 计息周期数 A 年金，发生在（或折算为）某一特定时间序列各计息**期末**（不包括零期）的等额资金序列的价值。	P10
3	$i_{eff} = \frac{I}{P} = (1+\frac{r}{m})^m - 1 = (1+i)^m - 1$ **（有效利率的计算）** r 名义利率 i 计息周期利率 m-- 计息周期数 i_{eff} -- 有效利率	P13
4	**总投资收益率：** $ROI = \frac{EBIT(净利润+所得税+利息)}{T(建设投资+建设期贷款利息+全部流动资金)}$ *100% EBIT 技术方案正常年份的年息税前利润或运营期内年平均息税前利润 TI 投资方案总投资	P21
5	**资本金净利润率：** $ROE = \frac{NP(利润总额—所得税)}{EC(资本金)}$ NP 技术方案正常年份的年净利润或运营期内年平均净利润 EC 技术方案资本金	P21
6	投资回收期: P_t =（累计净现金流量出现正值的年份—1）+（上 1 年累计净现金流量的绝对值 / 当年净现金流量）	P24
7	**财务净现值**： 财务净现值 = 现金流入现值之和—现金流出现值之和	P25
8	**利息备付率：** $ICR(利息备付率) = \frac{EBIT(息税前利润)}{P(当期应付利息)}$	P31

9	**偿债备付率** $DSCR=\dfrac{EBITDA-T_{AX}（净利润+利息+折旧+摊销）}{PD}$	P32
10	**盈亏平衡万能公式：** 收入 — 成本 = 利润 其中：P　$(PQ-T_UQ)-(CF-C_UQ)$ = 利润 单位产品 售价（模型假设不变） C_F--- 固定成本 Q　销量（模型假设生产量 = 销售量） T_U　单位产品营业税金及附加（当投入产出都按不含税价格时，不包括增值税） C_U　单位产品变动成本（模型假设不变）	P35
11	敏感度系数：$S_{AF}(敏感度系数)=\dfrac{\Delta A/A（指标变化率）}{\Delta F/F（因素变化率）}$	P41
12	经营成本 = 总成本费用—折旧费—摊销费—利息支出 = 外购原材料、燃料及动力费 + 工资及福利费 + 修理费 + 其他费用	P52
13	沉没成本 = 设备账面价值—当前的市场价值 =（设备原值—历年折旧值）—当前市场价值	P57
14	设备经济寿命的计算（公式一）： $\overline{C}_N(年平均使用成本)=\dfrac{P-L_N}{N}(年平均资产消耗成本)+\dfrac{1}{N}\sum_{t=1}^{N}C_t(年平均运行成本)$ 使年平均使用成本最小的 N_0 为经济寿命 设备经济寿命的计算（公式二）： $N_0=\sqrt{\dfrac{2(P-L_N)}{\lambda}}$　N_0--设备的经济寿命　L_N--设备残值 P--设备目前账面价值　λ--设备的低劣化值	P59
15	**附加率法计算租金：** $R=\dfrac{P}{N}+P\times i+P\times r$ P　租赁资产的价格；N　租赁期数；i　与租赁期数相对应的利率； r　附加率	P65
16	**设备租赁与设备购置方案比选：** 设备租赁：所得税率 * 租赁费—租赁费 设备购置：所得税率 *（折旧 + 贷款利息）—设备购置费—贷款利息	P67
17	价值工程价值的计算： $V(价值)=\dfrac{F（研究对象的功能）}{C（寿命周期成本）}$ F　目标成本、功能评价值、功能指数 C　现实成本、成本评价值、成本指数	P77
18	**增量投资收益率：** $R(增量投资收益率)=\dfrac{两方案经营成本（生产成本）的节约额}{两方案增量投资}$	P82
19	**折算费用法：** $Z_j(j方案的折算费用)=C_j(j方案的生产成本)+P_j(投资额)*R_C(基准投资收益率)$	P83
20	**平均年限法计算折旧：** $固定资产年折旧额=\dfrac{固定资产应计折旧额}{固定资产预计使用年限}$　$固定资产月折旧额=\dfrac{年折旧额}{12}$ **工作量法计算折旧：** $单位工作量折旧额=\dfrac{应计折旧额}{预计总工作量}$ 某项固定资产月折旧额 = 该项固定资产当月工作量 × 单位工作量折旧额	P97
21	**完工百分比法确认合同收入：** 当期确认的合同收入 = 合同总收入 × 完工进度 — 以前会计期间累计已确认的收入	P114

22	利润的计算： 营业利润 = 营业收入 − 营业成本（或营业费用）− 营业税金及附加 − 销售费用 − 管理费用 − 财务费用 − 资产减值损失 + 公允价值变动收益（损失为负）+ 投资收益（损失为负） 利润总额 = 营业利润 + 营业外收入 − 营业外支出 净利润 = 利润总额—所得税费用	P115 P116
23	**因素分析法：** 某因素对成本的影响 = 排在该因素前的因素用实际值 × 该因素的差额（实际值 — 计划值） × 排在该因素后的因素用计划值	P135
24	速动资产 = 流动资产—存货 = 货币资金 + 交易性金融资产 + 应收票据 + 应收账款 + 其他应收款	P136
25	**个别资金成本率计算：** $个别资金成本率 = \frac{年利息 \times (1 - 所得税率)}{本金 \times (1 - 筹资费率)}$ **综合成本率计算：** $K_W = \Sigma K_j W_j$ K_W — 综合资金成本 K_j — 第j种个别资金成本 W_j — 第j种个别资金占全部资本的比重	P141
26	放弃现金折扣成本 =【折扣百分比 ÷ (1 — 折扣百分比）】×【360 ÷（信用期 — 折扣期）】	P143
27	**最佳现金持有量的计算：** 现金持有成本 = 机会成本 + 管理成本 + 短缺成本，求现金持有成本最低	P150
28	**经济订货批量：** $Q^* = \sqrt{\frac{2KD}{K_2}}$ Q^* — 经济订货批量 K — 每次订货的变动成本 D — 存货年需要量 K_2 — 单位储存成本	P153
29	设备购置费 = 设备原价或进口设备抵岸价 + 设备运杂费 进口设备抵岸价 = 货价 + 国外运费 + 国外运输保险费 + 银行财务费 + 外贸手续费 + 进口关税 + 增值税 + 消费税 设备运杂费 = 设备原价 × 设备运杂费率	P159
30	**基本预备费计算：** 基本预备费 =（设备及工器具购置费 + 建筑安装工程费 + 工程建设其他费）× 基本预备费率	P165
31	**涨价预备费的计算：** $PC = \sum_{t=1}^{n} I_t [(1+f)^t - 1]$ PC-- 涨价预备费　It-- 第 t 年的建筑安装工程费、设备及工器具购置费之和 n-- 建设期　f-- 建设期价格上涨指数	P165
32	**建设期利息的计算：** 各年应计利息 =（年初借款本息累计 + 本年借款额 / 2）× 年利率	P166

33	**材料费的计算：** 材料费 $=\sum$(材料消耗量×材料单价) 材料单价 =【(材料原价 + 运杂费)×[1 + 运输损耗率(%)]】×(1 + 采购保管费率(%)	P172
34	**企业管理费费率计算：** **(1)以分部分项工程费为计算基础** $企业管理费费率(\%)=\frac{生产工人年平均管理费}{年有效施工天数\times人工单价}\times人工费占分部分项工程费比例(\%)$ **(2)以人工费和机械费合计为计算基础** $企业管理费费率(\%)=\frac{生产工人年平均管理费}{年有效施工天数\times(人工单价+每一工日机械使用费)}\times100\%$ **(3)以人工费为计算基础** $企业管理费费率(\%)=\frac{生产工人年平均管理费}{年有效施工天数\times人工单价}\times100\%$	P173
35	**周转性材料用量的计算：** **木模板：**一次使用量 = 净用量×(1 + 操作损耗率) $周转使用率=\frac{一次使用量\times\left[1+\left(周转次数-1\right)\times补损率\right]}{周转次数}$ $回收量=\frac{一次使用量\times\left(1-补损率\right)}{周转次数}$ 摊销量 = 周转使用量 − 回收量×回收折价率 **预制混凝土构建模板：** 一次使用量 = 净用量×(1 + 操作损耗率) $摊销量=\frac{一次使用量}{周转次数}$	P186
36	**机械台班产量定额** = 机械净工作生产率 × 工作班延续时间 × 机械利用系数	P189
37	人工幅度差用工数量 $=\sum$(基本用工 + 超运距用工 + 辅助用工)× 人工幅度差系数	P193
38	**结构变化的修正概算指标：** 结构变化的修正概算指标 = 原概算指标 + 概算指标中换入结构的工程量 X 换入结构人、料、机费用单价—概算指标中换出结构的工程量 X 换出结构人、料、机费用单价	P205
39	**总概算价值的计算：** 总概算价值 = 工程费用 + 其他费用 + 预备费 + 建设期利息 + 铺底流动资金 - 回收金额	P210
40	**工程造价的计算：** (1) 分部分项工程费 $=\sum$分部分项工程量×分部分项工程综合单价 (2) 措施项目费 $=\sum$措施项目工程量×措施项目综合单价 $+\sum$单项措施费 (3) 单位工程报价 = 分部分项工程费 + 措施项目费 + 其他项目费 + 规费 + 税金 (4) 单项工程报价 $=\sum$单位工程报价 (5) 总造价 $=\sum$单项工程报价	P231
41	**综合单价的计算：** **综合单价 =(人、料、机总费用 + 管理费 + 利润)/ 清单工程量**	P233

42	**工程量偏差引起合同价款调整计算：** **（1）工程量增加 15% 以上时** $S=1.15Q\times P_0+(Q_1-1.15Q_0)\times P_1$ **（2）工程量减少 15% 以上时** $S=Q_1\times P_1$ 、S-----工程结算价 Q_1----最终完成工程量 Q_0----清单工程量 P_1----调整后的综合单价 P_0----清单综合单价	P255
43	**工程量偏差引起综合单价调整计算：** 当 $P_0<P_2\times(1-L)(1-15)\%$ ，$=P_2\times(1-L)\times(1-15)\%$ 当 $P_0>P_2\times(1+15)\%$ ，$P_1=P_2\times(1+15)\%$ 当 $P_2\times(1-L)\times(1-15)\%<P_0<P_2\times(1+15)\%$ ，不调整 P_0 --- 清单综合单价　P_2 --- 调整后的综合单价 P_2 --- 招标控制价　L--- 报价浮动率	P256
44	**价格指数法：** $\Delta P=P_0[A+(B_1\times\frac{F_{t1}}{F_{01}}+B_2\times\frac{F_{t2}}{F_{02}}+B_3\times\frac{F_{t3}}{F_{03}}+\cdots\cdots\cdots B_n\times\frac{F_{tn}}{F_{0n}})-1]$ ΔP---需调整的价格差额 A----定值权重 B_1；B_2；……B_n ----各可调因子的变值权重 F_{t1}；F_{t2}；……F_{tn} ---各可调因子的现行价格指数 F_{01}；F_{02}；……F_{0n} ---各可调因子的基本价格指数 P_0 --- 约定的付款证书中承包人应得到的已完成工程量的金额	P258
45	承包人报价浮动率的计算： 招标工程： $承包人报价浮动率L=(1-\frac{中标价}{招标控制价})\times100\%$ 非招标工程： $承包人报价浮动率L=(1-\frac{报价值}{施工图预算})\times100\%$	
46	**预付款的起扣点计算：** $T=P-\frac{M}{N}$ T---起扣点 P---承包工程合同总额 M---工程预付款数额 N---主要材料及构件所占比重	P279

工程经济时间结点总结

<table>
<tr><th>序号</th><th>内容</th><th>页码</th><th>时间</th></tr>
<tr><td>1</td><td>投标人复核招标控制价:
应在招标控制价公布后 5 天内向招投标监督机构和工程造价管理机构投诉 .</td><td>P240</td><td>5 天</td></tr>
<tr><td>2</td><td>投标人复核招标控制价:
工程造价管理机构接到投诉书后应在 2 个工作日内审查</td><td>P240</td><td>2 个工作日</td></tr>
<tr><td>3</td><td>合同价款的约定：中标通知书发出之日起 30 天内</td><td>P248</td><td>30 天</td></tr>
<tr><td>4</td><td>合同计量程序</td><td>P251</td><td rowspan="4">7 天</td></tr>
<tr><td>5</td><td>承包人提进度款支付申请时间：每个计量周期到期后的 7 天内
发包人在进度款付款期满后 7 天内仍未支付，承包人从第 8 天起暂停施工</td><td>P280</td></tr>
<tr><td>6</td><td>发包人核实竣工结算款支付申请：收到申请后 7 天内</td><td>P287</td></tr>
<tr><td>7</td><td>现场签证:
承包人应在接受发包人要求的 7 天内提出签证</td><td>P275</td></tr>
<tr><td>8</td><td>合同价款调整的程序</td><td>P253</td><td rowspan="5">14 天</td></tr>
<tr><td>9</td><td>进度款的支付程序</td><td>P280</td></tr>
<tr><td>10</td><td>最终结清程序</td><td>P288</td></tr>
<tr><td>11</td><td>发包人支付竣工结算款：签发竣工结算款支付证书后 14 天内</td><td>P287</td></tr>
<tr><td>12</td><td>工程变更:
发包人对原设计变更，应提前 14 天以书面形式向承包人发出变更通知</td><td>P265</td></tr>
<tr><td>13</td><td>法律法规变化调整合同价款:
招标工程以投标截止日前 28 天，非招标工程以合同签订前 28 天为基准日，其后发生法律法规变化可调整。</td><td>P254</td><td rowspan="3">28 天</td></tr>
<tr><td>14</td><td>索赔程序</td><td>P268</td></tr>
<tr><td>15</td><td>安全文明施工费预付时间：开工后 28 天内</td><td>P279</td></tr>
<tr><td>16</td><td>计日工:
承包人在工作实施结束后 24 小时提交有计日工记录汇总的现场签证报告一式三份。发包人收到报告后 2 天内予以确认</td><td>P257</td><td>24 小时
2 天</td></tr>
<tr><td>17</td><td>现场计量核实:
发包人应在计量前 24 小时通知承包人</td><td>P251</td><td>24 小时</td></tr>
<tr><td>18</td><td>现场签证确认:
发包人应在收到承包人签证报告后 48 小时内给予确认</td><td>P275</td><td>48 小时</td></tr>
</table>